江戸の自然災害

野中和夫編

目次

第三章　噴火と江戸

〔本書の執筆分担〕
第一章三　安藤眞弓
第三章一　小野英樹
　　二　大塚昌彦
第四章　　橋本真起夫・矢作健二
他はすべて野中和夫が担当した。
なお、図14・15・16の撮影は小池汪（社団法人日本写真家協会会員）によるものである。

江戸の自然災害

第一章　地震と江戸

一　記録にみる地震日数の推移と大地震の発生

江戸は、幕末には地震が頻繁で、安政江戸地震を好例として、多くの犠牲者と被害が生じていることから、日常的に地震が多発していたと考えがちであるが、実状はどのようなものであったのであろうか。江戸時代の古記録・日記等々から江戸での地震発生と被害状況を集成した『東京市史稿』変災篇第一をみると、地震が発生した日数は、八六〇日を越えている。史料は、正確な観測ではなく作者の主観に基づくために必ずしも客観的ではないが、概況を把握するには大いに役立つものである。これを図にしたのが図1である。

江戸時代の地震発生は、年に関係なく満遍無くみられるように思われがちであるが、明らかに三回のピークをうかがうことができる。一は、寛永五年（一六二八）―慶安二年（一六四九）。一は、元禄十六年（一七〇三）。一は、文政九年（一八二六）―安政二年（一八五五）である。地震の大きさを示す判断基準として江戸城石垣の崩落記事をみると、九回記録されているが、このうち七回がピーク時のものである。大地震の発生を契機として翌年からは地震そのものが急減する。地殻の歪みよるエネルギーが発散し、一時的とはいえ解消されたのである。

ところで、三つの地震のピークは、地震の大きさもさることながら、継続する期間などに相違がある。第一の寛永—慶安期では、前半と後半の各二回、石垣が崩壊する強い揺れが記録されている。それは、前半の寛永五年（一六二八）七月十一日と寛永七年（一六三〇）六月二十三日、後半の正保四年（一六四七）五月十四日と慶安二年（一六四九）六月二十日である。なお、前後半の間には、地震の少ない谷にあたる年が存在する。第二の元禄大地震は、江戸時代を通して江府内では最大のもので推定マグニチュード八・二の激震で、元禄十六年（一七〇三）十一月二十三日深夜丑後刻に発生している。ここで述べている日付は全て旧暦であるが（新暦では十二月三十一日）、余震は、同年十二月二十二日まではほぼ連日、少なくとも翌年の宝永元年（一七〇四）五月十九日までは続いている。半年間は強い揺れが続いたのである。この地震では、江戸城でも大きな被害を受けており、その対策の一つとして殿舎に将軍の避難場所である「地震之間」を設けたのも唯一、この時である。また、図1には現われていないが、前後して石垣が崩壊する強震が記録されており、これも看過することができない。それは、元禄十年（一六九七）十月十二日と宝永三年（一七〇六）九月十五日に発生している。第三の文政—安政期は、三〇年間という長期間にわたり地震が頻発した時で、民衆の間では「鯰絵」や地震に纏わる瓦版が盛行する。この間、小さなピークが四度あり、天保三年（一八三二）、天保十一年（一八四〇）、弘化四年（一八四七）、安政二年（一八五五

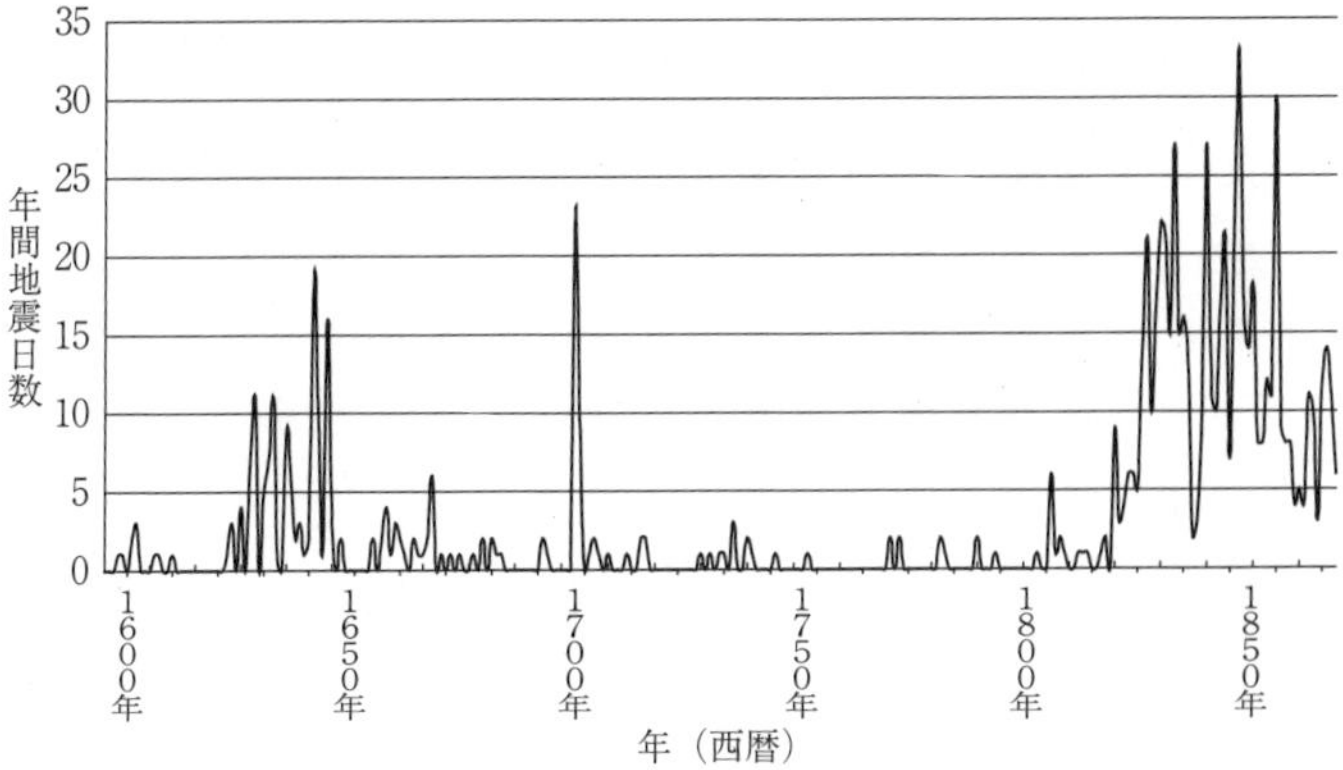

図1　江戸で記録された地震日数（『東京市史稿』震災篇第1より作成）

五）とおよそ七年周期で起こり、その年はいずれも年間では二五日以上の地震の日が記録されている。石垣が崩壊する地震は二度あり、嘉永七年（一八五四）十一月四日と安政二年（一八五五）十月二日に発生している。なかでも後者は、震源地が荒川河口付近で起きた推定マグニチュード六・九の直下型地震で、二次災害となる火災も加わり甚大な被害がもたらされている。それは、死者が下町を中心として江戸全体で約一万人、倒壊した建物一万六〇〇〇棟以上、出火地点が五〇箇所程あり、焼失面積は約二・二平方キロに及ぶといわれている。世にいう安政江戸地震である。

今日、大地震の発生する周期が何かと話題になるが、図1では規則性を見出すことはできない。各ピーク間をみると第一と第二の間が五四年、第二と第三の間が一二三年と開いている。ちなみに、地震の記録のない年をみると前者では二九回、後者では八三回ある。後者の場合、一七〇〇年代では実に七三回あり、図1の折線グラフの見た目以上に地震そのものが感じられなかったのである。

二　元禄大地震と江戸

(1)元禄大地震の震源地と江戸周辺の被害記録

元禄大地震　この地震は、震源地を千葉県白浜沖の伊豆大島近海、東経一三九度八分、北緯三四度七分とする推定マグニチュード八・二の巨大なもので、元禄十六年（一七〇三）十一月二十三日深夜丑刻（午前二時頃）発生している。江戸時代を通しては、宝永四年（一七〇七）十月四日、富士山南麓から四国に及ぶ宝永東南海地震が推定マグニチュード八・四という地震であり、同規模のものが嘉永七年（一六五四）十一月四日に東南海域で発生していることから、それらにつぐ巨大地震ということになる。

元・東京大学地震研究所の宇佐美龍夫氏は、論考「元禄地震の全体像」や著書『最新版日本被害地震総覧』のなかで、被害記録をもとに元禄大地震による各地の推定震度や津波の高さを記している。震源域に近い房総半島の南端、安房で震度七、江戸では震度五―六、東京湾、相模湾の周辺各地で震度五以上の強震が発生しているのである。被害の一端を概述してみよう。

安房地域の被害記録　房総半島の南端に位置するこの地域は、震源地に近いこともあって被害は甚大である。絵図と伝承による地形の隆起と沈降、山や崖の崩壊による土砂災害、家屋の倒壊や津波被害等々がある。代表的な資料を紹介してみよう。房総半島の南端に位置する野島崎灯台で有名なこの岬は、元禄大地震以前は独立した島であったものが、地震で四メートル程隆起し陸続きに変化したものである。野島崎を

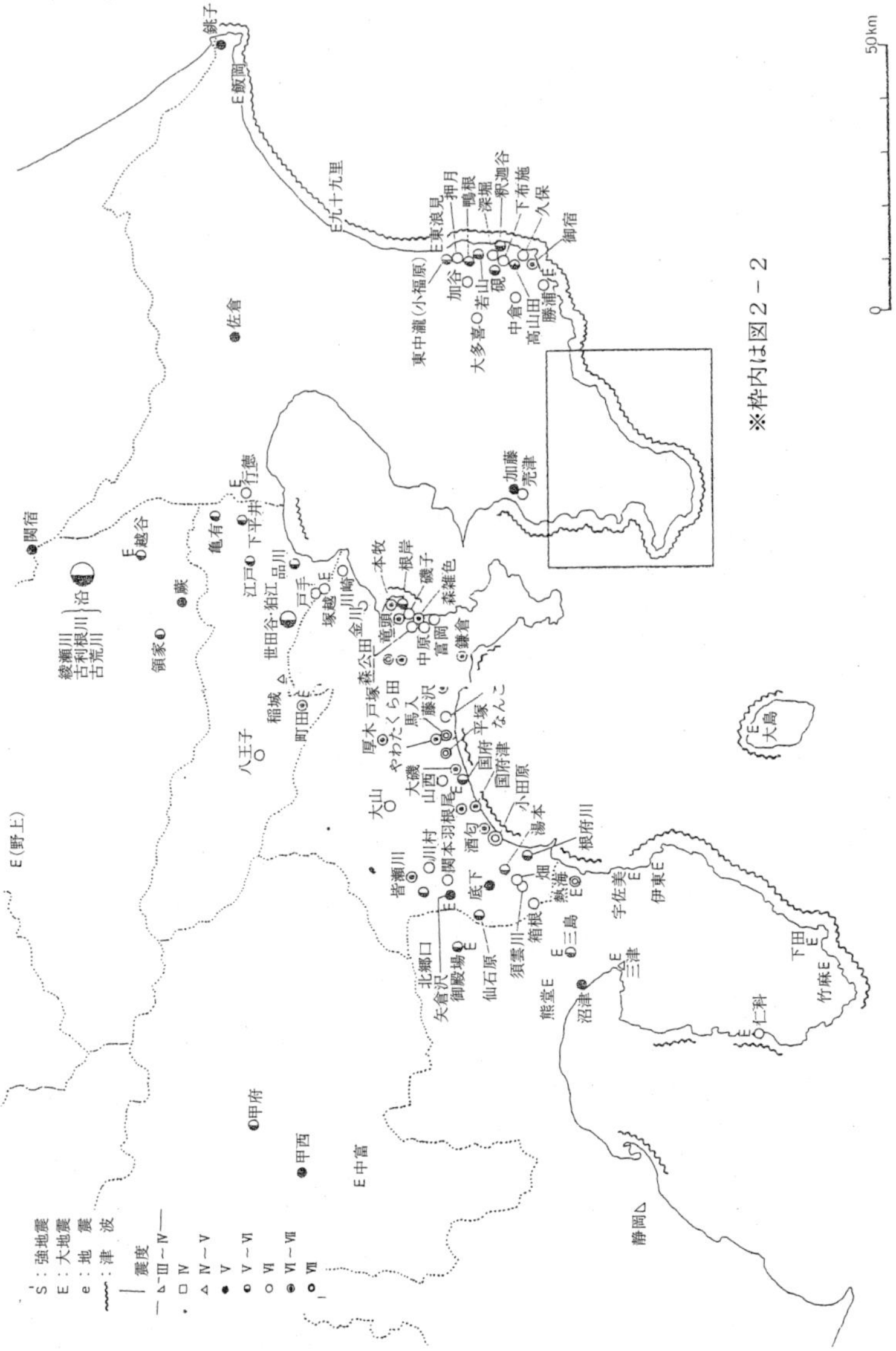

S：強地震
E：大地震
e：地　震
：津　波
震度
Ⅲ～Ⅳ
Ⅳ
Ⅳ～Ⅴ
Ⅴ
Ⅴ～Ⅵ
Ⅵ
Ⅵ～Ⅶ
Ⅶ
0
50km
※枠内は図２－２
銚子
E飯岡
E九十九里
E東浪見
押月
鴨根
深堀
釈迦谷
下布施
久保
御宿
東中瀧（小福原）
加谷
大多喜
若山
硯
中倉
高山田
勝浦
佐倉
加藤
売津
行徳
下平井
関宿
越谷
亀有
江戸
品川
沿
綾瀬川
古利根川
古荒川
蕨
領家
戸手
川崎
本牧
根岸
磯子
森雑色
世田谷・狛江
塚越
金川
竜頭
中原
富岡
鎌倉
森公田
稲城
町田
八王子
厚木
戸塚
やわたくら田
馬入
藤沢
平塚
なんこ
大磯
山西
国府
国府津
国府原
大山
小田原
湯本
根府川
酒匂
関本
羽根尾
川村
宮瀬川
底下
畑
熱海
宇佐美
伊東E
箱根
三島
須雲川
仙石原
北郷口
矢倉沢
御殿場
三津
熊堂E
沼津
下田
竹麻E
仁科
E大島
E（野上）
甲府
甲西
E中富
静岡

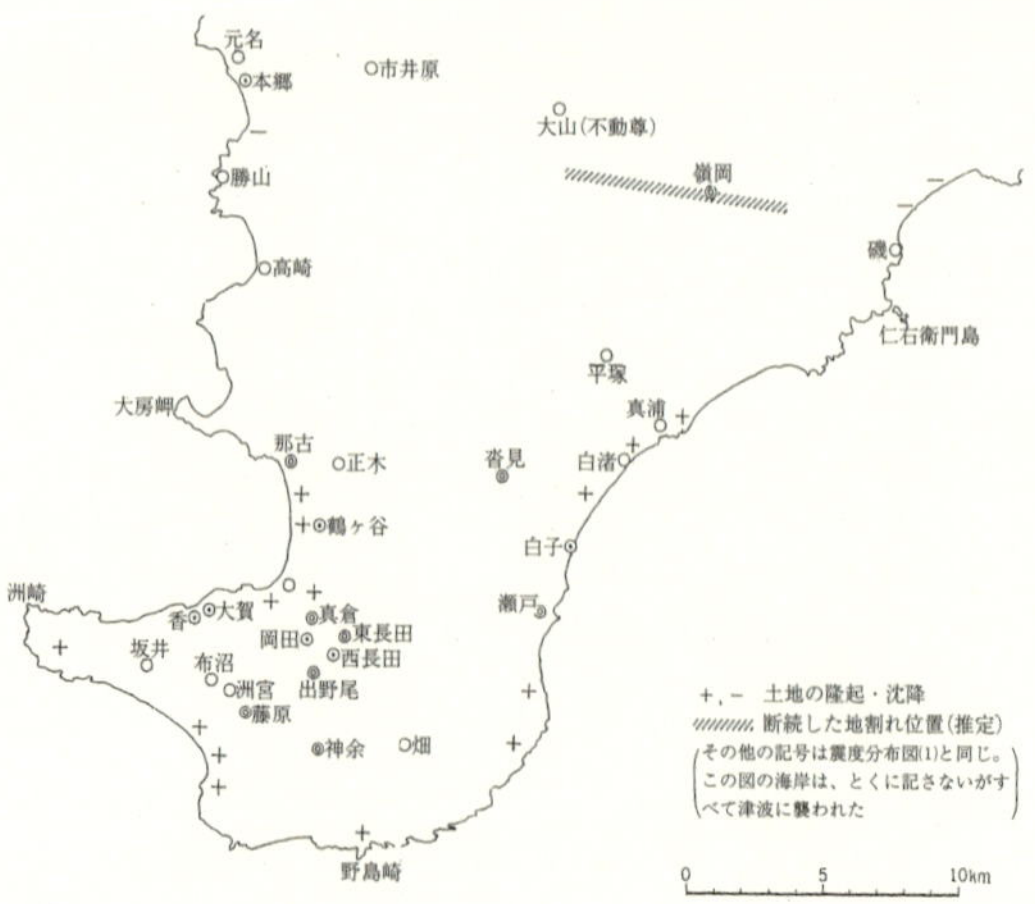

図２－２　元禄大地震の震度分布図（前図の安房地域の拡大）

含む南房総市から館山市にかけてが隆起した地域であり、館山市相浜漁業協同組合所蔵『承応三年十二月　相浜村と大神宮村・犬石村舟入及び鰯干場裁許絵図』と同『寛保二年九月　相浜村・大神宮と布良村干場地畑出入裁許絵図』、同『文化七年　相浜村絵図』の三枚の絵図がそれを語っている。元禄大地震以前の承応三年（一六五四）の図と地震後の寛保二年（一七四二）の図を重ねると、地震で隆起した部分の境界を複雑な崖が、その西側の新たに隆起した部分のうち承応三年の図では「つるし（入り江）」であったところに民家が建ち並び、その南側には一帯に畑が描かれている。さらに、地震後百有余年を経過した文化七年（一八一〇）の図では、新たに隆起した部分の土地利用が進み、家屋や田畑の拡大を看取することができる。つまり、新たに隆起した土地を村人の家屋や田畑として有効利用しているのである。ちなみに、相浜村は酒井壱岐守の知行地となっており、地震津波による被害記録として、

酒井壱岐守知行所安房国安房郡平郡之内地震津浪ニ而損亡

（中略）

安房郡相浜村

一　流家六拾七軒、死人男女六拾三人津浪ニ而死、怪我人男女廿五人、

一　船数大小七十六艘津浪ニ而流

一　猟網色々七百弐帖津浪ニ而流

一　田七反壱畝拾三歩砂押永荒

一　畑壱町四畝五歩同断

（後略）

とある。天野努氏の論考を参照すると、この地震で相浜村の集落の大半が流され死傷者の割合も高かったと考えられるという。地形の変動だけではなく、津波被害によって村が壊滅的状況になっているのである。

他方、沈降した地域としては、館山市の北側、南房総市を挟んで位置する鋸南町吉浜が知られている。同町の笹生卓蔵氏所蔵『妙本寺海岸絵図』は、吉浜の妙本寺周辺と仏崎と呼称される小さな岬の絵図が元禄大地震を挟んで前後の様相が描かれており、地震後の図には仏崎の鳥居や墓地、石塔などが消え、形状も明らかに小さくなっている。また岬の根本から東に延びる水田は水没しこれも失われている。絵図には、「元禄十六未霜月弐三日□□／絵図　㊃《五》通入／寛政十一未六月／文化八未八月弐通」と表記されていることから、地震後の図は、寛政十一年（一七九九）の一〇〇年余を経過した景観といえよう。

東京大学地震研究所編『新収日本地震史料』第二巻別巻によると、この地震で安房国の倒壊した建物は

八四〇〇軒以上とある。これは、幕府の側用人、柳沢吉保の日記『楽只堂年録』から引用したものであるが、これには、報告された各地の山崩れや田畑の被害、橋が壊れた被害等々も記されている。地元にも詳細な古記録があり、館山市の山川幸男氏所蔵『今度地震、山ゆりくずれ／田畑荒帳』には、（館山市）畑村では山くみ（山崩れ）や川へくみ（川崩れ）が起き、それによって三反六畝十五歩（約三六〇〇平方メートル）が被害をうけ、地割れも約九〇〇間みられるとある。勿論、字ごとに水田の面積と崩落によって失った面積の両方が記録されている。

犠牲者を記した過去帳、位牌、墓碑、供養塔等々も現存する。過去帳としては、鴨川市善覚寺過去帳、同・誕生寺所蔵「日孝上人小湊市川廿二日講真俗列名本尊」「日孝上人元禄十六年十月二十二日大地震巨浪没溺諸精霊列名本尊」、館山市の天野貞次氏所蔵『天野家過去帳』、位牌には、鴨川市の観音寺蔵「元禄十六年津波精霊供養位牌」、供養碑・供養塔には館山市蓮壽院「津波犠牲者供養名号石塔」、同・大福寺「元禄津波供養碑」、鴨川市横渚観音寺「観音寺境内墓地の墓碑」、同市「平野仁右衛門と子供達の供養塔」等々が知られている。

このうち、筆者が調査した鴨川市観音寺所蔵の二基の位牌と一八基の墓碑・供養碑について紹介することにする。

観音寺は、JR外房線、安房鴨川駅の西側に位置し、海岸からは約六六〇メートルの距離にある。当地は、江戸時代においては慶長年間より横渚村（馬場・横渚・中部・洲崎の四集落）として石高六八九石の生産があり、その後、漁村として発達していく。とりわけ、十七世紀後半に紀州よりマカセ網が伝来して以降、外房第一といわれるほどの繁栄をきわめ、なかでも干鰯は有名であった。海岸周辺の前原地区は、元禄大地震以前には家居六〇〇余軒、江戸廻船三〇隻、いわし内船一五〇隻というものであった。ところが、元禄大地震でこの地域は一メートル以上沈降し、さらに津波で家居は全て流失、九二七名の犠牲者（旧鴨川町誌）がでたという。壊滅的な被害であったわけである。

観音寺も例外ではない。また、北側に繋がる馬場集落では全てが流失し、一命をとりとめた住民は、観音寺裏手の台地、観音寺山に逃げのびたという伝承が残る。観音寺所蔵の位牌のうち一基には、津波による犠牲者一四五名の戒名が刻まれている。縦六〇・〇センチ、横二二・〇センチの位牌の前面には、一〇段、一〇行にわたり戒名がみられるが、腐食による解読不明な六名を除くと男性六四名（うち男児三七名）、女性七五名（うち女児二三名）となり、女性と子供で一一二名と八割方を占めている。深夜の襲来であり、逃げ遅れたことによるものであろうか。位牌の裏面には、二行にわたり

元禄十六癸未十一月廿三日　津波聖霊
房州長狭郡横渚村観音寺住職法印勢覚建立

と刻まれている。現住職の森谷義賢氏によると、位牌の戒名には宗徒はもとより、それ以外の人も多く含まれているという。被害の大きさとともに混乱の様相が伝わってくる。もう一基の位牌は、この位牌よりも小型で観音寺の有力な壇家の一家である高梨家に関するものである。位牌の高梨家は、横渚村前原町の網元で、位牌の正面には、一六名の戒名があり、そこには没年から元禄大地震の津波犠牲者と考えられる九名（うち子供一名）が含まれている。裏面には、正徳四年（一七一四）の年号が刻まれていることから

元禄大地震の後、一三回忌に建立されたものである。二つの位牌を照合すると、同じ、戒名は見当らないことから、大位牌には高梨家の犠牲者は含まれていないことがわかる。

墓碑は、現在、墓地改修が行われ、二箇所に集中して見ることができる。一つは、参道入口の供養碑の背面に安置されているもので、如意輪観音像や地蔵菩薩像を刻んだ墓碑三基。一つは、本堂の西側、高梨家墓所内に三基と隣接して北側に移設された一一基（他に一基）である。このうち、高梨家墓所を除くと今は供養する末裔は見当らない。墓碑には、いずれも元禄十六癸未年（天）十一月廿三日の没年が刻まれ、戒名をみると風化や浅彫のため判読に困難なものもあるが、前述した二つの位牌と一致するものが少なくないのである。

前掲の宇佐美氏の著書には、元禄大地震による死者が全体で一万三六七人（うち房総で六五三四人）、潰れた家二万二四二四軒（うち房総で九六一〇軒）と記されているが、安房地域の被害が甚大であることは、これら資史料によって言及するまでもない。

上総地域の被害記録　元禄大地震の被害は、内房と九十九里浜地域の二箇所に集約することができるが、ここでは筆者が調査した九十九里浜地域について述べることにする。

九十九里浜は、いすみ市太東崎から旭市行部岬にかけて弓状にのびる長さ約七〇キロの砂浜である。元禄大地震ではこの一帯に巨大津波が襲来し、前掲の『楽只堂年録』には、この地域だけでも四〇〇〇人以上の犠牲者が記されている。津波は、震源地に近い館山市相浜や南房総市和田町などでは一〇メートルを超え、九十九里浜一帯でも五～六メートル以上の高さのものが襲ったという。今日、九十九里浜の南半、

写真1　茂原市鷲山寺津波供養塔

海岸から約一・五～二キロの地点には供養碑や犠牲者を葬ったと伝えられる無縁塚が点在している。

津波の様子や到達域を知る史料として白子町の池上正教氏所蔵『一代記』がある。これは、池上家の先祖で医師の池上半弥（別名、安閑）の自己の一代記を記したもので、本人が遭遇した元禄大津波の様子をはじめ宝永四年（一七〇七）の津波、富士山の噴火等々が教訓を交え詳述されている。元禄大津波については、作者が住んでいた白子町古所はもとより海岸より一里から一里半（四～六キロ）打ち寄せ、多くの家や人々・家畜が流され溺死し、五井村十三人塚あたりの砂浜上には枕木に取付いた死骸がみられたとある。この砂丘・砂丘列が海岸から約一・五～二キロの地点にあたるのである。

九十九里浜に面した南側、南白亀川を流域にもつ白子町と長生村の海岸線は、九十九里浜にあっては一〇キロ程の長さにすぎないが、当時、ここには九村と一郷があった。面積的には、九十九里浜域の七分ノ一と狭小であるが、多くの犠牲者がでたことが記録されている。江戸時代中期、九十九里南部の地域では日蓮宗が広まり、その本山である茂原市鷲山《じゅせん》寺の境内には、五十一回忌にあたる宝暦三年（一七五三）十一月二十三日に供養塔が建立されている。この供養塔は、塔身の高さが二〇〇・〇センチ（総高二七八・五センチ）を測り、右側面には二行にわたり、

元禄十六癸未歳十一月廿二日夜丑刻大地震東海激浪

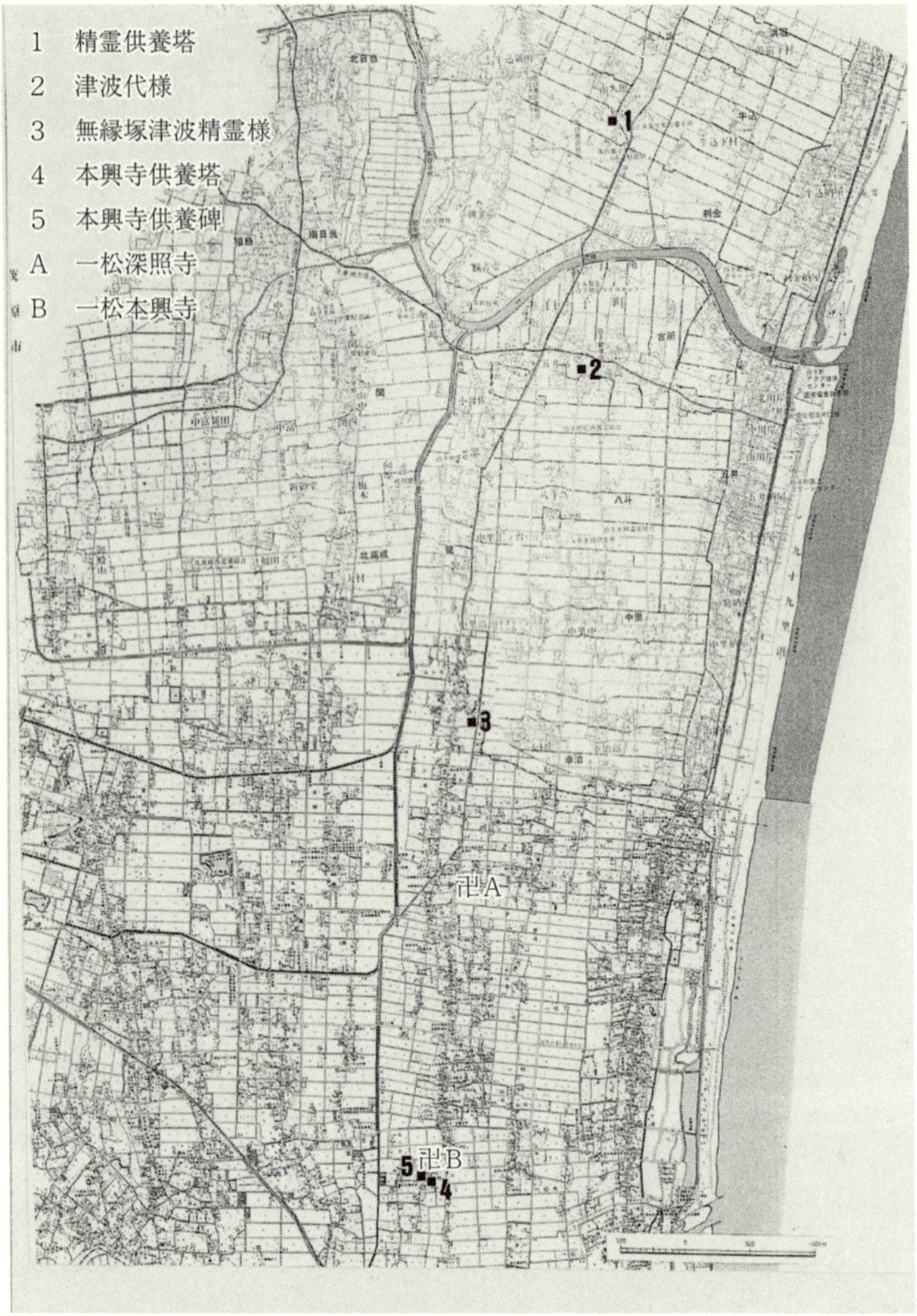

図３　九十九里浜南部の元禄津波被害記録（『千葉経済大学学芸員課程紀要』第14号を改変）

溺死都合二千百五拾余人死亡允癸酉五拾一年忌営之

と刻されており、さらにその台座には一郷九村の死者が、

八百四拾五人　一松郷中／三百四人　幸治村／二百二拾九人　中里村／七拾人　八斗村／八人　五井村／二百七拾二人　古處村（古所村）／七拾三人　牛込村／五拾五人　濱宿村／二百五拾人　四天寄村

と刻まれている。ちなみに、台座に刻まれた犠牲者の数は、二一五四人となる。

白子町と長生村の地域の無縁塚で現存するものは少ないが、寺には供養碑・供養塔、津波犠牲者を記した過去帳が存在する。供養碑・供養塔は、寺域の墓地内にあり、白子町域では牛込行徳寺「精霊供養塔」（寛政十一年〔一七九九〕建立、溺死五七人、已来七人）、古所安住寺「津波代様」（正徳五年〔一七一五〕建立、二七〇余人）、幸治妙典寺「無縁塚津波精霊様」（寛政十年建立、風化で人数不明）の三基、長生村域では一松本興寺山門脇の供養塔（建立時期不明、一松郷名主東條市郎右衛門と斉藤五郎右衛門建立）、同所墓地内「津波供養碑」（建立時期不明、東條市郎右衛門が一族の冥福を祈って建立、一八人の戒名）の二基が存在する。

過去帳は、白子町中里円頓寺蔵（文政二年〔一八一九〕に古過去帳の写、二三九人の戒名）、長生村一松深照寺蔵『當山記録／津波諸精霊』（宝暦三年〔一七五三〕、二〇六人の戒名）、同・一松本興寺蔵『津浪水死精霊』（長生村の蟹道・新屋敷・溝代・大坪地区の六九人の戒名）の三例が知られている。また、本興寺には、元禄大津波の犠牲者の名前を列記した大位牌が本堂に安置されている。この大位牌は、幅三

三・五センチ、高さ一八八・一センチを最大として三基存在し、中央の位牌には日蓮の題目の下に元禄期前後に活躍した当山住職日隆の名と花押、さらに由緒書として「維元禄十有六年癸未／十一月二十二日夜於当國／一松大地震尋陽大波鳴／呼天乎是時民屋流牛馬／斃死亡人不知幾千萬矣／今也記当寺有縁死者千／名簿勧回向於後世者也／其列名如左　本興寺當住」と刻まれ、その両脇および二基の位牌には縦横に一定の間隔で朱引線が引かれ、そのなかに戒名が刻字されている。三基の位牌には、虫食いもあるが欠損部を除くと六三〇人余の戒名を確認することができる。深照寺の過去帳と本興寺大位牌の犠牲者の数を合わせると、鷲山寺台座に刻された一松郷中の八四五人とは近似するのである。

元禄大地震の犠牲者を掲せた過去帳を有する円頓寺・深照寺・本興寺の三寺は、いずれも津波被害をうけ流されている。再建された寺の位置は、無縁塚や供養碑などと同様、海岸から約一・五〜二キロと重なるのである。

九十九里浜域での津波被害は、ここで述べた地域にとどまらず、南側の一宮町、いすみ市岬町でも供養塔や古文書に綴られている。他方、北東端の旭市飯岡町の向後太郎兵衛氏所蔵の宝永六年（一七〇九）八月の訴訟文書「乍恐書付以御訴訟申上候」には、七年前の十一月二十四日の晩、高波（津波）で海辺にいた旅人と海岸寄りに建つ家が一軒も残らず流されたという記事がある。すなわち、元禄大津波は九十九里浜全域に及んでいたのである。

これらの資史料をもとに再検討すると、この地域での犠牲者が四〇〇〇人というのは、いささか少ない気がしてならない。参考までに安房・上総を含む房総での津波供養碑は、江戸時代以降、元禄大地震を除くと、唯一、昭和三十五年（一九六〇）のチリ地震によるものが白子町剃金に建立されている。如何に元禄大地震が巨大でかつ大被害をもたらしたものであるかを示唆している。

　九十九里浜の南、上総地域東浦の南端近く、御宿港の近くに妙音寺がある。現在、海岸近くに建立されているがかつては高台にあり、そのため元禄大地震の津波被害の難を逃れることができた。同寺には、慶長十七年（一六一二）から延亭元年（一七四四）にかけての過去帳『改補延寳五年／過去帳／月光山』が存在する。この過去帳には、寛永五年（一六二八）、延宝五年（一六七七）、元禄十六年（一七〇三）、宝永四年（一七〇七）の津浪犠牲者に関する記述が数行みられる。そのうち元禄十六年の大地震については、

　千時元禄十六歳癸未霜月廿二日ノ夜四ッ時分ヨリ九ッ時分ニテ大地震
　男女死スル者其数餘多也夜ノ九ッ過キヨリ夜明ニ至マテ津津三ケ度ニテ入地旅ノ
　人捨五人餘水流ニテ死ス當寺中興開基堅者法印幸順五捨七歳ノ
　持分也

と記され、犠牲者の戒名が続いている。ちなみに「水流」として三村三名の戒名が載せてある。現・御宿町周辺は、この時の津波が六～八メートルの高さで襲来したといわれている。犠牲者が少ないのは、居住者が少ないこともあるが、（慶長九年）・寛永五年・延宝五年と相次ぐ大地震と津波被害の対応が経験を通して伝承されていたことによるものと考えられる。

　この過去帳にはもう一つ注目される記述がある。第三章の富士山噴火に関する記述である。

宝永四丁亥暦西国大地震津波入テ死人不レ知二其数ヲ一前代未タ聞當国ニ霜月廿三日夜半ヨリ沙石降ルヲ経テレ月ヲ不レ止積《ツモル》テ二寸ニ余リ十二月二日ヨリ三日迄白キ毛降ル長サ一寸二寸餘リ富士山焼ル事又月経テ不レ消

とある。これは、宝永四年（一七〇七）十月四日の東南海大地震の西国での津波被害とともに富士山の噴火によって噴出物が東京湾を超え、南房総の地まで影響を及ぼした具体的な史料である。

相模・伊豆東浦地域の被害記録　震源地よりやや離れるが、この地域でも安房と同様、裂震が襲い大きな被害をもたらしている。宇佐美龍夫氏は、史料をもとに小田原や熱海などでは震度七の揺れと推察している。とりわけ、小田原城下での被害は甚大で壊滅的であると言っても過言ではない。国立公文書館所蔵『文鳳堂雑纂』災変部五十五によると、小田原城の天守や本丸御殿をはじめとして二ノ丸・三ノ丸・櫓・門・塀・橋・石垣が共に潰れ崩壊し、出火によって類焼したとある。

表1は、三点の史料から小田原領内の被害状況について比較したものである。ここでいう小田原領とは、小田原城下はもとより相州・豆州・駿州の領分を含むものである。また、史料は、幕府の側用人である柳沢吉保が公的被害記録である『楽只堂年録』百三十三と小田原方の被害記録である「一七八　元禄十六年十一月　大地震による領内被害状況書留」、「三、小田原大地震に付官金拝借並領分見分、大須賀丹右衛門宝物を取出す」から抜粋したものである。これらは、いずれも東京大学地震研究所編『新収日本地震史料』第二巻別巻に所収されているものであるが、わずかばかり数字が異なる。史料2の数字が低いのは、日を追って被害が加算されていることによるもので、十一月廿六日・廿九日・十二月三日届出分の記

述があり、それ以降の被害の拡大が加算されていないことによるものであろうか。また、『楽只堂年録』の領内の死者の総数と個々の数字が合わないのは、おそらく記載ミスによるものと考えられる。三点の史料を比較すると、史料3の数字が最も的確なものといえる。当該地域での被害は、死者約二三〇〇人、倒壊した家約九五〇〇軒という数字は、安房・上総に次いで多いものであり、裂震の様相がうかがえる。前述したように小田原城の被害が壊滅的であることを述べたが、城下も同様である。死者が、待（足軽・家中を含む）と町中を含めると七八八人と領内全体の三分ノ一を占め、潰家・焼失家も一五二九軒となっている。このうち潰家は、大半が全壊で、町家の記事に潰れた家九一三軒のうち半潰家三六軒と潰家の一割にも満たない数字が、地震の揺れの大きさを物語っている。

東海道の小田原―箱根間の被害も看過することができない。湯治場としての湯本・塔沢・底倉・木賀・芦野湯の湯坪五〇坪のうち三〇坪が破損し、八坪の湯道が崩れたとある。八割方に被害が生じているのである。また、根府川・矢倉沢・仙台原の各関所や番所は半損もしくは全壊し、道々には大石がころがり馬の通り道はないと記録されている。足柄道や豆州道なども山崩れがおき通行に困難をきたしたとある。

このような小田原領内での甚大な被害に対して、小田原藩は早速に幕府に被害状況を報告し、復興費として一万五〇〇〇両を拝借したのである。

三点の史料では、豆州・駿州での被害はさほどでもないように思われるが、決してそうではない。豆州東浦での津波被害は甚大である。とりわけ、伊東市の宇佐美・和田・川奈地区で顕著である。表2には、これら三地区の津波犠牲者の数を刻した供養碑を集成してあるが、伊東市域だけでも七四〇人以上にのぼ

原領の被害状況

焼失家屋			豆州			駿州			領内		
社寺・山伏	郷中	郷中社寺	死者	潰家 郷中	潰家 社寺	死者	潰家 郷中	潰家 社寺	死者	潰家	死牛馬
42(5)	1645	237	443	476	9	1		9	2291	8007	140
42(5)	6311		641	476	9	37	836	19	2267		
42(5)	6388(8)	237	639	476	9	37	836		2308(2304)	9540	171

況書留」（小田原市城山大久寺氏蔵）
分、大須賀丹右衛門宝物を取出す」（小田原市立図書館・小田原有信会文庫）

表2　伊豆東浦の資史料からみた被害状況

項目	死者	家の流失、半潰	備考
・行蓮寺供養塔	380余人	—	宝暦12年（1762）建立
佛現寺供養塔	163	—	玖須美海岸より移設　他に1基有
恵鏡院供養塔	200	—	旧・林光院の大門に安置。※
下田湊地震津波嘶』	20	492(流失　332)	

去帳には同院信徒36名の記録有

る。これは、表1の各史料の数字と比較すると、すでに一〇〇人以上加算した数字となっているのである。渡辺偉夫氏は、著書『日本被害津波総覧』のなかで、この地震による津波の高さについて宇佐美・和田で五メートル、川奈で四メートルという推定値を示している。伊東市宇佐美港に近接して表2にあげた津波供養塔を建立した行蓮寺がある。ここを訪れると金石文もさることながら、古老の伝承をもとに、元禄大地震と関東大震災で襲来した津波の高さが明示してある。後者は、同寺に到る階段の下、前者は階段を昇りきったところに津波の位置がある。この階段の高さが約二メートル程であることから、元禄大津波の方がその分、大きかったことになる。ちなみに、前述の渡辺氏の著書には、関東大震災による津波の高さを田中館秀三氏の説を

表1　史料にみる小田

史料＼項目	小田原・相州					
	死者				潰家（ ）内は	
	城下		旅人（僧・他）	相州内	城下	
	侍・家中・他	町家			侍（足軽含）	町家
『楽只堂年録』	132	658	42（2）	151	全潰（73）	全潰（484）
※史料2	132	651	44（4）	762	全潰（83）	全潰（84）
※史料3	137	651	58（14）	782	406（84）	1123（484）

※史料2　『神奈川県史』資料篇5「178　元禄16年11月　大地震による領内被害状
※史料3　『近世小田原史稿本』下巻2「3．小田原大地震に付官金拝借並領内見

引用して宇佐美端村で七・五メートル、伊東で九メートル、川名で四～六メートルと記してある。

地域	
伊東	宇佐美
	和田・
	川奈・
下田、『豆州	

※恵鏡院の過

このように、古記録や限られた資史料から事実を引出すことは多難であり、慎重を期することが求められるが、伊東浦で甚大な津波被害を受けたことは疑いの余地がないところである。

(2) 江戸での被害記録

元禄大地震に関する被害状況を見渡した場合、安房・上総地域や相模・伊豆地域と江戸とを比較すると、震源地との位置関係や江戸での被害記録が少ないことから、とかく江戸での被害はさほど大きなものではなかったと考えがちである。そこで、まずは基本となっている史料の『文鳳堂雑纂』災変部五十五と『甘露叢』の記述内容からみることにする。ちなみに、両者は記述内容が同じである。

表3に、江戸城諸門の被害状況をまとめてみた。この史料では、外郭諸門二五門のうち四ツ谷門を除く二四門と本城・西丸の平川口・大手・内桜田・吹上門の被害が記され、表にはないが、この他に櫓・多

表3　『文鳳堂雑纂』災変部55・『甘露叢』に記された江戸城城門の被害状況

門の名称	損壊状況	死傷者
雉子橋（含、御蔵）	大番所・箱番所潰れ	足軽二人・中間一人死、怪我人少々
小石川	塀ひつみ、壁落	
牛込	塀崩、壁落	
市ヶ谷	塀崩、石垣少崩	
筋違橋	大番所後の塀少々損、石垣崩	
浅草橋	大番所後塀損、尤石垣等くつろぐ	
常盤橋	門少々損、大番所潰、塀・石垣崩	
呉服橋	門少損、土居・石垣・塀崩	
竹橋	門外張番跡ひづみ、箱番所潰、多門ひづみ	
吹上	門北方石垣崩、塀損、壁所々落	
内竹橋口	番所別条なし	
北之丸口	右同断、塀・石垣崩	
清水	石垣崩、所々破損	
一ツ橋	箱番所潰、所々壁落、塀崩	
神田橋	箱番所潰	
平川口	内外通り塀残らず潰	
和田倉	大番所・箱番所潰	中間七人死、怪我人十二人
馬場先	大番所・箱番所潰、門外南方石垣五六間崩	中間一人死、怪我人一人
鍛冶橋	所々壁落	
数奇屋橋	塀四五間崩	
山下	箱番所潰	
半蔵	塀崩、壁落、石垣損、大番所少々破損	
赤坂	塀崩、壁落、石垣損	
田安	渡矢倉壁落掛り、石垣崩、惣塀・壁落	
外桜田	番所東方土塀四五間崩、其外壁・瓦所々少々損	
虎之門	壁、瓦所々損	
幸橋	壁、瓦所々損	
日比谷	大番所潰、塀残らず倒	当番土方市正家来徒目付一人、小人二人、家中もの一人怪我人、其外足軽四人怪我人
内桜田	所々壁落、大番所潰	当番牧野駿河守家人死亡、怪我人多数
追手	所々壁、瓦落	

間の石垣崩れや孕み、壁や瓦の落、さらには西丸での大破破損を伝えている。損壊状況の記述のなかにある箱番所とは、門の桝形内の張番所のことを指し、表中の張番所とは竹橋門のなかで登場するが桝形の外に築かれたものをいう。表3では、石垣の崩れや塀・壁落の記述があるが、馬場先門と数奇屋橋門の二門を除くと具体的な数字が示されていない分、曖昧な表現の感を拭うことはできない。そこで、揺れの大きさを別の視点から見ることにする。各門の大番所は、平家本瓦葺の造りでその規模は一様ではないが（第二章で記す）、古写真をみる限り軽構造ではなく、耐震は別としてもしかるべき建造物である。表のなかに、「大番所潰」とあるものが六門ある。それは、雉子橋・常盤橋・和田倉・馬場先・日比谷・内桜田が該当し、常盤橋を除きいずれも死者と負傷者の存在が記されている。すなわち、この史料からは、西丸と日比谷を含む西丸下、さらには常盤橋・雉子橋での揺れの大きさ＝被害の大きさを物語っているのである。

表4には、同史料にある大名屋敷と旗本屋敷の破損状況を示した。△印の三箇所は、後の追加と思われる。本史料の特徴は、表の後に続く文章にある。そこには、

右は最初記し候御門近辺道筋之分大略記之、
此外江府中諸侯《（ママ）》の御屋敷或は御別墅又ハ小屋壁落倒ハ家並也、其外神社・仏閣・町家の破損数多有之といへ共記すに遑あらす、本所辺殊更潰家有之、

一桜田辺・八代洲河岸・本所辺・芝神堀端・其外御堀端川近き処ハ地大に破損す

と記されている。すなわち、表4は地震直後に江府内の道筋からみた屋敷の破損状況を記したものであ

堂雑纂』災変部55・『甘露叢』に記された大名・旗本屋敷の破損状況

大名・旗本名	被害状況
小川杢左衛門	御役屋敷塀、長屋表向潰
吉田意安	外長屋潰
小笠原平兵衛	外向塀少損
佐野信濃守	門・長屋潰
永井庄左衛門	塀損
大久保弥左衛門	塀損
中根二郎左衛門	居間潰
朝倉藤十郎	居宅潰
舟橋宗迪	外長屋潰・本宅半潰
鵜殿十郎左衛門	外長屋潰
蜂屋主斗	塀損・本宅半潰
大沢主膳	門・塀潰
中山主馬	練塀崩
三枝日向守	長屋・居宅共損
三好勘之丞	長屋少・塀共に損
溝口摂津守	長屋損
加藤伝八郎	長屋損
大久保甚兵衛	外塀本宅共に損
星合伊左衛門	長屋損
前場久三郎	長屋・居宅共損
高木九助	長屋少損
石原勘左衛門	塀損・本宅共
日下部三十郎	長屋少潰
酒井作左衛門	長屋少潰
大森三二郎	長屋潰
久貝因幡守	長屋少損
屋代越中守	長屋壁少落
宝賀源太郎	長屋塀損
榊原式部大輔	塀損・長屋少々潰
平岡吉左衛門	塀・長屋損
山中吉衛門	外向・土蔵潰塀少々損

大名・旗本名	被害状況
尾張殿衆渡辺新左衛門	塀損
丸毛勘左衛門	外石垣少損
藤川庄右衛門	外石垣少崩
柳瀬甚八郎	塀くつれ
木下平三郎	長屋并土蔵少崩
△御春屋	御長屋半分余崩候
松平伊豆守	土塀崩
大沢右衛門尉	土蔵塀損
黒川与兵衛	塀少
伊奈半左衛門	土塀崩
松平肥後守	長屋大破
稲葉丹後守	表長屋少破内長屋大破
秋元但馬守	表向少内長屋居宅大破
阿部豊後守	表向少内長屋居宅大破
青山伊賀守	長屋壁落
松平伊賀守	長屋壁落
斉藤帯刀御役屋敷	長屋壁落、玄関式台潰
溝口信濃守	練塀倒
大久保隠岐守	表長屋壁、腰板落長屋大破
亀井隠岐守	表長屋壁、腰板落
松平大膳太夫	表長屋壁、瓦、土塀損
伊東出雲守	表長屋壁、瓦、土塀損
炑《ママ》田信濃守	表長屋瓦塀腰板崩
青山播磨守	内証向之家并表へ通口玄関中長屋
	其外所々大破
柳生備前守	内座敷等不残ゆがみ長屋七十間余
	倒并塀土蔵潰
木下右衛門太夫	所々大破
松平筑後守	所々大破
松平薩摩守	表長屋并蔵壁瓦落、所々大破
本多中務大輔	北表長屋所々にて六十間余程倒

表4　『文鳳

長谷川甚兵衛	外向石垣損
森川紀伊守	外向塀少々損
河村善七郎	外向土蔵少損
東条信濃守	塀少損
篠山甚左衛門	外向土蔵少損
中島民部	門并長屋潰
曲淵市兵衛	外土蔵崩
鍋嶋紀伊守	表長屋壁落
阿部対馬守	表長屋壁落
井上大和守	表長屋瓦落并壁損
池田帯刀	所々大破
△水戸宰相殿御屋敷	八重姫殿様御守殿并中将殿御部屋少々御破損之由
△甲府中納言網豊卿御屋敷	東御長屋倒出火、弐拾間余焼失、圧死・焚死人余程之由

り、そのため、大名屋敷と旗本屋敷における死者・怪我人は△印を除き記入されていない。外観からを伝えているのである。犠牲者が記されていない分、被害が小さいと思われてしまったのである。文中の「地大に破損す」という記述は、地裂＝地割を指しているものであるかもしれない。その意味では、桜田辺・八代(重)洲河岸・本所辺の被害の大きさを伝えている。

そこで表4に登場する大名屋敷のなかで、後述する『御城内外御作事御手伝丁場絵図』（図6）に記されている大名屋敷との位置関係から被害の一端をみることにする。ここでは、便宜上、濠による四つの区画で検討する。

① 外桜田・馬場坂・和田倉門に囲まれた西丸下。
② 日比谷・山下・虎門等の内側、①の南側。
③ ①の東側の所謂、大名小路。
④ ①の北東側の所謂、大手前。

①は、老中・若年寄などの役屋敷が建並び図6には一二家の大名屋敷が描かれている。このなかで、被

害が記されているのは、稲葉丹後守・阿部豊後守・青山伊賀守・大久保隠岐守・柳生備前守の六家がある。このうち青山伊賀守を除く五家は、長屋や居宅が大破したり土蔵が潰の記述があることから揺れの大きな区域であり被害も甚大である。表3の門の被害状況や桜田辺の地大に破損の記述とも一致する。②は、図6には二三家の大名屋敷が描かれており、表4では亀井隠岐守・松平大膳大夫・池田帯刀・甲府中納言などが該当する。甲府中納言の屋敷は、死傷者がでた日比谷門の西側に隣接するが、被害状況は総じて①より小さいといえる。それは、③にもいえることである。③には、斉藤帯刀・溝口信濃守・青山播磨守の屋敷等々で被害の報告がある。長屋など所々大破の記述があるが、①より破損の度合は小さく、同区画に三一家の屋敷が存在するが外観上とはいえやはり破損は少ないといえる。④には、秋元但馬守と井上大和守の屋敷が被害をうけている。両家は隣接しており、和田倉・大手門に近い距離にある。すなわち、当然のことながら表3と表4はおおむね連動しているのである。

　元禄大地震による江戸での被害が少なくみられている要因は、大名・旗本屋敷での犠牲者が判然としないことと、被害の大きな地域の一つとされる本所辺の様相が全くわからないことをあげることができる。さらに、余震が続くなかで、元禄十六年十一月二十九日酉下刻に小石川の水戸宰相屋敷内の長屋から出火。強風によって一〇九町、三四五三軒、間数にすると一万八六八四間の範囲が焼失し、両国橋西之橋や新大橋川などで一六三人の死者がでたこともある。聖堂・湯島天神、寛永寺をはじめとする寺社、本郷の松平加賀守や小石川の松平筑後守屋敷をはじめとする多くの大名屋敷や旗本屋敷、橋などの被害状況が記されたことで地震よりも大火に目が向けられたとしても不思議ではない。いずれにしても大地震と大火で社会が混乱し、地震による被害状況が十分把握されていなかったことは間違いない。

(3) 江戸城の石垣崩壊と復興記録

『甘露叢』や『文鳳堂雑纂』、『天享吾妻鑑』等々に江戸城城門に関する石垣崩落、犠牲者や怪我人についての記録があるが、各城門の被害状況を詳細に記したものの報告は、これまで皆無に等しいものであった。それ故に、前述の記録では、市中を含む元禄大地震の被害は案外小さなものであったと考える識者もいる。果して現状は如何なるものであったであろうか。

都立中央図書館東京誌料文庫所蔵のなかに、国指定重要文化財「江戸城造営関係資料（甲良家伝来）」がある。この資料は、幕府の作事方大棟梁を勤めた甲良家が保管していた江戸城に関する図面・文書類六四六点を戦前、一三代当主甲良伝次郎氏から当時の日比谷図書館に納められ、現在は中央図書館に移管されたものである。そのなかに、元禄大地震に関する三点の被害・復興記録が存在する。古記録『石垣築直シ銘々場所帳』と大名の復興担当丁場を示した絵図『御城内外御作事御手伝方丁場絵図』と『御城内向絵図』である。

『石垣築直シ銘々場所帳』　この史料は、元禄大地震によって崩壊したり孕んだりした石垣を修復するために、松平右衛門督以下二二家の大名と松平大膳大夫の家臣吉川勝之助が名を連ね、主要な担当丁場を記した後、各大名丁場ごとに崩壊したり孕んだ石垣の位置と範囲、足石の数量等々を記したものである。史料は、外題として表紙左上に「石垣築直シ銘々場所帳」と付箋に記したものを貼付しており、一三〇紙か

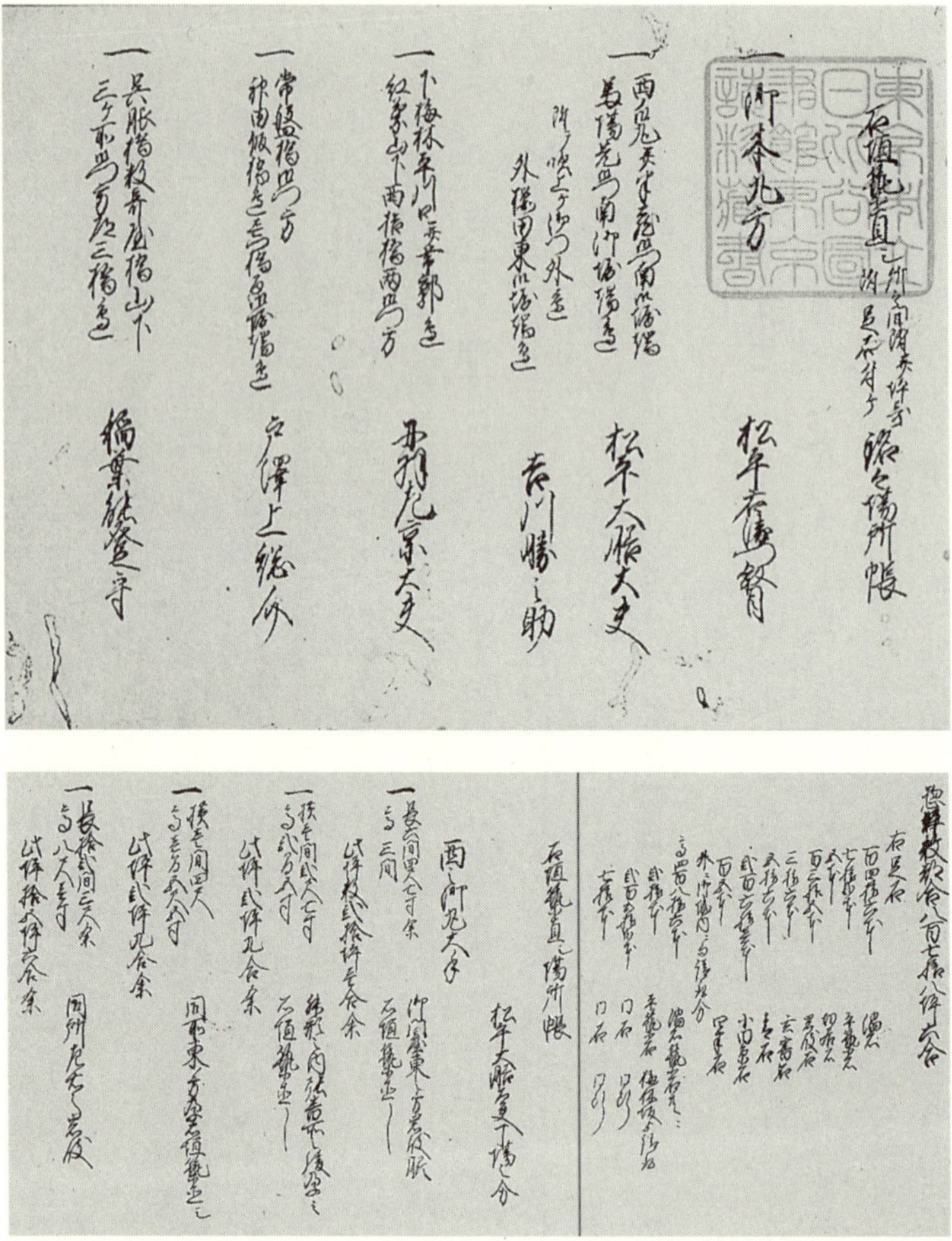

図4　『石垣築直シ銘々場所帳』・部分（東京都立中央図書館東京誌料文庫所蔵）

らなるもので、裏書きはない。法量は、縦一四・〇センチ、横二一・〇センチを測る。史料の主要な内容の部分を抜粋したものが図4の上・下である（下段は縮小）。

図4上段は、冒頭の部分で、丁場銘の下に担当大名を記したもので、その内容は、『落葉集』や『東京市史稿』皇城篇第貳と一致するものである。訳文を示すと、

石垣築直シ 所々間附并坪歩 附足シ石付ケ 銘々場所帳

一御本丸方　松平右衛門督

一西ノ御丸并半蔵御門南御堀端 馬場先御門南御堀端辺　松平大膳大夫

附テ吹上ケ御門外辺 外桜田東御堀端辺　吉川勝之助

一下梅林平川口并帯郭辺 紅葉山下西桔橋両御門方　丹羽左京大夫

一常盤橋御門方 神田仮橋辺壱ツ橋南御堀端辺　戸澤上総介

一呉服橋数奇屋橋山下 三ヶ所御門方道三橋辺　稲葉能登守

となる。これらを集約し解読を加えたのが表5である。

図4下段の右は、松平右衛門督丁場の最後の部分である。各修復部分を合わせた総坪数、足石の種類と本数、足石に要した石の移動等々が記されている。惣坪数以下の訳文を示すと、

惣坪数都合八百七拾八坪六合

右足石

百四拾六本　隅石

七拾貳本　平築石
五本　切居石
百三拾五本　岩岐石
三拾六本　玄蕃石
五拾六本　青石
貳百六拾壱本　小田原石
百五本　四半石
外ニ御城内ニ而請取分
高四百八拾六本　隅石築石共ニ
貳拾本　平築石　梅林坂ゟ請取
貳百五拾五本　同石　同断
七拾本　同石　同断

となる。足石の数量はもとより、「玄蕃石」・「青石」・「小田原石」という産地名、「梅林坂」という石置場名などは特記に値し、後に詳細に検討することにする。

図4下段の左は、松平大膳大夫丁場の冒頭部分である。この史料の構成としては、助役大名名と普請箇所（図4上段）の後、図4下段の左、さらに図4下段の右の順となる。大名丁場の順位は、図4上段の順位に従っている。図4下段の左を示すと、

石垣築直シ場所帳

松平大膳大夫丁場之分

西之御丸大手

一長六間四尺七寸余
高三間　御門台東之方岩岐脇
石垣築直し

此坪数弐拾坪壱合余

一横壱間弐尺七寸
高貳間五寸　舛形之門張番所之後孕ミ
石垣築直し

此坪弐坪九合余

一横壱間四尺
高壱間五尺五寸　同所東ノ方孕石垣築直シ

此坪弐坪九合余

一長拾弐間三尺余
高八尺壱寸　同所左右之岩岐

此坪数拾五坪六合余

松平大膳大夫（毛利）

となる。松平大膳大夫は、西丸全般の修復を担当しており、史料では「西之御丸大手」の修復場所の明細を記した後、そこでの合坪数、足石数を示し、「御玄関前方」へと続き、最後に担当した七四ヶ所の惣坪数と総足石の数量が記載されている。

これらを集成したものが表5・7である。

史料の構成と内容の概要について紹介したので、つぎに記載内容について検討してみよう。

はじめに、図4上段および表5から、助役大名をみることにする。二二家の大名は、幾分、西国大名が

大地震石垣復旧助役大名一覧（野中「元禄大地震と江戸城」より）

藩	石高(万)	普請場所	坪数
鳥取	28	本丸（喰違・大手・内大手・内之門・玄関前門）	878坪6合
萩	32.4	西之丸（大手･玄関前･山里･吹上)、半蔵門南堀端、馬場先南堀端	1,980坪余
(家臣)		吹上御門外辺、外桜田辺	504坪
二本松	10	下梅林平川口、帯郭、紅葉山下・西桔橋両門方	1,337坪余
新庄	6.8	常盤橋・神田橋門方、壱ツ橋南堀端	991坪余
臼杵	5	呉服橋・数寄屋橋・山下門・銭瓶橋・道三橋・龍之口辺	686坪5合
大洲	5	壱ツ橋・雉子橋門方、同所御堀端辺	723坪4合
柳河	10.9	蓮池・内桜田門方、馬場先、日比谷辺	530坪
米沢	15	田安・清水門方	2,328坪1合余 (2,009坪2合余築直)
福井	45	二之丸銅門、上梅林門方、汐見坂辺	635坪
蓮池	5.2	竹橋・神田橋方	670坪余
飫肥	5.1	北桔橋門方、二十三間多門、七十五間多門	335坪3合余
直方	5	外桜田・坂下・日比谷門方	465坪5合
高鍋	2.7	半蔵門方	359坪余
佐伯	2	半蔵門北御堀端	493坪余
本庄	2	田安門南御堀端	641坪9合余 (452坪築直)
浜田	4.8	筋違橋門方	286坪6合
高槻	3.6	小石川門方	282坪余
丸岡	5	赤坂門方	175坪余
今治	3.5	虎之門方	168坪9合余
園部	2.8	浅草橋門方	568坪3合余 (276坪8合余築直)
小浜	10.3	牛込・市ケ谷・四ッ谷門方	900坪余
平	4	幸橋門方・溜池落口	238坪7合余 (162坪1合余築直)

※　坪数の（　）内数字は実数

表5　元禄十六年

助役大名	国
松平《(池田)》右衛門督吉泰	因幡
松平《(毛利)》大膳大夫吉廣	長門
吉川勝之助廣達	
丹羽左京大夫秀延	陸奥
戸澤上総介正誠	出羽
稲葉能登守知通	豊後
加藤遠江守泰恒	伊予
立花飛騨守宗尚	筑後
上杉民部大輔吉憲	出羽
松平兵部大輔昌親	越前
鍋嶋摂津守直之	肥前
伊東大和守祐實	日向
黒田伊勢守長清	筑前
秋月長門守種政	日向
毛利周防守高慶	豊後
六郷伊賀守政晴	出羽
松平《(松井)》周防守康官	石見
永井日向守直達	摂津
有馬大吉眞純	越前
松平采女正定基	伊予
小出伊勢守英利	丹波
酒井靫負佐忠囿	若狭
内藤能登守義孝	陸奥

多い傾向にあるものの、丹羽左京大夫・上杉民部大輔をはじめとする五家が奥羽の大名であり、その点偏りはない。また、所領でみると、一〇万石以上の大大名が七家、五万石前後の中大名が八家、三万石前後の小大名が七家とこれも均衡がとれている。ちなみに幕府は、大規模な手助普請にあってはこれまでの実績を考慮しており、明暦大火の復興と重複するのは丹羽と内藤の二家に命じているに過ぎない。

江戸での被害状況を知る一つの手段として図4の下段と表5・7がある。これまで、『甘露叢』や『天享吾妻鑑』等々の史料では、被害の実体をいまひとつ把握しかねたが、本史料をみる限り、ほぼ全ての城門の石垣が崩壊したり孕んだりしており、地震の揺れの大きさを物語っている。表5には、幾つかの城門方の復興が欠落している。一例として和田倉門についてみると、『文鳳堂雑纂』には、

△和田倉門　大番所、箱番所潰れ、中間七人相果、怪我人十二人の由

と記述されている。地盤の軟弱な地に築かれた城門であり、石垣の崩壊や孕みもあったことが予想される。

表6　助役大名の拝命と竣工もしくは報償日

助役大名	時　期	手伝普請仰付日	竣工もしくは褒償日
松平右衛門督吉泰	Ⅰ	元禄16年(1703)12月2日	宝永元年(1704)7月1日
松平大膳大夫吉廣		元禄16年(1703)11月28日	宝永元年(1704)4月29日
丹羽右京大夫秀延		元禄16年(1703)11月29日	宝永元年(1704)7月1日
戸澤上総介正誠		同　上	宝永元年(1704)5月15日
稲葉能登守知通		同　上	同　上
加藤遠江守泰恒		同　上	同　上
立花飛騨守宗尚		同　上	宝永元年(1704)4月29日
上杉民部大夫吉泰	Ⅱ	元禄17年(1704)1月25日	宝永元年(1704)9月1日
松平兵部大輔昌親	Ⅲ	元禄17年(1704)3月23日	宝永元年(1704)11月1日
鍋嶋摂津守直之		同　上	宝永元年(1704)9月1日
伊東大和守祐實		同　上	同　上
黒田伊勢守長清		同　上	同　上
秋月長門守種政		同　上	同　上
毛利周防守高慶		同　上	同　上
六郷伊賀守政晴		同　上	同　上
松平周防守康官	Ⅳ	宝永元年(1704)5月29日	宝永元年(1704)9月28日
永井日向守直達		同　上	同　上
有馬大吉眞純		同　上	同　上
松平妥女正定基		同　上	同　上
小出伊勢守英利		同　上	同　上
酒井靫負佐忠囿		同　上	宝永元年(1704)11月1日
内藤能登守義孝		同　上	宝永元年(1704)9月28日

本史料の助役大名の丁場には明記されていない。この点については、『楽只堂年録』百三十五に記されている。その部分を抜粋すると、

和田倉御門片付・馬場先御門壁瓦落シ其外者小普請方ゟ仕候
和田倉御門渡御櫓修復石垣築直シ大番所塀共ニ建方小普請方馬場先御門渡御櫓修復、大番所建方共ニ同断

とある。すなわち、和田倉門の修復は、助役大名ではなく、小普請方が担当していたのである。

地震被害が城内の所によって異

郵便はがき

料金受取人払郵便

麹町支店承認

6258

差出有効期限
平成23年9月
25日まで

102-8790

104

東京都千代田区飯田橋4-4-8
東京中央ビル406

株式会社 同成社

読者カード係 行

ご購読ありがとうございます。このハガキをお送りくださった方には今後小社の出版案内を差し上げます。また、出版案内の送付を希望されない場合は右記□欄にチェックを入れてご返送ください。 □

お名前《ふりがな》　　歳　　男・女

〒　　TEL

ご住所

ご職業

お読みになっている新聞・雑誌名

〔新聞名〕　　〔雑誌名〕

お買上げ書店名

〔市町村〕　　〔書店名〕

愛読者カード

お買上の
タイトル

本書の出版を何でお知りになりましたか？

イ．書店で　　ロ．新聞・雑誌の広告で（誌名　　）
ハ．人に勧められて　　ニ．書評・紹介記事をみて（誌名　　）
ホ．その他（　　）

この本についてのご感想・ご意見をお書き下さい。

注文書

年　月　日

書　名	税込価格	冊　数

★お支払いは代金引き替えの着払いでお願いいたします。また、注文書籍の合計金額（税込価格）が10,000円未満のときは荷造送料として380円をご負担いただき、10,000円を越える場合は無料です。

なることは表5が示唆しているが、その被害が大きいために瓦礫や廃材の片付け・搬出や復興資材の搬入を考慮して幕府は二二家の大名に対して四段階をもって命じている。本史料にその記載はないが、『東京市史稿』皇城篇第貳や西尾市岩瀬文庫所蔵『地震記　完』等々に記されている。表6に集成したが、助役大名の担当丁場を集成した表5と照会すると、本城や西ノ丸をはじめとする中枢部分に始まり、最後が外郭諸門で終わる。被害の大きい箇所や重要な箇所は、大大名を主体として中大名までに限られている。その期間は、実質一〇ヶ月間という短い期間で仕上げているのである。正に突貫工事といえるものである。それ故に、犠牲者もでたようである。『山形県史』資料篇五に所収されている『雞肋編　上』巻第六十九には、

（前　略）

一同十二月十九日御城内御普請場ニ而足代なくれ人足百人余り落艮死仕候四十五人松平右衛門様御手伝ニ有之候事

一右同所ニ而多門くつれ其筋通り懸り旗本御番衆四人即死其内ニ溝口源兵衛様人ニ御登りニ候テ即死仕候以上四人相果申候事

とある。日付からみると、着工してさほど経過していない時であり崩壊したり孕んだ石垣を片付けていた時に大きな余震にあい起こったものと考えられる。なお、表6の冒頭、松平右衛門督の拝命が遅れるのは、当初、藤堂大学頭が命じられていたが屋敷が類焼したことから代わりによるためである。

つぎに、表7についてみることにする。

黒田伊勢守 長清	465.5	9		265	82		39		四半石20 丸居石14	429	12		12	六郷伊賀守丁場残石（平築石60本） 内藤能登守丁場残石(隅石２本、平築日60本) 馬場先、赤坂馬場残石（平築石30本） 松平右衛門督丁場残石（割栗石２坪）
秋月長門守 種政	359余			※343		250				593	30		30	六郷伊賀守丁場残石（平築石20本） 毛利周防守丁場残石（平築石35本）
毛利周防守 高慶	493余			28						28	20		20	
六郷伊賀守 政晴	452			527						527	15	10	25	搬入路114間１尺５寸崩し出石662本 秋月（半蔵門20本）、松平（銅門20本） 黒田(外桜田·坂下門60本)、伊東(北桔橋20本)へ
松平周防守 康官	286.6	12	37	100	20				野面石100	269				小出伊勢守丁場残石（隅脇石６本） 他は櫓合おそびその脇より取る
永井日向守 直達	282余		15	200	45					260	10		10	内藤能登守丁場残石（溜池落口崩し、隅脇石15本、平築石90本．岩岐石25本）他は本所石場より請取る
有馬大吉 眞純	175余			※327						327	7.5		7.5	内藤能登守丁場残石（89本）赤坂田町・他より195本、材木台より43本
松平采女正 定基	168.9	10	9	84	56					159	6		6	
小出伊勢守 英利	276.8	2	6	122	20				底石平86	236	6	2.5	8.5	隅石１、隅脇石５、平築石114、底石平80 割栗石、本目石は櫓台よりの取石
酒井靭負佐 忠囿	900余			801	16		15			832	34		34	溜池·内藤能登守丁場より(平326本、割栗34坪) 松平周防守丁場残石(隅石・平築石71本) 赤坂田町より82本、有馬大吉丁場残石(岩岐石11本)
内藤能登守 義孝	162.1余	※６		130	9					145	7		7	溜池より隅・隅脇・岩岐・平築石60本 松平兵部大輔丁場残石（平築石44本） 幸橋残石・平築石６本
	惣足石数	399	81	15,931	951	959	310	250	1,270	20,151	647.66	181.5	829.16	
	●	373	105	16,852	1,019	935	310	242	471	20,307	521.15	162.55	683.7	丁場個々の惣石数

・惣足石数●印は、各大名丁場個々の足石数を加えたもの。（上記惣足石数とは、大名丁場のうち半数、数字が異なる）
・吉川勝之助丁場は足石無であることから表２より削除
・※印は、隅石・隅脇石・平築石を含む。

表７　『石垣築直シ銘々場所帳』に記された足石数と石の動き（野中「元禄大地震と江戸城」より）

助役大名	普請坪数（坪）	築石（本）			岩岐その他（本）					総本数	栗石（坪）		総栗石	石の移動・他
		隅石	隅脇石	平築石	岩岐石	小田原石	玄蕃石	青石	その他		割栗石	本目石		
松平右衛門督 吉泰	878.6	146		870	135	261	36	56	切居石５ 四半石105	1614				梅林坂より平築石312本請取る 城内より平築石486本請取る
松平大膳大夫 吉廣	1980余			※2083	104	127	10	46		2370	93.9	32	125.9	
丹羽左京大夫 秀延	1337余	54		2172	155		33	28	岩岐平910	3352	155	20	175	上梅林より隅石10本、築石239本請取る
戸澤上総守 正誠	991余			※1756	65		70			1891	70.26	13	83.26	上梅林より隅石２本、隅脇石４本、平築石325本請取る
稲葉能登守 知通	686.5	※３		885	54					942	26	17.5	43.5	上梅林より平築石72本請取る
加藤遠江守 泰恒	723.4	※94		1260	16	200	52		四半石30	1652	55	26	81	戸澤上総守丁場残石（平築石８本） 稲葉能登守丁場残石（平築石６本） 北桔橋残石（割栗石18坪）
立花飛騨守 宗尚	530余			※368	57	24				449	13.5		13.5	
上杉民部大輔 吉憲	2009.2余			※1432						1432	84.5		84.5	
松平兵部大輔 昌親	635余	40	14	1156	41	70	43	114		1478				献上石35本、隅石18本は新石 隅脇石と平築石116本は古石の記述
鍋嶋摂津守 直之	670余	7		※683		27		6		723		60.5	60.5	石場より隅脇・平築石・岩岐石86本 割栗石43.5坪請取る 神田橋より平築石37本 向多門より岩岐残石の記述
伊東大和守 祐實	335.3	16		339	76		12			443	2		2	毛利周防守丁場残石(隅石１本、平築石４本) 六郷伊賀守丁場残石（平築石20本） 内藤能登守丁場残石（平築石15本） 上梅林より割栗石を請取る 請負349本の記述あり

二二家の大名と松平大膳大夫の家臣吉川勝之助が石垣修復に要した面積は、一万五〇一八坪九合余りという莫大な数字となっている。このうち、本丸・西ノ丸・紅葉山下御門の幕府・徳川家の中枢部分は、六家の大名が担当し、その面積は五六九五・九坪（実際には、松平大膳大夫の半蔵門・馬場先前六一五・八坪と立原飛騨守の馬場先・日比谷四六・四坪を差引いた数字）と全体の三分ノ一を占めている。これは、修復面積のみではなく、そこで要した足石の数とも連動している。元禄大地震の修復に要した隅石・平築石・岩岐石等々の築石約二万本と栗石五～六〇〇坪のうち、前述の六家で築石九七〇六本、栗石二六四・四坪とおよそ半数を占めている。中枢部分の修復では、普請坪数に対して足石を用いる比率が高いのである。一面では、被害が甚大であることを示唆している。

普請坪数と足石の数量から、被害の大きな場所を推察すると、つぎの二箇所となる。一つは西ノ丸であり、一つは大手門から中之門にかけてと三之丸喰違門から平川口、梅林坂にかけての所謂、二ノ丸・三ノ丸を中心とする範囲である。前者は、松平大膳大夫（毛利吉廣）が担当しており、西ノ丸とはいっても御殿を除く範囲となっている。後述する同家の修復・建直しとその資材一覧で明らかなとおり、単なる石垣修復に留まらず、壁の修復や伏見櫓や玄関前渡櫓門などの新たな建造にまで及んでいる。後者は、本史料に二ノ丸御殿と周囲を繞る石垣の修復に関する記述がないことから、疑問視する人がいるかも知れない。前掲の『東京市史稿』皇城篇のなかに、三河国岡崎城主水野監物忠之が宝永元年（一七〇四）五月十四日に二ノ丸御殿、信濃国高遠城主内藤駿河守清枚が同年七月十九日に二ノ丸石垣の修築を命じられている。二ノ丸御殿は、宝永元年十一月二十六日に竣工し、その二日後に両氏が授賞したことが記されているのである。

つぎに、二万個を越す築石の調達をみることにする。図4下段の右と表7にヒントがある。各大名が足石を入手するには、四つの方法がある。

a．各大名が自藩で調達する。

b．幕府が確保しておいた石置場のものを運搬し、利用する。

c．応急的に石垣を壊し、その出石を利用する。

d．助役大名の修復の余石をまわしてもらうもの。

に集約することができる。いずれも本史料のなかに一端が記されている。具体的にあげながら解説を試みよう。aは、伊東大和守丁場之分の最後に記されている。その部分を抜粋すると、

右足石都合四百四拾三本　隅石　平築石　玄蕃石　岩岐石

割栗石式坪

内

五拾四本　内四本　隅石　五拾本平築石

五本　内壱本　隅石　四本　平築石　　毛利周防守殿残石

弐拾本　平築石　　六郷伊賀守丁場残石

拾五本　同　石　　内藤能登守丁場残石

拾壱本　隅　石　　請　負

貮百五拾本　平築石　同
七拾六本　岩岐石　同
拾貮本　玄蕃石　同
貮坪　割栗石　上梅林ゟ請取

とある。ここには多くの情報が含まれているが、隅石・平築石・岩岐石・玄蕃石の三四九本が「請負」とあり、これが伊東家で調達した石材となる。冒頭の五四本も加算されるものであるかも知れない。同家丁場では、これに毛利・六郷・内藤の三家丁場の残石四〇本と幕府の上梅林より割栗石を請取り修復したのである。萩の毛利家の資材一覧を表11に示したが、同家では全ての石材を調達している。

bは、石置場として、六ケ所の名が登場する。本所石場・赤坂馬場・赤坂田町・材木台・梅林坂・上梅林である。梅林坂と上梅林は同一場所を指し、本城二ノ丸の北端である下梅林門から上梅林門の範囲をいう。勿論、ここは元来、石置場ではない。後述する『御城内向絵図』の中央右手、天神濠の北端近くに「舟だし」の付箋があるが、震災後の復興においてここまで運搬船が入ったことを示唆しており、それが梅林坂（上梅林）なのである。いわば、緊急時の石置場というわけである。石置場のなかで、ここを除くと場所を特定できるのは、本所石場と赤坂田町である。本所石場は、江戸城の修築が開始される慶長期から幕末に至るまで隅田川沿いの本所周辺に確保された主要な場所で、多くの史料にも登場する。本史料では、永井日向守が担当した小石川門方に一三〇本（鍋嶋摂津守丁場に記されている築石八六本と割栗石四三・五坪も「石場」より請取とあり、その可能性有）といささか少ないように思われる。しかし、梅林坂・上梅林の築石九六四本と割栗石も本所石場から船で運搬されたものとみて大過なく、本所からは一〇〇〇本以上が移動しているのである。ちなみに、梅林坂・上梅林を起点とする石の搬出はⅠ期に集中し、松平右衛門督丁場をはじめとする四家の丁場にみられ、この他ではⅢ期の本丸北桔橋方を担当した伊東大和守丁場に分与されたのに過ぎない。いわば幕府の中枢部の復興に用いられているのである。

cは、六郷伊賀守と内藤能登守の二箇所の丁場の記述にある。六郷家は、他の大名と異なり、諸門の石垣修復を担当しているわけではない。田安門南側の堀端、千鳥ヶ淵に沿っての石垣修復ということになる。その内容は、同家丁場の惣坪数、足石数を記した後、

右不足仕候得共御丁場百拾四間壱尺五寸之所
上石壱ツ並取是分同所御舩入水門台取崩シ之所
ゟ出申候付外ニ願石果仕候
一六百六拾二本　出御石
右者御丁場百拾四間壱尺五寸ノ所上石壱ツ
並取是分同御堀御舩入水門台取崩シ之所
下水落両脇ゟ出候分
右出御石之分
一五百貳拾七本　野面御石　面壱尺八寸ゟ三尺壱寸迠 扣貳尺ゟ四尺五寸まて
右者御丁場新御石垣拾壱間半之所築立

申候残り石壱番ゟ五番御丁場迄ノ足石ニ仕候
右出御石之分
一貳拾本　摺合築石　面壱尺七寸ゟ三尺壱寸迄　扣三尺ゟ三尺六寸迄
右者半蔵御門台足石御願相叶
秋月長門守役人　磯地渡次郎　三好居大夫　渡ス證文有
（以下略）

とあり、石垣を崩して出た石六六二本のうち表7に示した秋月長門守丁場の他四家の丁場に合計一二〇本を渡している。後者は、溜池落口で何本の出石があったという記述はない。酒井靫負佐丁場の記述に、

三百廿六本　平築石
右ハ内藤能登守丁場溜池落口より受取

とあるように漠然としている。内藤能登守丁場が幸橋門方であるのに対して溜池落口とあるのは、同家の上屋敷が図6右下、すなわち溜池落口に隣接していることに他ならない。屋敷の前の石垣を崩しているのである。cの入手は、Ⅲ・Ⅳ期にあたることから、受取る例も自ずと限りがある。江戸城の西半に集中しているのである。これら主要の石の動きを示したのが図5である。なお、小大名の丁場では、経済的負担を抑えるために石の請負を最小限にとどめていることも看過することができない。

この史料では、もう一点注目すべきことがある。隅石・平築石などの形状の他に、玄蕃石・小田原石・

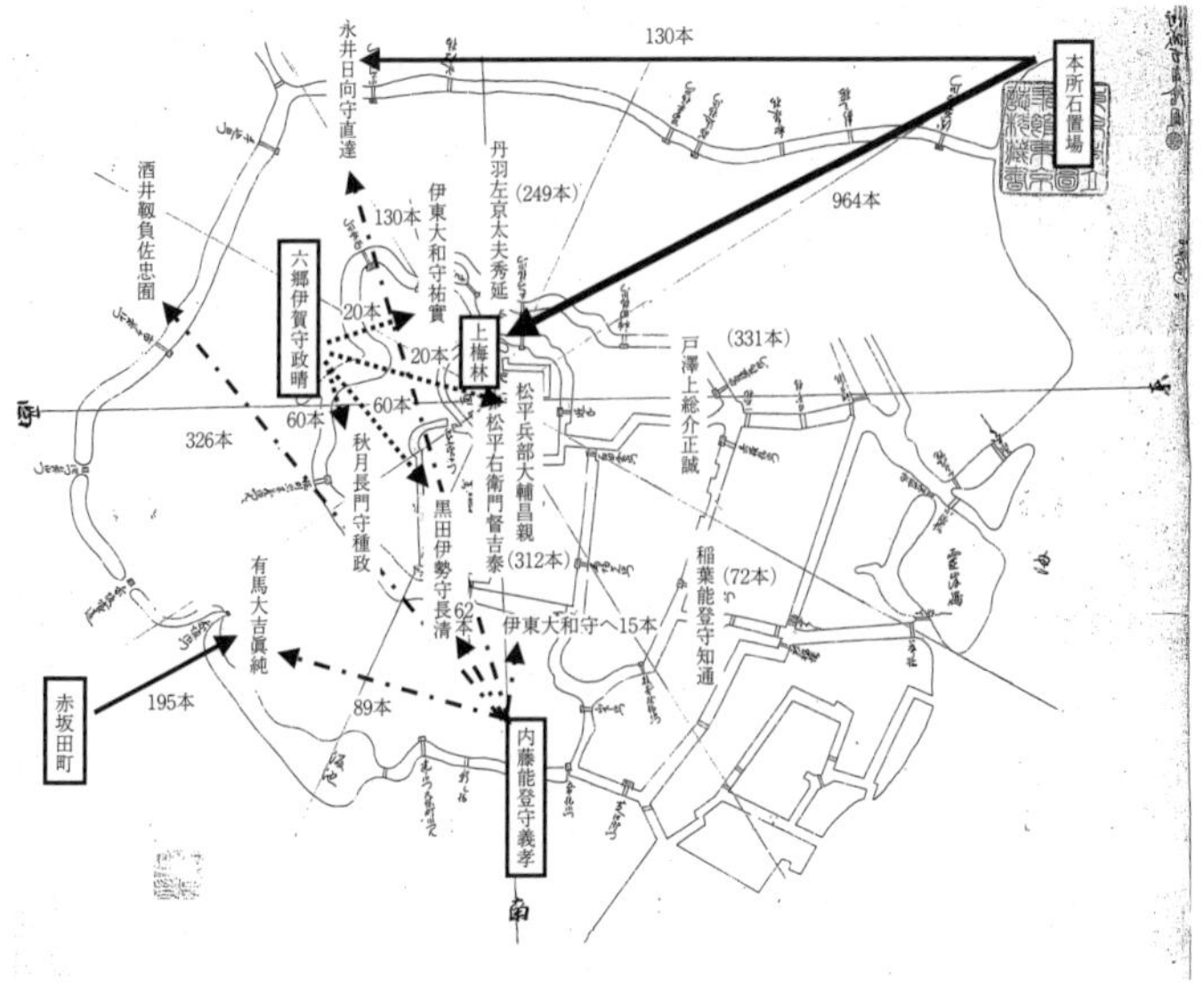

図5　城内における主要な石の動き〔b・c類、（　）内は上梅林・梅林坂より〕

青石などの産地名やブランド名がみられることである。

筆者は、かつて岩石学を専門とし、『考古資料の岩石学』を著した故・五十嵐俊雄氏より国立国会図書館所蔵の稀覯本、鈴木源左右衛門述『相豆駿州石山獨案内（写本）』の資料提供とその解説をうけたことがある。そのなかに、玄蕃石・小田原石・青石に関する情報が含まれていたので、まず紹介することにする。

〔玄蕃石〕

一、江の浦村に字竹嵐至極堅目。多くは敷石に用い、玄蕃石下等品なり。
宇古丁場　目つみにて仏石にも伐る。板目あるは玄蕃となり、小松と比較して二等品なるべし。

其の他、堂下赤澤には「真田与市の

社あり、　番所にも今に伐出せども上石なり。」

玄蕃石は、厚さ六～一〇センチ、幅二五～三〇センチ、長さ約一メートルの板状で、主として安山岩が用いられ、下水用として使用され、現在は用語として使用されていない。板石として取扱われている。『風土記稿』にも、

石　西山に産す。江の浦玄蕃と唱え、石理堅字なり。

の記述がある。

〔小田原石〕

一、下田奥村に海善寺、是にならびて八幡宮あり。此の境内より●印同様の石いづるあり。是を　寺・宮・　と唱うるなり。然れども本合山よりはかなりの下等なり。

●斑石　是は下田宮寄の小山伐り出すは皆同質にして下等品なり。此の斑石に就いて、徳川時代御側方より注文、小田原桑と注目されるものなり。相州小田原より湯本の奥に白地蔵と云うあり、是より従前は桑石にて切り出したる物なり。是を小田原桑と云い、注目出したる物なるべし。然るに伊豆の斑桑価も安し。ゆえに小田原桑の名義下田へ伝えられたるなるべし。

伊豆半島の南端、下田市に所在する海善寺や八幡宮の周囲には、凝灰岩・凝灰岩質砂岩が露出しているが、文中の採石跡は不明である。他方、桑石あるいは斑岩から推定することのできる岩石は、湯ヶ島相当の凝灰角礫岩であるという。箱根火山で新第三系中新統の凝灰角礫岩が分布する地域は、早川中流域の堂ヶ島付近と早川の支流須雲川中流の奥湯元の河床に小規模に露出するのみで、岩石の特徴は、熱水変質の

進んだ暗緑色の玄武岩~安山岩の水中破砕岩とされている。下田市に隣接する下賀茂温泉付近でも同様の岩質の凝灰角礫岩を採石し、筆者も採石場と板状に加工された製品とを実見している。五十嵐氏の所見によると、江戸時代中期、江戸城赤坂門の石垣や諸大名屋敷廻りの石垣、水道の石組に同様の岩相の間知石が用いられているという。本来の小田原桑の稀少性や採石後の搬出を考慮すると、下田・下賀茂産の同様の岩相を小田原石と称して付加価値を高めている可能性が高い。

〔青石〕

今日では、沢田石・見高石と呼称される静岡県賀茂郡河津町に産出する凝灰岩が著名であるが、江戸時代においては、豆州多賀村の青石が有名である。

これらの情報をもとに本史料をみると、一二一家の助役大名が要した三種の石材は、小田原石が九五〇(九三五)本、玄蕃石が三一〇本、青石が二五〇(二四二)本となり、合計では一五〇〇本余となり、足石全体からみると一割に満たない数量となる。また、表7でみると、三種の石材は、概してⅠ・Ⅱ期の中枢部で用いられている傾向にある。使用場所を特定できる具体的な事例をあげてみよう。小田原石をみると、本丸玄関前では溝縁石(二三〇本)や囲炉裏・竈の縁石、竹橋門大番所の囲炉裏石、壱ツ橋門・竹橋門・北桔橋門では岩岐に用いたとある。特異なものとしては、本丸台所の井戸亀甲縁石がある。幅広く用いられているが、岩質から熱に強く、囲炉裏や竈に用いられるのは理にかなっており、溝の縁石も前述した水道の石組に近似したものといえる。三丁場で岩岐を指摘したが、量的には少なく、同丁場では岩岐石が圧倒的多数用いられていることから一時的な転用のものであろうか。玄蕃石は、玄関前門の溝蓋および

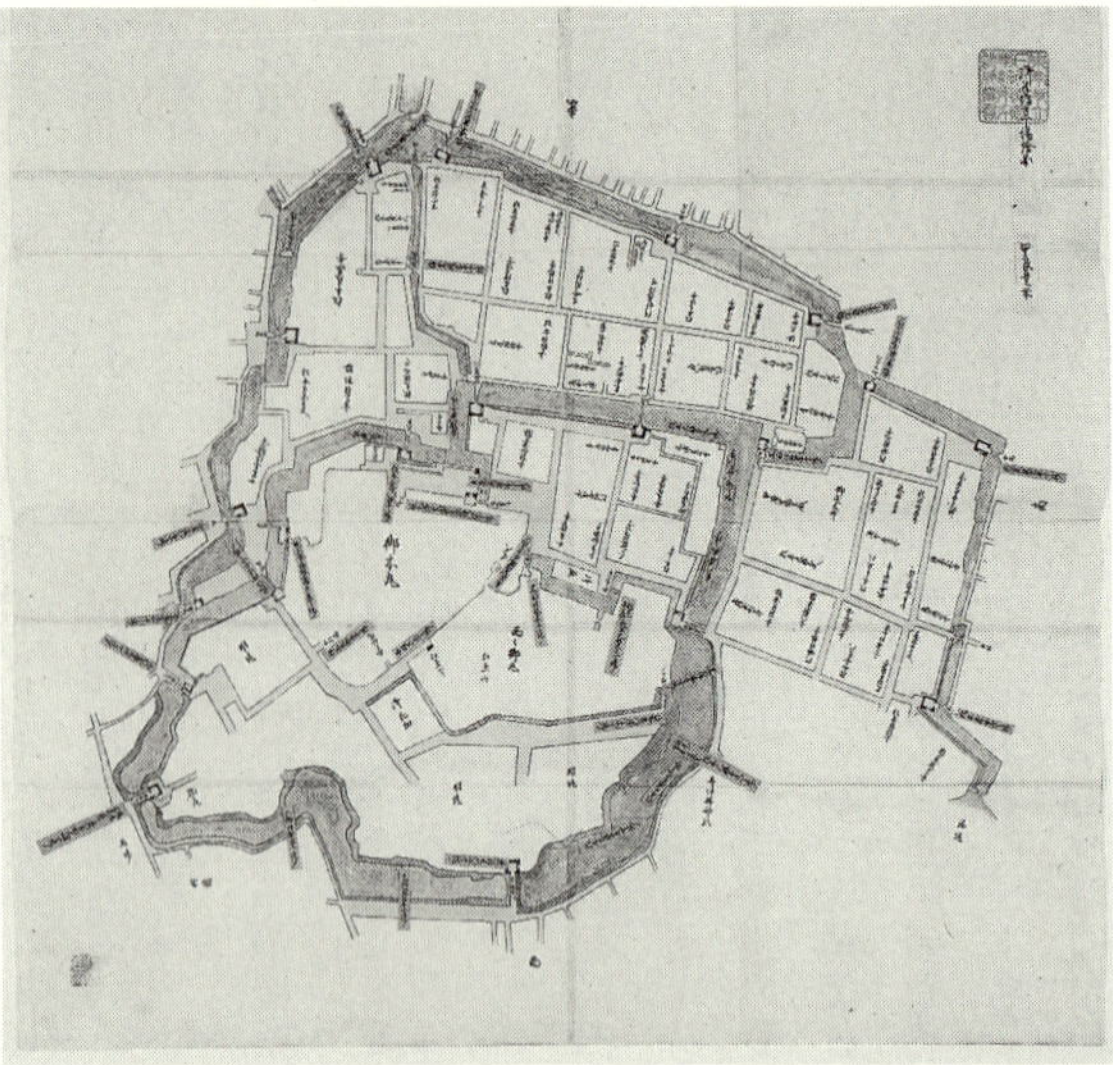

図6　『御城内外御作事御手伝方丁場絵図』（東京都立中央図書館東京誌料文庫所蔵）

縁石（三六本）、北桔橋門方の多門土台石、外桜田門の土台切ハメ石、日比谷門の武者溜り切ハメ石などがある。安山岩として、板石としての特長が生かされている。両者と比較すると、青石はさらに使用場所が限定されている。本丸・西丸玄関前門および西丸山里方大番所囲炉裏縁石、中之門の竈縁石、本丸台所井戸亀甲縁石、玄関前門の塀下込石・繕石とある。

全ての丁場で石材の使用位置を示しているわけではないが、興味深いところである。

『御城内外御作事御手伝方丁場絵図』と**『御城内向絵図』**二点の絵図は、元禄大地震で崩落したり孕んだりした石垣の復旧工事を担当した大名丁場名を赤い付箋で示したものである。

図6は、外郭の溜池、赤坂門から浅草橋門にかけての範囲を除く江戸城の内外郭の平面図に大名丁場の付箋を貼付したものである。図には、濠が水色、道が黄色の彩色が施されており、大名屋敷の位置も明記されている。内題は、裏打紙と同質の和紙を短冊状に二点切取り、一点には「御手伝直丁場絵図」、一点

には「甲良豊前」とある。本図には、現存しないが『甲良家文書』のなかに外袋の存在を示唆した記事がある。その表書には「宝永元申年／御城内外御作事御手伝方丁場絵図／甲良豊前」（図9参照）と記されていたようである。それは、本図の題名にもなっており、大地震の翌年、宝永元年（一七〇四）に製作されたものであることを示唆している。法量は、縦六五・〇センチ、横六九・一センチを測る。赤い付箋に書かれた大名丁場名を表5と照会すると、本丸・松平兵部大輔丁場の付箋が剥れて欠落しているものの、それを除くと一致する。また、二ノ丸内や和田倉門等々に関する表示がないことから、本図が前述の古記録に基づくものであることがわかる。なお、図中には、修復に纏る仮橋が描かれていることも注目される。この仮橋は、大手門の南側、和田倉濠と交差する所と内桜田門東側の桜田濠上に描かれている。

図7は、図6のなかの本丸・西丸の石垣修復位置を朱線で明記し、あわせて大名丁場を示しているものである。彩色が施され、法量は、縦六一・四センチ、横八九・二センチを測る。本図の特徴として三点あげることができる。第一は、石垣が崩落や孕みによって修復を必要とする朱引線は、表7のI期、『石垣築直シ銘々場所帳』に記された各大名丁場之分の詳細な情報と一致することである。ちなみに、赤い付箋の大名丁場銘は、松平右衛門以下、本丸・西丸を担当した四名が記されている。第二は、汐見坂、北桔橋門、竹橋門などⅢ期に担当した丁場にも朱線が引かれているが、その位置は不正確であり、しかも大名名を記した付箋は貼付されていない。第三は、大名丁場以外に「舟だし」・「馬だし」・「御門」の付箋が貼付されていることである。いずれも赤紙に書かれており、「舟だし」は天神濠の最深部にあたる下梅林門脇、「馬だし」は内桜田門と下乗橋との中間に位置する桜田濠の上に、「御門」は前述の付箋の右手脇に

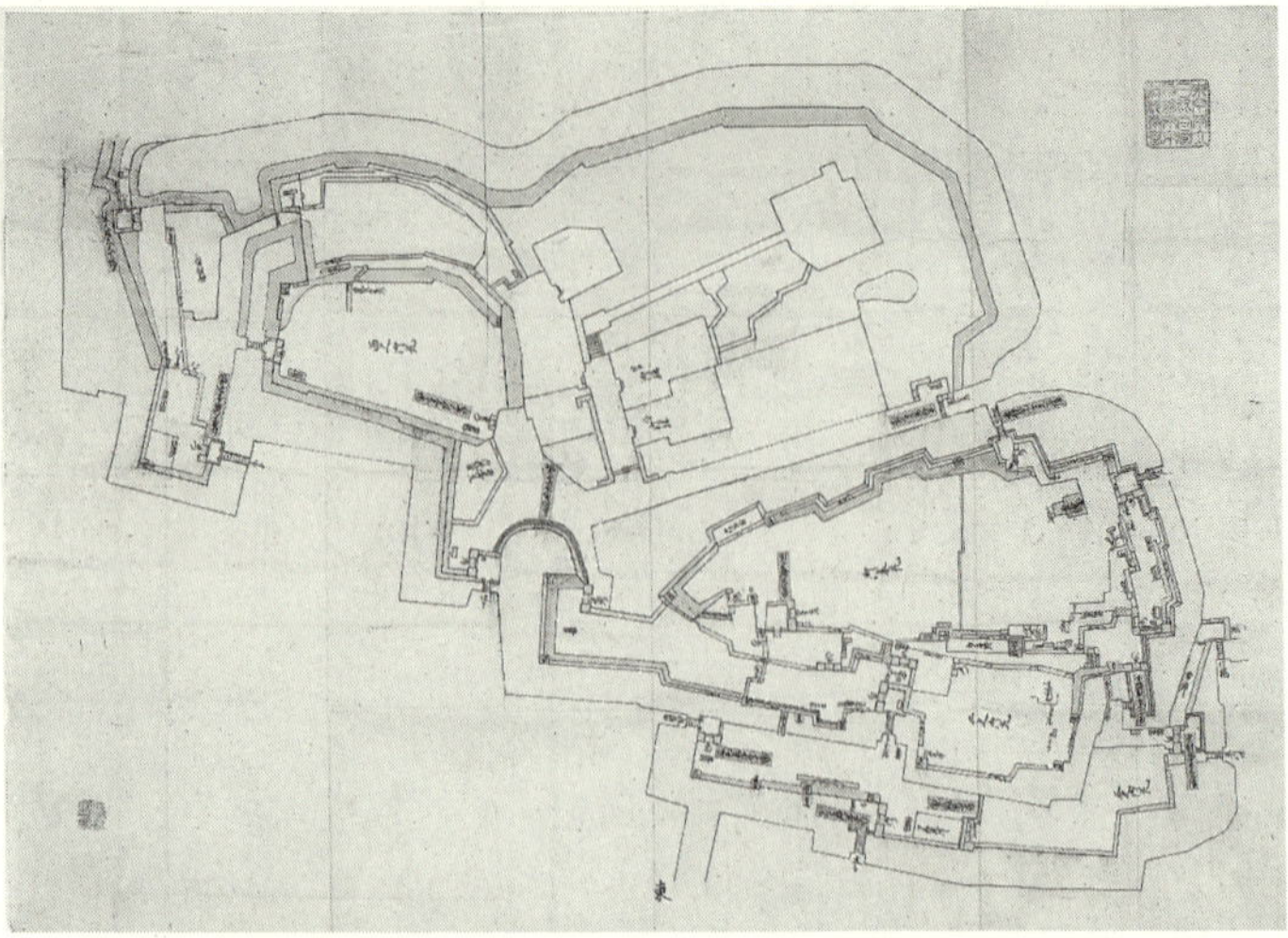

図7　『御城内向絵図』（東京都立中央図書館東京誌料文庫所蔵）

加えて大手門南側に貼られている。「舟だし」については本丸内の一時的な石置場として梅林坂・上梅林の解釈で述べたが、他の二つの付箋もいずれも復旧の過程を示したものである。「馬だし」は、図7には記されていないが喰違門の左手には、御金蔵と厩があり、とりわけ厩に近接していることに他ならない。また、本図の製作時期を考えると、図6より古く大名丁場銘からⅢ期以前、元禄十六年から元禄十七年（一七〇三～一七〇四）にかけてのものと考えられる。

図7には、二つの課題がある。一つは、二ノ丸を囲繞する石垣の修復箇所が示してないことであり、一つは、本丸を囲繞する高石垣、とりわけ北側の平河濠、西側の乾濠と蓮池濠、東側の白鳥濠に面している箇所の修復が示されていないことである。両所とも二二家の助役大名丁場に含まれていないことに起因するものと考えられるが、後者の場合、他の古記録にも見出せないのである。

大棟梁、甲良氏　幕府の築城工事は、元来、土木工事を担当する小普請方と建築工事を担当する作事方の二者に分かれていた。甲良氏は、上方出身で、寛永九年（一六三二）に作事奉行が常設の機関として設置されて以来、そのもとで大工集団が組織化されそれにくみこまれることとなった。大工組織は、作事奉行のもとで大工頭―大棟梁―棟梁―肝煎―平職人の系列となりこれに建築に関連する大鋸・鍛冶・錺方・石方をはじめとする各分野の職種の棟梁等が加えられた。大工頭は木原・鈴木の両家が世襲し、大棟梁は甲良・平内《へいのうち》・鶴家の三家で構成された。大棟梁には動きがあり、寛文二年（一六六二）に辻内《つじのうち》家、天明二年（一七八二）に石丸家が加わり、一方、享保五年（一七二〇）には鶴家が川船方に転役している。この大棟梁は、実際に設計を担当し、図面の保管も行うという重要な責務があった。甲良家では、神田橋門近くの鎌倉河岸に居を構え、図面保管用の地下室を設けていたという。

甲良家の歴代当主を記したのが表8である。

元禄大地震の復興では、大工組織をみると、大工頭に鈴木修理、大棟梁に甲良豊前と鶴刑部左衛門があたっている。ちなみに、甲良豊前とは四代宗員を指すものである。大工頭である『鈴木修理日記』には、元禄大地震の復旧が詳述されており、鈴木長常氏によって翻刻された刊本が出されている。

大棟梁の役割、さらには『御城内外御作事御手伝方丁場絵図』に纏わる史料が東京誌料文庫所載『甲良家』文書のなかに二点あるので紹介してみよう。史料1は、安政六年（一八五九）、理由が定かではないが御小納戸頭から前述の『鈴木修理日記』のなかに四之丸、五之丸の記述があることから両者の場所を知らせるようにとの旨を江戸城の図面を保管している大工方大棟梁に尋ねた返書の写しである。この「御書

表8　甲良氏歴代一覧

代	実　名	通　　称	作事方在職期間
初代	宗廣	豊後守・小左衛門・左衛門尉	慶長元年(1596)－寛永13年(1636)
2代	宗次	左衛門	慶長19年(1614)－寛永15年(1638)
3代	宗賀	豊前・助五郎	延宝元年(1673)－元禄12年(1699)
4代	宗員	相員・助五郎・左衛門・志摩・豊前	延宝5年(1677)－享保11年(1726)
5代	棟利	若狭・小左衛門・宗諄	享保3年(1718)－享保20年(1735)
6代	棟保	匠五郎	享保20年(1735)－宝暦7年(1757)
7代	棟政	小左衛門・清五郎	宝暦7年(1757)－宝暦10年(1760)
8代	棟村	豊前・筑前・富助	宝暦10年(1760)－文政2年(1819)
9代	棟彊	吉太郎	文化9年(1812)－天保4年(1833)
10代	棟全	筑前・若狭・初三郎・作之助	天保4年(1833)－慶応4年(1868)
11代	棟隆	若狭・志摩・匠造・保之助	
(12代)	大島盈株《ミツモト》		
(13代)	伝次郎		

平井聖監修、伊東龍一著『城郭・侍屋敷古図集成　江戸城Ⅰ＜城郭＞』を一部改変

付申上候」の写しは、未二月の下に甲良若狭（栓全）と次代志摩の連署となっている。甲良家では、二つの絵図の検討から、四之丸・五之丸の位置は判然としない旨を伝えている。そのうちの一方の絵図に『御城内外御作事御手伝方丁場絵図』を引用しているのである。史料には、

以書付申上候

四之丸五之丸と唱ゆ御場所何連ニ有之候哉之度御尋左ニ申上候持伝共候左絵図取調候所

○元禄十六未年地震損翌

○宝永元申元

一御城内外御作事御手伝方丁場分之絵図面ニ田安御門内ニ北之丸与記有之候御場所相見申候、同絵図面ニ馬場先御門続日比谷之方内角三浦壱岐守屋敷内ニ貳重櫓有但当時無之

○承応二巳年
絵図面ニ　写ニ

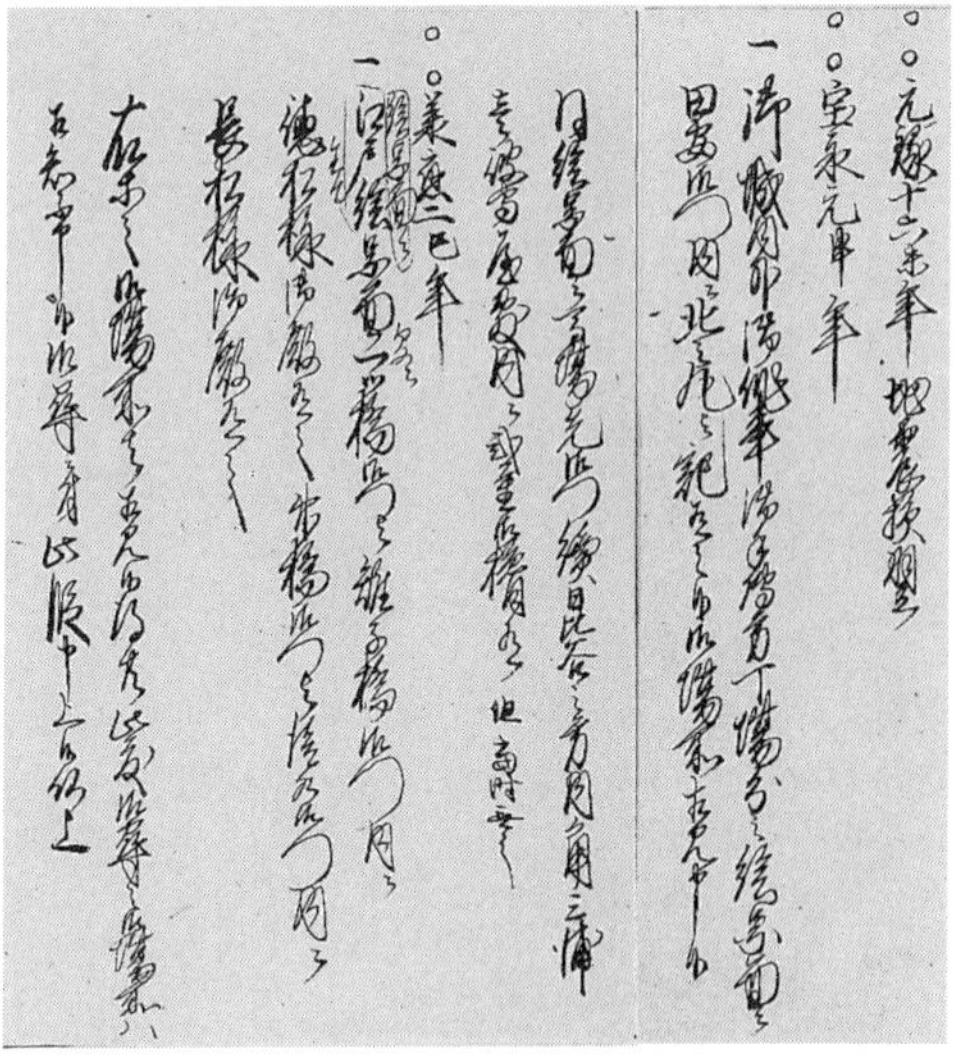

図8　史料1　「御書付申上候」写『甲良家文書』（東京都立中央図書館東京誌科文庫所蔵）

一江戸絵図面一ツ橋御門ゟ雉子橋御門内ニ
徳松様御殿有之竹橋御門ゟ清水御門内ニ
長松様御殿有之
右等之御場所者相見候得共此度御尋之御場
所ハ相知不申候、御尋ニ付此段申上候以上
　　未二月　　　　甲良若狭
　　　　　　　　同　志摩

とあり、前半が相当する。「未二月」を安政六年二月としたのは、『甲良家文書』のなかに、御小納頭からの尋に対して『鈴木修理日記』の関連部分となる（宝永元年）五月廿日・五月廿六日・六月二日の記事を抜粋し、朱書きで検討内容を記しているが、冒頭の部分に安政六未二月廿四日の日付があることに他ならない。『甲良家文書』のなかには、史料1に関連する『御書付申上候』の写しがもう一点存在する。同様の尋に対する返書で、未二月の下に「平内大隈／辻内近江／石丸伊勢／平内泰次郎／辻内権太郎」の連署がある。すなわち、大工方大棟梁の全てに尋があり、とりわけこの時点においては甲良家が筆頭格であることを示唆しているのである。

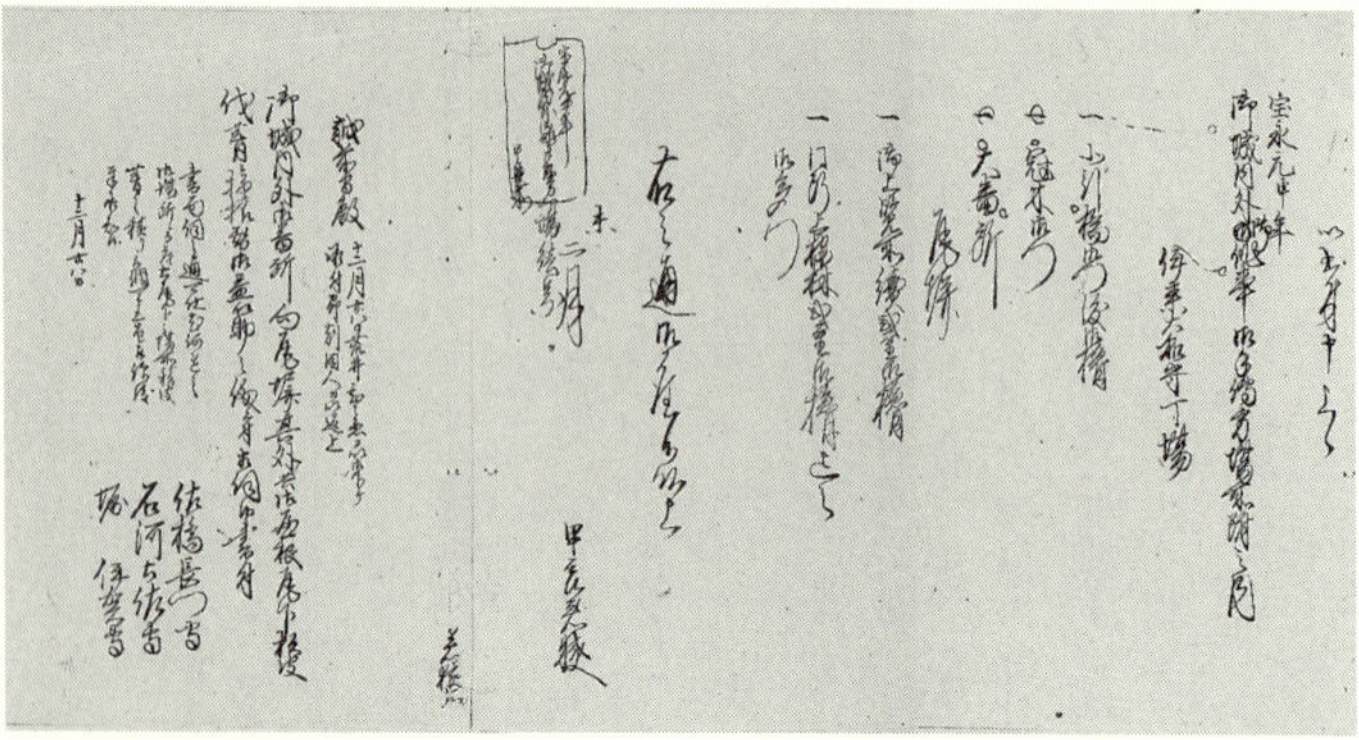

図9　史料2　『甲良家文書』・部分（東京都立中央図書館東京誌科文庫所蔵）

史料2は、『甲良家文書』のなかにあるが、他に関連するものがないために意図するものは不明である。内容は、元禄大地震で復興を命じられた伊東大和守の丁場を示したもので、『石垣築直シ銘々場所場』と一致する。ここでは、前述したように絵図の外袋が存在したことを示しておく。

(4)元禄大地震の復興を刻んだ金石文資料

これまで古記録と絵図で元禄大地震による石垣修復について述べてきたが、石垣に刻まれた金石文資料によって証左が高められている。金石文資料は、表9に集成したが、五箇所六例が報告されている。いずれも石垣の裏側に刻まれていることから外観上は全く不明で、しかも石垣修復工事後には金石文が刻まれた石は原位置に戻されることから、実見することはほとんど不可能といわざるをえない。

そこで、まずは金石文資料の特徴三点をあげることにする。一は、五箇所のなかで四箇所は城門石垣にある。この石垣に刻まれた銘文は、表5と照会すると一致し、これが助役大名に関する内

表9　元禄大地震石垣修復金石文一覧

番号・位置	銘文	担当大名	備考
1．大手三之内・渡櫓門	寳永元年甲申四月日 因幡伯耆両國主 松平右衛門督吉明築之	(池田)松平右衛門督吉泰	・昭和三十九年、石垣整備中発見 ・昭和四十年（一九六五）一月二十九日付朝日新聞掲載
2．中之門・渡櫓門	寳永元年甲申四月日 因幡伯耆両國主 松平右衛門督吉明築之	(池田)松平右衛門督吉泰	・平成十七年（二〇〇五）石垣修復工事中に二点発見 写真2
3．内桜田門（渡櫓門）	内櫻田左右石臺／ 寳永元甲申年四月吉辰／ 立花飛騨守源宗尚築之	立花飛騨守宗尚	・『東京市史稿』皇城篇第2に掲載 ・明治年間改修中に発見
4．蓮池門・櫓台	立花飛騨守源宗尚築之 蓮池左右御門臺 元禄甲申三月吉辰	立花飛騨守宗尚	・現存 ・蓮池門は明治四十三年（一九一〇）撤去
5．汐見坂・梅林坂間高石垣	□[永]元年甲申年 □月十九日 □濃屋 庄次郎 築之	松平兵部大輔昌親	・平成十四年（二〇〇二）石垣修復工事中に発見 写真3

容であることがわかる。ちなみに銘文1・2の松平右衛門督吉明と表5の同・吉泰とは同一人物である。他方、5は高石垣から発見されたもので、銘文は商人の名が刻まれている。二は、金石文の内容は、修復年月日と担当者名を共通とし、1～4の大名名は楷書で丁寧に刻まれているのに対して、5は文字の空間が狭いこともあるが行書で刻まれ、明らかに格の違いが表われている。また、1～4には城門名を明記

写真2　中之門「松平右衛門督」銘金石文（宮内庁管理部工務課提供）

している。三は、金石文が刻まれている石は、1・2・5が石垣の目立つ位置にあるのに対して、4は一一八×三八センチの長方体状を呈する小形の石に刻まれ、現状では櫓台の土台となる上に置かれている。4が原位置を保つものかは不明であるが、少なくとも石の形状からすると1・2・5のような石垣に積まれたものではないようにも考えられる。記念碑的な性格で櫓台の内部に納められたものであろうか。

つぎに、発掘によって得られた2・5について加筆することにする。

2は、中之門櫓台の左右の最上位、巨大切石の内側から発見されたもので、一点は右手（北側）南東隅、一点は左手（南側）南西隅に位置し、外面と比較すると調整が粗く矢穴もみられるが、文字が彫られている周囲は入念に研磨されている。また、修復年月日をみると、寳永元年（一六二四）甲申四月日となっている。この日付は1の大手三之門の場合も同じである。松平右衛門督が担当丁場を竣工し、報賞をうけるのは、表6で示したように同年七月一日のことである。金石文の日付よりも二ケ月以上が経過し

写真3　汐見坂側高石垣「園濃屋庄次郎」銘金石文（宮内庁管理部工務課提供）

ていることになる。これは、金石文が発見された位置と後述する松平大膳大夫丁場の復旧状況が示しているように、単なる石垣の復旧にとどまらず上屋の修復や建直しがあることを示唆している。1・2では、櫓台の修築ということになる。

5は、汐見坂側の南東隅近く天端隅脇から発見されたもので、写真3のとおり文字の上端は剥離によって欠損している。『宮内報』の中間報告によると、天端石周辺には宝永四年（一七〇七）の富士山噴火によるテフラがみられ、下位には明暦大火の焼土が充塡されているという層位学的視座に立ち金石文を「寳永元甲申年／□月十九日／園濃屋／庄次郎／築之」と解釈している。ちなみに美濃屋庄次郎の名は、明暦大火後の万治元年（一六五八）、前田綱紀が天守台修築を命じられ、その記録『明暦四　江府天守台修築日記』に登場する。また、『東京市史稿』皇城篇第貳の前田氏の掛員の主要構成員の最後に「手木者之頭」として名を連ねている。美濃屋庄次郎は、前田家や松平家の家臣ではない。金石文の人物は、史料の末裔と考えられ、そこから二代あるいは三代目にあたるものと思われる。石垣修復に大名家だけではなく、そこから依頼された商人が関わることは注目される。なお、門ではなく高石垣の裏に刻されていることは、大名との格の違いが表われているものといえよう。

(5) 毛利家の手伝普請

元禄大地震の復興にあって、松平大膳大夫、すなわち萩の毛利家が二二家の大名のなかでも一際重責を担っていたことは、担当丁場とその坪数からみて一目瞭然である。毛利家の場合、復興に関する史料が『毛利家記録』によく残されているので、具体的に述べることにする。

表10　松平（毛利）大膳大夫吉廣の手伝普請

	普請場所	状　況	普請場所	状　況
西丸	大手渡櫓	修復	吹上渡櫓	建直
	大手冠木門	同	吹上冠木門	修復
	大手大番所	同	吹上大番所	同
	中仕切東多門	同	玄関前渡櫓	建直
	中仕切門	同	玄関前大番所	修復
	中仕切西多門	同	二重櫓	建直
	獅子口門	同	二重櫓東ノ多門	同
	山里門	同	裏門	同
	山里冠木門	同	裏門大番所	修復
	山里大番所	同	西丸内所々石垣	築直
西丸以外	井伊掃部頭屋敷下大下水			修復
	田安門仮小屋			仕直
	半蔵門ゟ続南ノ方外郭石垣			築直
	馬場先門南ノ方御堀端石垣			同
	所々仮番所			当分建

※これ以外に、元禄16年12月には西丸手廻りの壁修繕も担当している。

はじめに、担当した丁場を表10でみると、西丸では、御殿を除き大手門、玄門前門、二重櫓（伏見櫓）、さらにそれらに続く多門、山里・吹上・的場郭の裏手とほぼ全域に及んでいる。この他に半蔵門から外桜田門にかけての石垣修復などが加えられている。表10と11は、修復の完了後、およそ一年半の歳月を経過した宝永二年（一七〇五）十一月、毛利家家臣鮎川作右衛門をはじめとする六名の連署をもって勘定書に提出した裏書をまとめたものである。毛利家

表11　毛利家の復興で要した資材一覧

品　目	数　量・他
材　木	868本（槻《ケヤキ》丸太・松丸太・檜完マヽ・栂角）
同	3,528本（杉丸太、内3000本拝借）
掛塚榑木	28,295挺
唐　竹	64,650本（内28,974本拝借）
石	1,375本（隅石・平築石・岩岐石・青石・小田原石・玄蕃石）
割栗石	93坪9合
本目石	132坪
付　芝	406坪
大坂土瓦	223,526枚
摺　縄	696束
石　灰	364石
布　苔	262貫760目
同	5貫300目（但、松平右衛門殿場所ゟ請取）
おり油	9斗
畳古床	100畳
空　俵	6,685俵
谷　土	177坪
砂	22坪
役　船	2,877艘

は、石垣修復として一九八三坪程を担っているが、表10をみると、石垣にとどまらず、その上の建造物や構造物まで含まれていることがわかる。建造物は修復が多いが、玄関前渡櫓や二重櫓を好例として建直しのものも含まれている。単に石垣普請というわけではないのである。それは、表11の資材一覧からもよくわかる。各種石の他に、材木・瓦、さらには唐竹・石灰・布苔等々の壁材をはじめとして実に多くの品々を調達している。当然のことながら人手と費用も莫大となる。

毛利家の手伝普請は、元禄十六年（一七〇三）十二月十八日の普請小屋の杭打に始まり（田安門・竹橋門の片付けは年内にとのため十二月十日に着手）、竣工する翌年四月二十九日に至るおよそ四ケ月半の期間に及ぶ。その間の人足は、勘定所に提出した請負で二八万八五六六人、この他に現地で雇入分一九万五五六六人を加えると四八万四一三二人となり五〇万人弱となる。単純に均すと一日あたり公式には約二二〇〇人、実質的には約三七〇〇人を動員していることになる。ちなみに勘定所に提出した経費は、三四四二両一歩銀二匁七分二厘（内、古払代一六八両三歩銀二匁八分四厘を含）、米一一二四石五升一合八夕一才とある。実に多くの人員と経費を要しているのである。

再び毛利家の手伝普請について具体的にみてみよう。

毛利家の普請小屋の杭打は十二月十八日に行われたことは前述したが、その位置は外桜田門の南側、上杉民部大輔屋敷の前であった。ちなみに毛利家の屋敷は、上杉家の隣りであるから自家の前でもよさそうであるが公儀の仕事故の場所といえよう。杭名には「松平大膳大夫小屋場」と書かれ、鳥毛十本と七道具が飾られていたという。また、大昇が立てられ、長四尺八寸（約一四五センチ）、幅三幅（約九〇センチ）の白の木綿地に紺色で御用と「⁖」の家紋が記されたという。普請小屋以外にも大工小屋と木挽小屋が四ケ所（数奇屋河岸広小路・他）、石置場二ケ所が渡され、そのうち石置場は、松平右衛門督と立花飛騨守との三家が共用するもので、龍ノ口と数奇屋河岸の二ケ所が与えられている。三家が要した足石は、築石だけでも四七九三本となる。一度に全てを置いたものではないが、莫大な量である。

これら、普請小屋をはじめとする各種小屋や石置場は、いずれも堀端に存在する。それは、資材の運搬に船が用いられているためであり、表11の資料一覧にも役船二八七七艘と記されている。資材置場もさることながら、表10が示すように渡櫓門や二重櫓などを建直すためには、それらを片付ける際に生じる廃材や瓦礫などの置場が必要となる。幕府は、毛利家に対して前述の杭打の二日前にあたる十二月十六日、隅田川沿いの本所に三〇〇〇坪の用地を渡している。これらの用地は、竣工後には返されている。

ところで、建造物の建直しもあることから、諸儀式も行われている。そのうち鍬初・手斧初の儀式は、元禄十七年一月七日、西丸大手門の外で、大工頭の鈴木修理の指図のもと作事・普請奉行と目付、さらには藩主等々が加わり粛々と行われており、席順も記されている。なお、毛利家の担当丁場のうち石垣修復は四月七日迄（吉川勝之助丁場は四月二十五日）には完了している。

(6)地震対策としての「地震之間」

元禄大地震による被害が江戸城諸門で甚大であったことは述べたが、本丸や西丸御殿では如何にという問に対しては、残念ながらよくわからないというのが現状である。そのなかで二つの糸口がある。一つは、『石垣築直シ銘々場所帳』の松平《（池田）》右衛門督が担当した「玄関前門」の記録に、台所井戸枠の縁石が壊れたので新たな石を必要としたとある。井戸の縁石が破壊されるほどの激しい揺れであった証左となるものである。一つは、『雞助編　上』巻第六十九に記されているもので、そこには、

一御城内奥方長つほねニ而女中余多地しんニ相果候よし同十二月中御城内より長持ニ入右之死人出候
　事

とある。揺れによるショック死か落下物が原因であるかは定かではないが、大奥でこの地震による犠牲者が出たことは確かなようである。余震による揺れも大きかったようで、同史料には、

一同十二月十九日御城内御普請場ニ而足代なくれ人足百人余落艮死仕候四十五人松平右衛門様御手伝

二有之候事

の記事もみられる。日付からすると修復以前の破損箇所の取外しを含む片付け期間にあたる。足場板が外れた位では、これ程多くの犠牲者が出たとは到底考えることができない。重量物の落下も視野に入れねばなるまい。幕府は、余震が多くしかも揺れが大きいことから元禄十七年（一七〇四）正月には、次の御触書を出している。

地震節之覚

一大広間　出御之時、御白書院之御庭江出仕之面々出し申間敷候。大広間之御庭江可罷出候

一御白書院　出御之節は、御黒書院之御庭江出仕之面々出し申間敷候、御白書院大広間之御庭江可罷出候

一御黒書院　出御之時は、御黒書院御白書院大広間之御庭江向寄次第可罷出候

右之通兼而被相心得候、出御以前入後以後は、向寄之御庭江勝手次第、被出候様可被致候

地震の御触書としては始めてのものであり、登城した大名や旗本等々の地震避難場所を示したものであることがわかる。

他方、将軍には、この地震が契機となって「地震之間」が設けられるようになる。一般的に、「地震之間」というと井伊家の居城、彦根城の楽々園が著名である。現存するものは江戸時代後期のもので、その初現は延宝五年（一六七七）の藩主直興まで遡り、堅牢な構造のために重要な客人の応対にも利用されたといわれている。江戸城の「地震之間」の特徴および構造については、大熊喜邦氏が『明治前日本建築史』

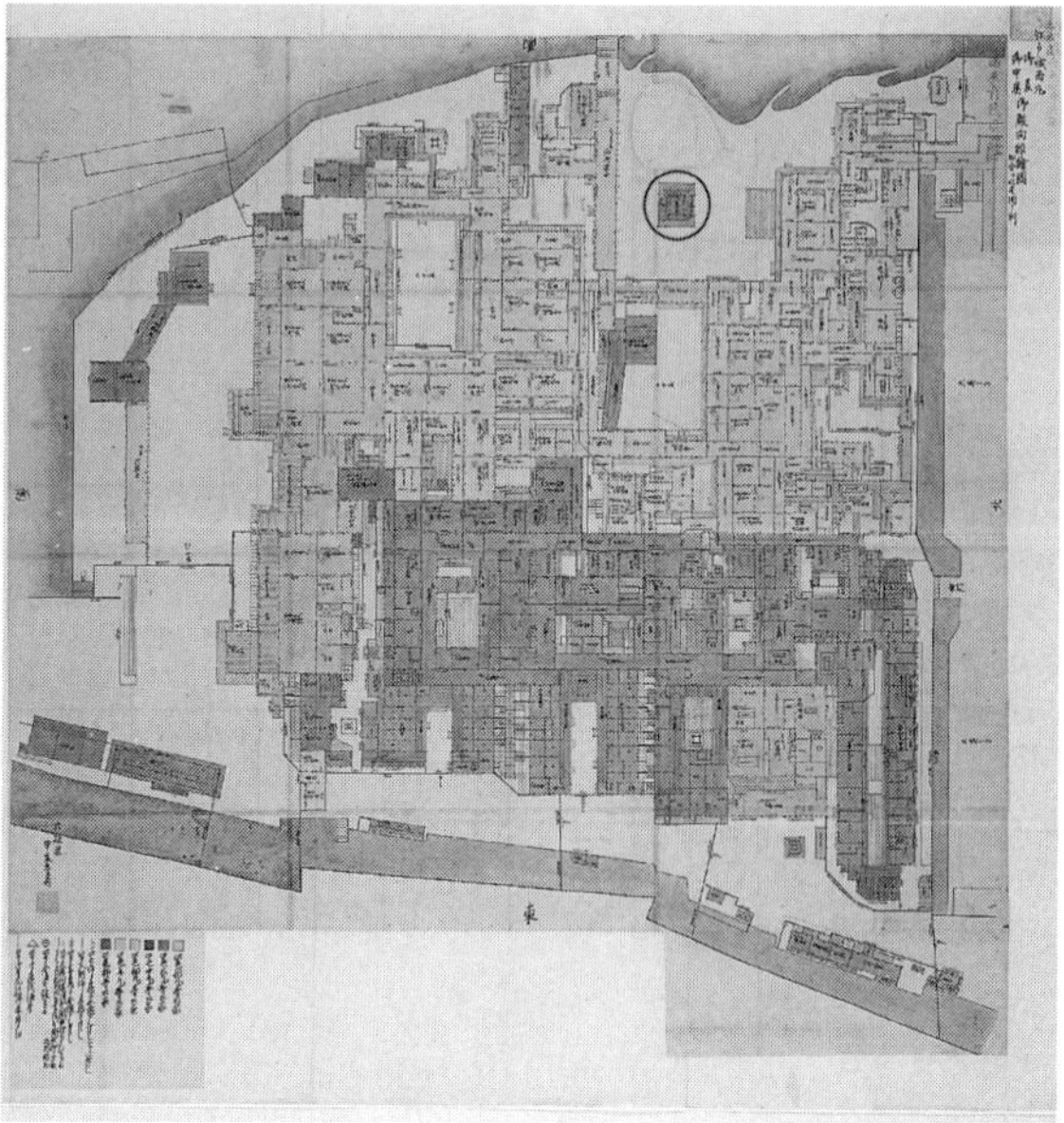

図10　『江戸城西丸御表御中奥御殿向絵図』（東京都立中央図書館東京誌料文庫所蔵）　○印「地震之間」

のなかで図を用いて紹介している。筆者も拙稿「江戸城『地震之間』に関する一考察―絵図の検討を中心として―」で、江戸城「地震之間」の存続期間と構造について論じたことがある。そこで、まずは二点の図を紹介し、解釈することにする。

『江戸城西丸御表御中奥御殿向絵図』　この図は、甲良家資料として都立中央図書館東京誌料文庫所蔵の彩色・裏打ちが施された西丸御殿の大奥を除く表・中奥の指図（内法で計測した平面図）である。縦一一二・〇センチ、横九六・〇センチを測る。裏打ち前の旧外題には「西丸御殿物絵図」、外題には裏打ち紙と同質の和紙を用いて付箋状にし「元禄度／御表御中奥御殿向総絵図[illegible]」と記されている。外題の「元禄度」は朱書である。また、内題が裏打ち後右上隅に「元禄度／江戸城西丸／御表御中奥御殿向総絵図／四分ヲ以壱間之割」と記されている。内題の「元禄度」も外題と同様、

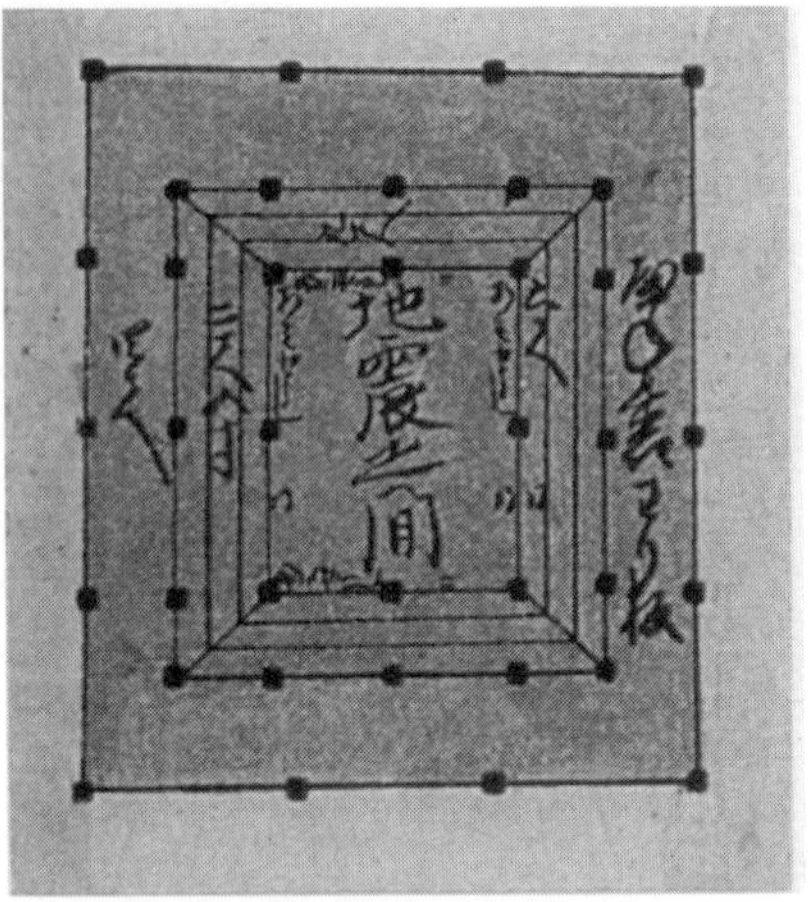

図11　「地震之間」部分

朱書である。本紙左下には、「大棟梁／甲良豊前」と「建仁寺流官匠甲良印」の朱印がみられる。

「地震之間」は、図中右上、中奥御休息所前に広がる中庭の中央部に描かれている。江戸城の「地震之間」は後述するが本丸と西丸御殿の中奥と大奥に限られており、しかも構造物とは隔離された中庭の中央部に位置することを共通としている。本図の場合も例外ではない。

本図の「地震之間」を拡大したのが図11である。実寸で縦四八ミリ（四間）、横四〇ミリ（三間三尺）を測り、図中には「地震之間」の文字の他に、「屋年《根》裏王《わ》り板」「あ見せうし」の文字と「六尺、同」「九尺」「二尺五寸」「四尺」の数字がみられる。この文字と数字から復原すると、「地震之間」の主要部は、九尺に十二尺（六尺×2）の一間《マ》で、その周囲に幅二尺五寸の榑椽入側とし、さらに外側を幅四尺の上椽が繞ることになる。「あ見せうし」の記載から、建具が網張障子であることがわかる。また、建物の彩色を左下の凡例と照合すると、「此色柿葺御家」となり、屋根が柿葺《こけらぶき》であることがわかる。すなわち、「地震之間」は相対的に軽構造なのである。

ところで、本図の製作時期を特定する必要がある。残念ながら正確な年代は見あたらないが二つのヒントが描かれている。一つは、本紙左下の「大棟梁／甲良豊前」である。この人物には、表8と照合すると三代宗賀もしくは四代宗員のいずれかが該当する。両者の作事方在職期間は重なる部分が多く、そのためにこの条件だけでは片方に絞ることはできない。一つは、裏打後の外題・内題に記されている「元禄度」である。西丸御殿は、慶安元年（一六四八）の再建以降、数回の修理記録があるが、大規模な修理となると元禄度となる。『東京市史稿』皇城篇第貳で元禄度の西丸御殿修理記録をみると三回ある。一は、貞享五年（一六八八）八月七日に幕府から命じられ、元禄元年（一六八八）十二月四日竣工。一は、元禄九年（一六九六）九月二十三日に命じられ同年十一月竣工、十二月六日安鎮祈祷。一は、元禄十三年（一七〇〇）十二月十二日に命じられるとある。元禄十三年の修理記録は、竣工日をはじめとする詳細な記述がないことから簡単な修理であったものと考えられる。したがって、本図の主要な建物や部屋の配置は、元禄元年ないしは九年の指図ということになる。それは、慶安度の指図と考えられる『御表方西之御丸惣差図』と比較すると、表向の舞台に隣接する楽屋の配置や中奥休息所前の中庭を囲繞する建物の有無など著しい相違があり、元禄度の改築の一端がうかがえる。

しかし、元禄元年もしくは九年の製作とするには問題がある。それは、「地震之間」の存在である。ちなみに、慶安度の指図には描かれていない。江戸時代の江府における地震発生について概述したが、江戸城の石垣が崩落するほどの大地震は、慶安二年（一六四九）の後は、元禄十年（一六九七）となる。元禄度の西丸御殿が大規模に改築が行われた時点においては、大地震が発生していないのである。明暦大火後、万治度に再建された本丸指図として都立中央図書館東京誌料文庫所蔵の『江戸城御本丸御表御中奥御大奥総絵図』が著名である。この図が万治度といわれているのは、本図と同様、裏打後の外題に朱書で「萬治年」と記されていることに他ならない。筆者は、この図に「地震之間」が中奥に二ケ所、大奥に一ケ所の都合三ケ所描かれていたことから、前掲の拙稿で検討したことがある。その結論として、この図の製作は宝永二年（一七〇五）から三年にかけての間ということを発表した。その理由としてあげたのが、明暦大火後に大地震は二〇年余ないことと、図中表向の所謂、老中下部屋に記入された一六名の老中・若年寄・側用人の名とそれら人物の在職期間である。つまり、図は主要な建物や部屋は万治度のものを踏襲し、元禄大地震を契機として「地震之間」が加えられたと考えたのである。本図には、老中下部屋は描かれているが、そのなかに実名は見あたらない。さらに、元禄十年の地震が宇佐美氏の推定ではマグニチュード六・九という規模では、あえて「地震之間」を必要とするものではない。やはり、万治度の本丸指図と同様、元禄十六年の大地震後の製作とみるのが穏当のようである。

『御奥御対面所前御庭地震之間地割』

この図は、前掲の拙稿のなかで紹介した断面図（建地割）である。所在は判然としないが、唯一、江戸城「地震之間」の詳細な構造を知る資料であるといっても過言ではない。まずは、図の解釈について原文を抜粋することにする。

一、大体の形態。四方入側付にて堀建、柿葺入母屋造、床は取置き板敷で入側は土間である。

一、柱。本柱は地中六寸角、地上に於て四寸角に細めたる角柱、入側柱は地中四寸角地上二寸七分とせる角材で、何れも根入りは地底土台上地盤迄四尺五寸である。

一、屋根。入母屋造にて二枚重ね大板葺とあり、図面に屋根裏ワリ板とあれば、大板を二枚重に張り

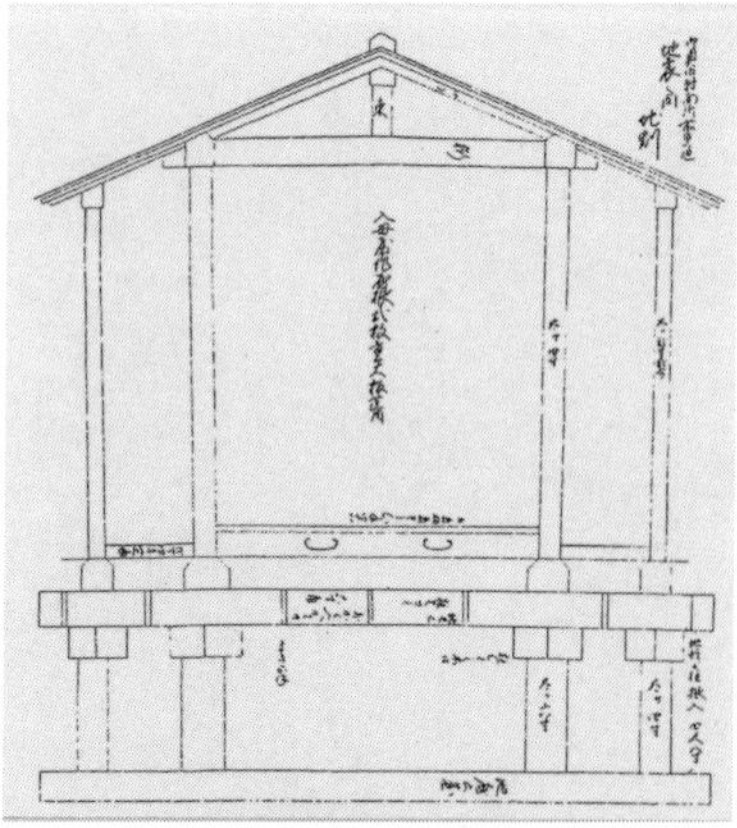

図12 『御奥御対面所前御庭地震之間地割』（大熊喜邦「耐震構造」『明治前日本建築技術史』より）

たる化粧屋根裏で被覆材は柿である。

一、床。地盤に接して置かれたる板敷で、図中取置板敷ワラビ手四所とあれば、四方に鈬を取付たる取外し自在の板敷の置床である。入側の部は土間で、其外側は小角材の芝留を設けたるものと見做す事が出来る。休息所前の地震の間には図に見ゆる通り母屋と土椽との間に榑椽が設けられてゐる。

一、地中の構造。地盤面より根入四尺五寸の柱の下に地底土台と称する土台を据へ、其の上に柱を建て、地盤より少しく下りたる地中に於て「地そこ柱はさみ」を以て通し、根械の如く一列毎に縦横に両面より柱を挾みたるもので、地そこ柱挾の大さは外側入側共に六寸角とあり、柱挾は又中央の間《マ》にて三個所、入側の部分に於て一個所、柱外にて一個所宛巻鉄を以て縛し、地中に於て柱を縦横に結束してゐる。

一、建具。休息所前の地震の間には其平面図に四周何れの間もあみせうじと記入しあれば、建具として網張障子を用ひたるものとされる。

この建地割ならびに考察は、前述した万治度の本丸指図『江戸城御本丸御表御中奥御大奥総絵図』（図

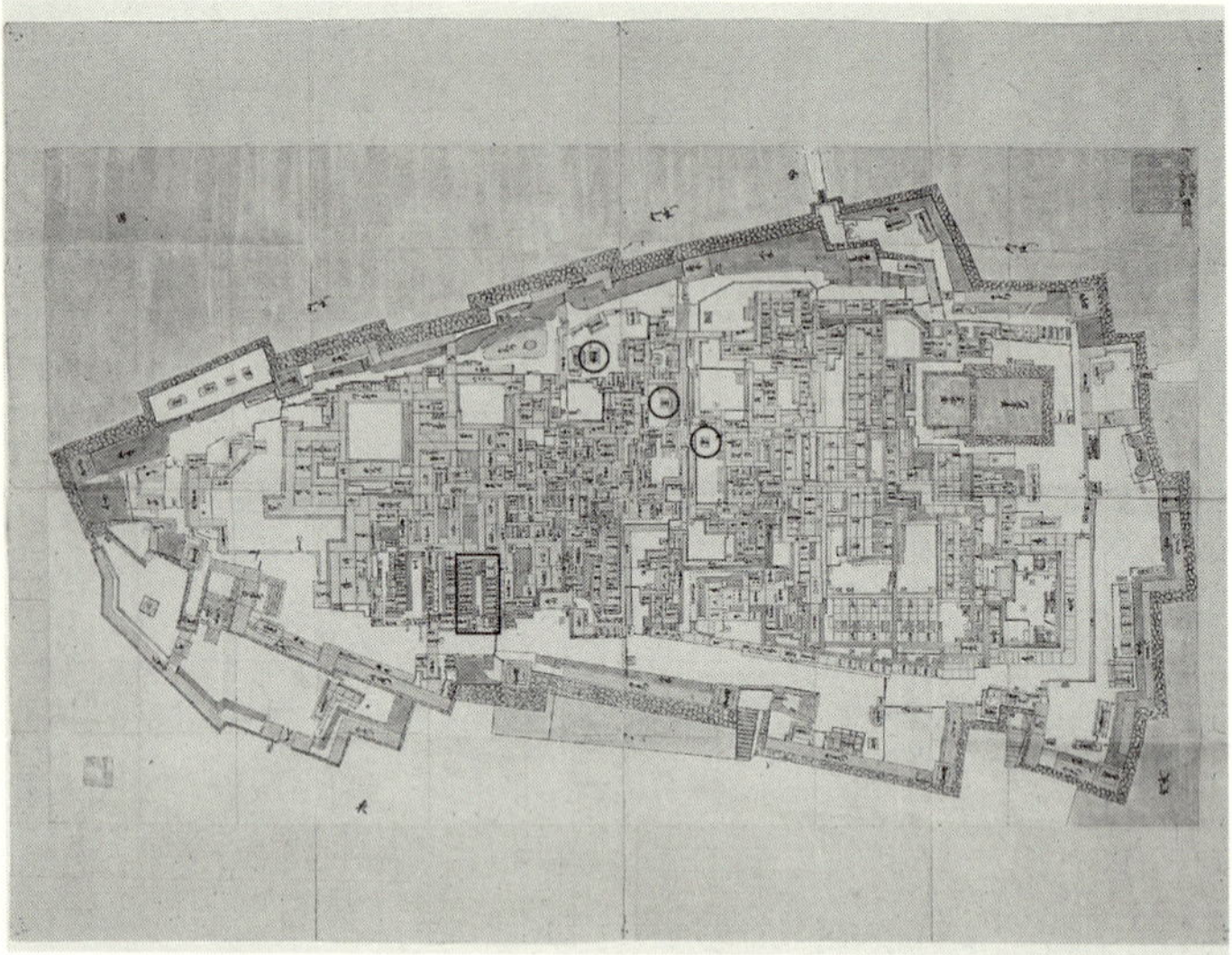

図13　『江戸城御本丸御表御中奥御大奥総絵図』（東京都立中央図書館東京誌料文庫所蔵）　○印「地震之間」、□印「老中下部屋」

13）に描かれている三箇所の「地震之間」のうち、大奥のものと思われる。その上で「地震之間」は、大熊氏の指摘のように地中に土台を築いていることから、一種の耐震構造であることは間違いない。しかし、将軍の身を安ずる余りに屋根が柿葺であったり壁の代わりに網張障子であるなど緊急時の避難所以外の何ものでもない。床板が地面に接し、取外しが可能なことなども一層、その機能を裏付けている。すなわち、恒久的な施設ではないのである。

江戸城「地震之間」の存続期間　元禄大地震を契機として江戸城内に「地震之間」が築かれたことは述べたが、避難場所として幕末まで存続した施設であろうか。図1で示したように、文政九年（一八二六）以降、安政二年（一八五五）にかけて江戸では地震が頻発に起きているのではあるが。

十八世紀、享保年間以降、江戸城本丸・西丸御殿に関する指図・建地割等々の絵図は、都立中央図書館・東京国立博物館・国立公文書館・江戸東京博物館等々にかなり豊富に存在する。そのなかで、寛政・天保・弘化・嘉永・万延・元治度の絵図には、「地震之間」は描かれていない。したがってそれ以前ということになる。

吉宗が八代将軍に着任するにあたり中奥の休息所が改築されることになる。記録の上では、享保元年（一七一六）夏に古い休息所は四脚門とともに毀却し、同十二年（一七二七）三月十三日に柱立、五月二十六日に竣工とある。この間の計画図が都立中央図書館東京誌料文庫に二点所蔵されている。『御本丸御表方惣絵図』と『御本丸表向絵図』である。

前者は、本丸の表・中奥を描いた縦九七・五センチ、横一三八・〇センチを測る彩色の施された絵図で、中奥の部分にはめくりがある。ちなみに上下では休息所の間取りが変更されている。本図には外題があり、上位に「享保五子歳」、下位に「元〆」として四人の名が連ねてある。この旧外題の上に新外題として二枚の付箋を用いて一方に「御本丸御表方惣絵図」、他方に「甲良若狭扣」と記されている。「地震之間」は、旧図とめくりの上とでは位置をやや変更しているものの、共に休息所前の中庭に描かれている。この計画図は、旧外題から享保五年（一七二〇）に描かれたものであり、めくりの図はその後ということになる。図の製作年代を知るさらなる手掛りとして表向の老中下部屋には、井上河内守・戸田山城守・水野和泉守の三人の老中、大久保長門守・大久保佐渡守・石川近江守の三人の若年寄、それに側用人の松平右京大夫の名が記されている。これら七名に共通する在職期間は、享保二年（一七一七）九月二十七日—享保七年五月十七日となる。外題の享保五子歳とは見事に一致するのである。後半をとれば修正後のめぐりの時点ということになる。

後者は、縦一三九・〇センチ、横一七七・〇センチを測る彩色の施された絵図で、外題には付箋の上に「御本丸表向絵図」と記されている。本図は、享保度の休息所造営を知る上で最も重要なものであり、これには「地震之間」が描かれていない。図自体は、休息所をはじめとして小座敷など三箇所に他とは異なる淡赤色に塗られ変更場所を明示している。本紙には図の製作年代は記されていないが、前述の図と同様、老中下部屋に五名の老中、五名の若年寄と一名の側用人の名が記されている。一一名の幕閣は、前掲の絵図に記されたものと比較すると戸田山城守・水野和泉守・石川近江守・松平右京大夫の四名のみが重なる。共通する在職期間は、享保十三年（一七二八）十月七日—享保十四年十月二十九日となる。中奥の休息所が竣工するのは享保十二年であることから、この図は完成後、間もない時に製作されたことになる。

図1をみると、元禄大地震後、宝永三年（一七〇六）にやや強い地震が起きるが、それ以降は目立った地震はない。二〇有余年の歳月のなかで軽構造の「地震之間」は使用されることはなく、しかも中庭の景観をそこない見映えがよくないことから、享年年間に撤去されているのである。ここに「地震之間」の下限を見出すことができるのである。

大名屋敷の「地震之間」　元禄大地震による大きな被害や激しい揺れから推察すると、大名屋敷にも「地震之間」が設けられたとしても何ら不思議はない。しかし、それを検証することは皆無に等しい。その理由は、江戸においては江戸城の場合と同様、必要とする期間がごく短期間であることに他ならない。大熊氏は前掲の著書のなかで、田安屋形をあげている。指図をもって解釈しているが、そこでの「地震之間」は、居間書院がある続きの棟の端にあり、銅葺屋根で各方向に自由に出ることのできる地震口となっている。残念ながら建地割が残されていないために構造は判然としないが、僅少な事例といえるものである。

(7) 上嶋梅子氏所蔵の御用船旗

震災後の復興に際し、瓦礫や廃材等々の搬出、各種石材や木材・瓦・石灰等々の建築資材の搬入に船が主体となっていることは、毛利家の資材一覧に役船二八七七艘という記述でも明らかのとおりである。また、この役船は、『御城内向絵図』中の付箋で示されているように下梅林門の脇、江戸城の中枢部まで入っていることも事実である。そこには、御用であることを明示する必要性が生じる。

古くは、江戸城が修築された慶長期から寛永期まで遡る。神奈川県足柄下郡箱根町湯本の「早雲足洗の湯」の伝承由来を持つ湯場『和泉』に、慶長年間に製作された江戸城石垣のための採石から運搬に至る一連の工程を描いた絵巻『石曳図屏風』が所蔵されている。現所有者は、下田愛子氏であるが、そのなかに採石した石を本船積にする場面がある。

図14は、沖合で停泊している二艘の双胴船に、大角石を積んだ箱船が横付けされ、箱船・石船・捲車船の順に並び、誇張された大角石が石船に積替えられる場合である。このうち石船と捲車船の船尾には、各々二種類の旗が掲げられている。小さくて判然としない部分もあるが、旗は、一方には「日の丸」、他

図14　「本船積み」『石曳図屏風』・部分（下田愛子氏所蔵）

方には「上り藤に大」が描かれている。「日の丸」は朱書で公儀を表しているのに対して、「上り藤に大」は小田原藩主大久保家の家紋である。後者の家紋は、この屏風図では修羅引きの旗と検収の幔幕にも描かれていることから一連の図は大久保家に関するものであることがわかる。その江戸に向かう石船に、御用旗と藩旗の二種類の旗が掲げられているのである。

現存する三種類の船旗　静岡県賀茂郡東伊豆町稲取の上嶋釣具店には、三種類の船旗が幕末に同家の菩提寺である臨済宗の大慈山済廣寺に預入した覚書とともに所蔵されている。現所有者の上嶋梅子氏によると、上嶋家は代々、稲取では有数の船主で、先祖は公儀御用のために度々、船を出すことがあったと伝聞されており、幕末の混乱のなかで船旗が不用となり、長年の功績でそれを譲り受けたとのことである。ちなみに、覚書には慶応元丑年（一八六五）十二月吉日の日付があり、済廣寺から上嶋家に船旗が返却されたのは、明治二十八年（一八九五）の稲取の大火が契機となっている。それでは、三種類の船旗について紹介することにする。便宜上、旗1……旗3と呼称する。

写真4－1　船旗1（上嶋梅子氏所蔵）

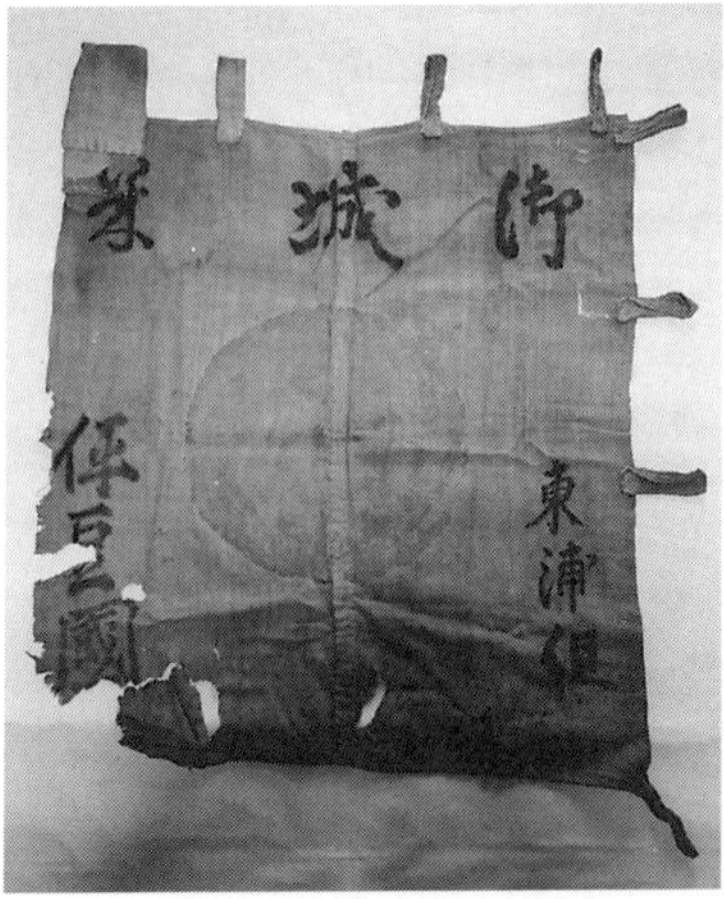

写真4－2　船旗2（上嶋梅子氏所蔵）

写真4－3　船旗3（上嶋梅子氏所蔵）

旗1は、三旗のなかでは最も遺存状態が良く、唯一、平面が長方形を呈するものである。法量は、縦六二一ミリ、横三四〇ミリを測る。白生地の両端には縫代があり、上位には楷書で「御本丸／御用」の文字、下位には朱彩で「日の丸」が描かれている。御用の文字はとりわけ太く、その下の日の丸は上方がにじんでいるが一八〇×一九四ミリと大きく、そのため旗は、全体として遠方からでもよく目立つ。遺存状態から旗は江戸時代後期のものと思われる。ちなみに、「御本丸／御用」の文字からすると、江戸城本丸にあっては三回の火災による復興が推察される。その火災とは、天保十五年（一八四四）五月十日、安政六年（一八五九）十月十七日、文久三年（一八六三）十一月十五日に発生し、いずれも本丸御殿は全焼している。文久三年の火災後には本丸御殿が造営されていないことから、本旗を掲げて物資を輸送したのは前二者のいずれかである可能性が高い。

旗2は、二枚の白生地を縫合し、正方形状にしたもので、法量が縦六七五ミリ、横六一〇ミリを測る。旗の上下両端には縫代がみられる。旗の中央には朱塗で「日の丸」が大きく描かれ（二七五×二九四ミリ）、上端と日の丸の左右には行書で「御城米」「東浦組」「伊豆國」と書かれている。字体からすると、旗2は旗1よりも格が低いといえるものである。上端に記されている「御城米」（御城米船ともある）とは、天領からの廻米（御城米）を輸送した廻船のことを指し、寛文七年（一六六七）、幕府によって取締規制が公布されている。ちなみに、御城米を輸送中には「日の丸」の旗を掲げることで特権的な運行ができたという。本来は御城米のみの積荷であったものが、時間の経過のなかで緩み、他の積荷をも運搬するようになっていくのである。旗2の時間軸を特定することはできないが、遺存状態が比較的良好なことから、江戸時代後期以降に製作されたものと考えられる。「日の丸」の左右に記された「東浦組」と「伊豆國」の文字は、この旗の所在を明示している。

旗3は、三旗のなかでは最も遺存状態が悪いが、唯一、藍で片染めされた特徴を有するものである。法量は、縦六四〇ミリ、横六三〇ミリを測る。中央やや上位には、太く大きな円（四一一×四六七ミリ）のなかに三葉の葵紋を、その下には二料引の線が施されている。葵紋は、葉脈の形状が徳川家や松平家のものとは異なることから、いずれかの支藩のものと考えられる。

旗3は、遺存状態からみると他の二旗よりも古手の様相を呈している。しかし、元禄期まで遡るかというとその可能性は低いと言わざるをえない。毛利家の普請小屋に「御用　一∴」の旗を掲げたことは前述したが、元禄大地震後の復興に多くの役船が用いられている以上、御用の向と藩を明示する旗がそれらに掲げられたことは至極当然のことといえよう。

(8)諸大名が確保しておいた石丁場

『石垣築直シ銘々場所帳』によって石垣復興に要する足石が二万個以上にのぼることは述べた。さらに、そのうちのおよそ一・五割にあたる三〇〇〇個は幕府の石置場や緊急拠置として石垣の一部を崩しそこから生じた出石をあてているが、大半の足石は、助役大名の請負となっている。果してこの石はどのように確保したものであろうか。記録はないが、大半は石材業者から買入れたものと考えられる。それとは別に、諸大名のなかには非常時に備え、相模・伊豆に石切場を確保していたことも事実である。

徳川林政史研究所所蔵の石丁場絵図と預り證文帳　尾張家は、江戸城修築にあって寛永六年（一六二九）に公儀普請を命じられている。この時の担当は、寄方であった。寄方とは、石丁場から石材を切出し、江戸へ運搬する役のことをいう。この公儀普請が契機となって、尾張家では幕末に至るまで相模・伊豆・駿河の地域に二三箇所の石丁場を確保することになる。この資史料が『駿州／豆州／相州　御石場絵図』であり、『相州／豆州／駿州　三ケ所御石場預り主差出候證文帳』である。前者は、縦四三八ミリ、横五九八

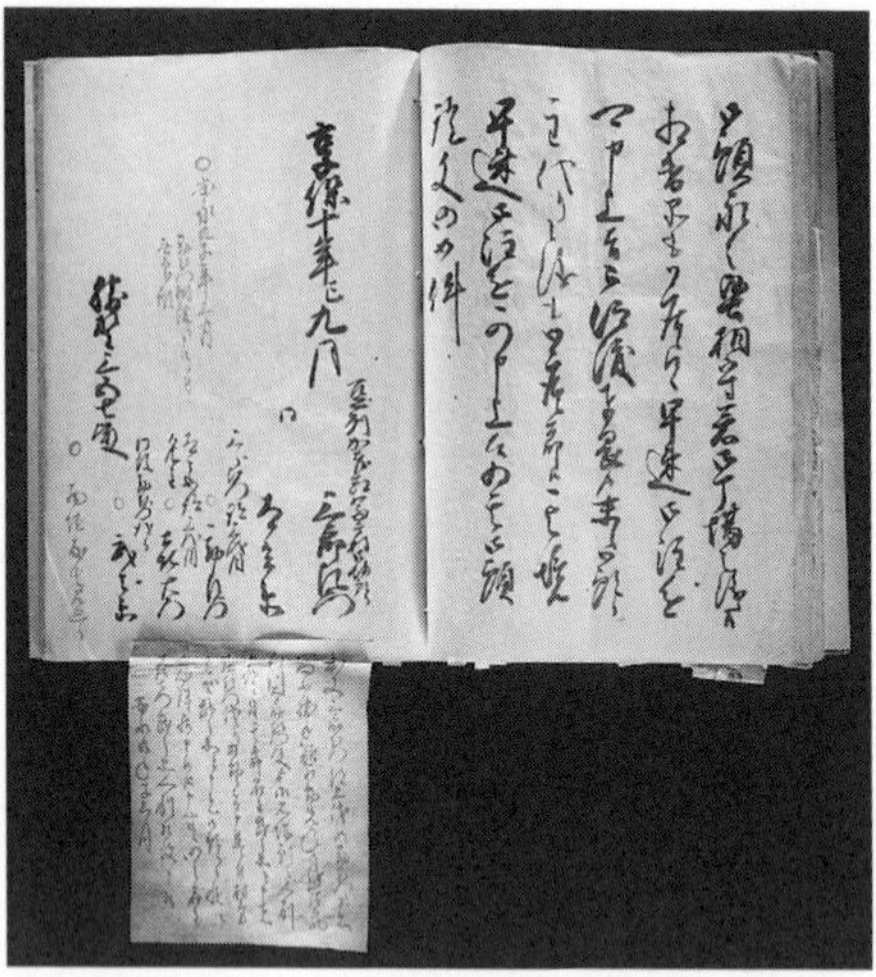

図15　『相州、豆州、駿州、三ケ所御石場預り主差出候證文帳』・部分（徳川林政史研究所所蔵）

ミリを測る彩色の施された絵図で、現状は片側が綴じられているために冊子の形状をとる。絵図は、片隅と図中に石丁場名を記した上で尾張藩の石丁場の境界石「此石ニ尾之字切付置」を描き、それらを朱引することで範囲を明示し、そのなかに朱書で「御献上石　本」「御自分作り石　本」と表示することを特徴としている。さらに、図中には神社や主要な道、隣接する水戸・紀州家丁場や商人丁場の他に、ここで問題となる三名の大名丁場の名が登場する。ちなみに、尾張藩の境界石を示す「尾」字の金石文資料は、郷土史家鈴木茂氏によって伊東市川名に所在する「川奈御丁場」に現存することが報告されている。後者は縦二六〇ミリ、横一九一ミリを測る冊子で、九村二三ケ所の石丁場を七つの預り帳にまとめている。證文帳に共通するのは、書上の日付である「享保十年（一七二五）巳九月」と丁場改時の「安永九年（一七八〇）子」の記述があることである（この他に、一つの石丁場で後年の改時のもの有）。前述した絵図中の朱書の文字は、書上の享保十年の数字と一致している。この絵図と證文帳は、『豆州御石場事／御作事方ゟ出候図面一冊／留帳壱冊』と記された外袋に収納されている。

図16　「豆州加茂郡富戸村貳ケ所之内／釜屋御丁場絵図」（徳川林政史研究所所蔵）

三大名の記された石丁場　絵図自体に製作された年月日はみられないが、その手掛りとして御三家以外の大名丁場名がある。一は、「石橋三ケ所内／久保尻御丁場絵図」中の稲場能登守殿。一は、「岩村九ケ所内／高御丁場絵図」中の土屋相模守御丁場。一は、「豆州加茂郡富戸村貳ケ所之内／釜屋御丁場絵図」のなかの松平大膳大夫丁場の由。この三名の大名は、いずれも元禄大地震の復興に関係した人物である。土屋相模守は、前掲『江戸城御本丸御表御中奥御大奥総絵図』の老中下部屋に老中の筆頭格で記された人物である。常陸土浦藩主で名を政直といい受領名は能登守のちに相模守を名のり、延宝七年（一六七九）に継承し、享保七年（一七二二）に没している。老中の在職期間は、貞享四年（一六八七）十月十三日―享保三（一七一八）三月三日迄勤めている。稲葉能登守と松平大膳大夫は、元禄大地震後の復興では表5・6に示したようにI期の助役を命じられた人物である。両者の藩主としての在任期間は、稲葉能登守知通が元禄七年（一六九四）―宝永三年（一七〇六）、松平（毛利）大膳大夫吉廣が元禄七年（一六九四）―宝永四年（一七〇七）となる。三名の大名が藩主として重複する期間は、元禄七年から宝永三年であり、少なくとも元禄十六年の地震直後には石丁場を確保していた可能性が高く、また證文帳の享保十年と比較すると十九年以上遡る。すなわち、三名の大名の名が記されていることによって、この絵図の製作された時期は證文帳よりも大分前に描かれたことを示唆しているのである。

一方、稲葉・毛利の両氏の場合、元禄大地震の復興にあたり絵図に描かれている相模・伊豆の石丁場で採石し、江戸での修築に用いることは理論上可能である。伊東市富戸海岸には、毛利家丁場の痕跡が現存する。尾張家との境界と伝承される元船石。自然石が刻まれた長径一尺三寸（三九センチ）を測る「一〇」の毛利家刻印石。刻印の上位「一」が欠損するが「〇」だけでも一尺七寸余りの刻印石。いずれも存在感は十分である。しかし、元禄十七年の石垣復興にここから築石を採石し、江戸へ運搬したとは到底考えることはできない。毛利家が石垣の復旧が完了するのは、同年の四月初旬である。渡航期間を考えると二月下旬から三月初旬には遅くも出航しないと間にあわない。渡櫓や二重櫓の櫓台石垣というとさらに早い時点で必要とする。前述したように、元禄大地震による相模・伊豆東浦での被害状況は、江戸以上に甚大である。五メートル（伝承では一〇メートルともいわれている）を超える大津波では人的被害はもとより、湊の整備にも時間を要し、地元での船の調達もままならない。すなわち、不可能となるのである。それは、稲葉家の場合も同様である。

三　安政江戸大地震

(1)　安政江戸大地震とその被害記録

安政二年十月二日夜四ッ時（一八五五年十一月十一日午後十時頃）マグニチュード七前後の大地震が江戸の町を襲った。震源は亀戸から市川にかけて。江戸の町三〇カ所以上から出火、焼失面積は二平方キロ以上に及んだと言われている。被害は特に下町に多く、死者の数はおおよそ、町人四七〇〇名、武家方二〇〇〇名。これら死亡原因の多くは、倒壊した家屋に押しつぶされたか、地震から発生した火災による焼死がそのほとんどであった。倒壊・焼失家屋一万棟以上、土蔵一五〇〇カ所以上に及ぶ大惨事であった。

この時の体験を時のスター、三代目中村仲蔵氏に語ってもらおう。

両国の中村屋という料亭の二階でくつろいでいると丁度四ッ時（午後十時頃）の合図があったので、さあ、もう帰ろうとした時、階下から突然ドドドと地面が持ち上がった。周りにいた女が、キャッと言って立ち騒いだ。自分がこれは地震だから騒ぐことはないと言って静めた。立って歩き出すと足を取られて歩行もままならない。目の前の老女などを起こして助けてやる。階段入口の手すりに手をかけ辺りを見ると中仕切一間一枚の襖がバラバラと骨一小間ずつ破けてくるが、それが奇麗である。屋根へ出る所はどこかと、表二階に行きかけると、このところの梁がどんどん落ちてくる。これではこちらはつぶれると川の方へ行ってみると、尺角槻の敷居を右足で跨いだときメリメリと天井が破れ、大梁が顕れた。南無三、これを受けてはいけないと右の足を引くと畳が落ち、穴へ踏み落ちてしまった。右側のあばらを敷居に打ってしまい息も止まるかと思うと、頭を後ろよりポンと打たれ、そのまゝうつ伏せに前の方にたおれてしまった。

被害の大きかった両国隅田川べりにいた彼は、九死に一生を得て、このあと大川を船で下って逃げるのであるが、まるで「施餓鬼船」のような船中では女、子ども、老人たちが、念仏やら題目を唱えて、皆で無事逃げ切れることを願っていたという。結局仲蔵は無事聖天町の自宅に戻ることができたのだが、料亭に一緒にいた人々のなかでは、即死した者もいた。仲蔵の家はどうにか倒壊を免れてはいたが、隣町まで火の手が迫ってきていた。

これは仲蔵が書いた『手前味噌』という自伝の一節を、口語に直し要約したものである。舞台で日ごろ身体を鍛えていた成果のあらわれか、仲蔵の動きの機敏さに感心するとともに震災時の被災者の動揺した状況が細かく表現されていて、緊迫感が伝わってくる。

当時の様子がそのままリアルに表現されているこの手の文章は、他にも何人かの書き手によって残されている。ここでは具体的に紹介ができないが、斎藤月岑の『武江地動之記』、牛門老人『安政乙卯地震紀聞』などには、大地震を体験した者の驚愕の様子がよく描かれている。また、実体験ではないが、外神田御成町で「御記録本屋」の異名をとった古本屋兼情報収集家、元祖三面情報誌記者の走り、藤岡屋由蔵の日記『藤岡屋日記』には、由蔵が地震後あちこちで拾い集めた地震の被害情報が満載である。

江戸では元禄の地震後、宝永三年（一七〇六）、天明四年（一七八四）以来の大震災であったこともあり、人々の困惑は大変なものであった。元禄地震が、マグニチュード八前後と大きく、被害も、関東一円に広がっていたのに対し、この安政江戸地震は、下総、相模あたりからも被害は報告されているが、その深刻な被害は江戸の町近辺に範囲が集中し、それほど広くはない。直下型の地震は狭い地域での被害が大きいという特徴があるが、この地震がそれを示している。

安政江戸大地震の被害状況を示す史料は、これ以前におきた他の地震に比べ格段に多い。まず、時の政府、幕府の支配下にある町奉行所による地震直後の調査記録が残されている。この調査により、主に、町人地での被害ではあるが、おおよその規模が分かる。二回行われ、一回目は地震直後、二回目は約半月後に実施された。二者の数字に多少の違いはあるものの大きな差が認められないことから、これらの調査のある程度の信憑性は認められると考える。後に詳しく見ていくことにする。

その他、武家方の状況を知るための史料としては、各藩に残された記録、江戸から早飛脚で本領に知らせたものや、江戸藩邸内の記録などがある。又、武士や町人がそれぞれ残した記録や日記類もある。

更に、この時代の大きな特徴として、かわら版や鯰絵というものがあった。当時の人々の情報源の一つであったこれらの資料から、よりリアルに当時の様子を知ることができる。

かわら版は、幕末の江戸に登場した、現在の新聞の原型の様なもので、売り子が記事を読みながら売り歩いたので、「読売」と呼ばれていたものである。江戸庶民の三面記事的なニュースを中心に載せたもので、多くは一枚ものであり、ゴシップ記事も多かったが、テレビもラジオもなかった江戸庶民にとっては、大切なニュース源であった。鯰絵は、当時、地震の元凶と考えられていた鯰を主人公にした即席の錦

表12　江戸時代の年代別火災件数

年代	火災数	年平均発生率
一六〇一～一六五〇	一一三	二・二六
一六五一～一七〇〇	一五八	三・一六
一七〇一～一七五〇	二一八	四・三六
一七五一～一八〇〇	三二三	六・四六
一八〇一～一八五〇	四八〇	九・六〇
一八五一～一八六七	五〇六	二九・七六

絵である。

これらの資料によって、一五〇年以上も前におきた安政江戸大地震の詳細を私たちも知ることができるのである。

では、まず、ここまで盛んに「江戸」という言葉を使ってきたが、実際に「江戸」とは一体どこからどこまでを指して言っているのであろうか。現在の地名でいうと具体的に、どのくらいの範囲を示しているのであろうかということを最初に説明しておきたいと思う。そのために、少し地震の話から離れてみたい。

そもそも「火事と喧嘩は江戸の華」と言われた江戸の町は、その言葉の通り火事の頻繁な町であった。喧嘩の方はさて置き表12をご覧いただこう。吉原健一朗氏の調査をもとに黒木喬氏によって作成された表である。江戸二六七年間におきた火事の件数一七九八件を五〇年ごとに区切った数字が示されている。年数が下るごとに火事が増えていることが分かるが、特に、安政を含む最後の五〇年間の火災発生件数は五〇六件とものすごい勢いで増加している。

この数は京や大坂など他の大都市とは比べ物にならない位の多さだという。まさに、「火事は江戸の華」であった。なかでも、江戸の町の大半を焼き、一〇万人を超える死者を出したという明暦三年（一六五七）の火事は、江戸城天守まで焼いた大規模なものであった。この火災の復興と、打ち続く災害に備えるために明暦大火直後、幕府の命によって江戸の町政区域の大規模改正と実測が行われ、この時の実測図を基に多くの江戸絵図が作成された。これらの絵図を見ると、その時代のだいたいの江戸の範囲が分かる。

　現在も、それらの絵図のいくつかを見ることは可能である。しかし、江戸の町は、その後も人口増加と共に巨大化し、明確な境界の解釈が成り立たなくなっていた。そこで、文政元年（一八一八）、幕府から正式に絵図が出され、そこに記された朱引きの範囲が、正式に「御府内」と定められた（図17、内側の墨引きは町奉行所支配を指している）。この絵図が幕府の公式見解ということから、年代も比較的近いこの図に示された範囲を本稿では安政江戸大地震頃の「江戸」と考える。江戸城を中心として、概ね現在の、千代田区、中央区、港区、新宿区、文京区、台東区、墨田区、江東区、品川区、目黒区、渋谷区、豊島区、北区、板橋区、荒川区を含むものである。

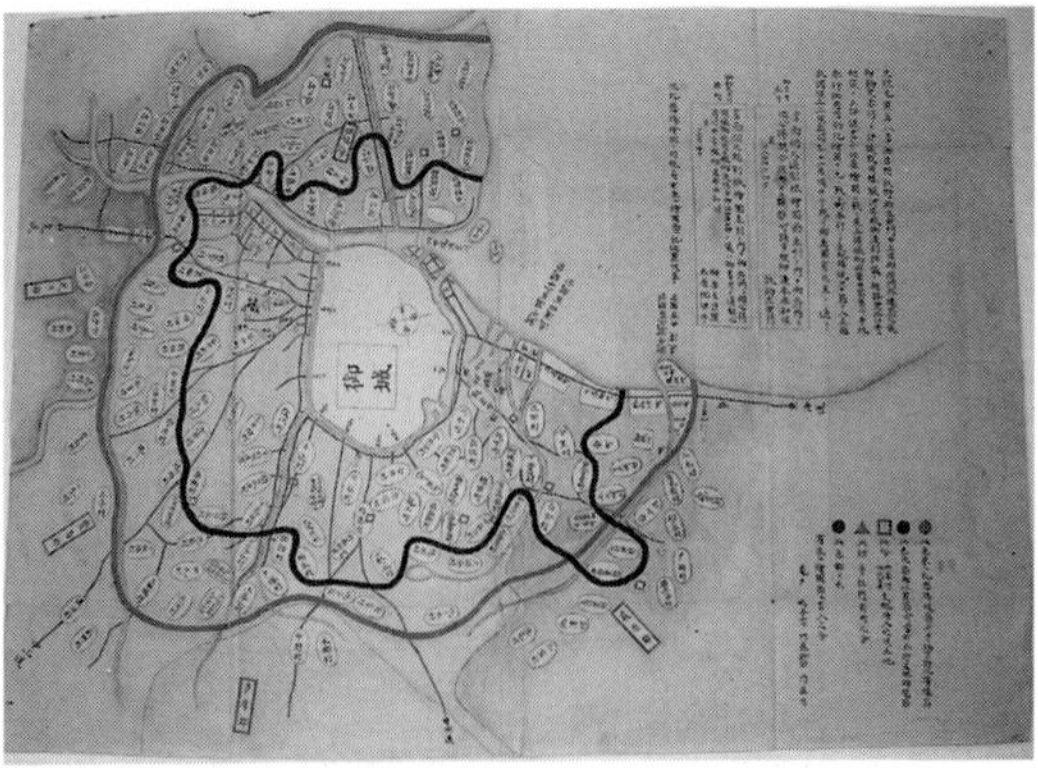

図17　江戸朱引図（東京都公文書館所蔵）

　「江戸」の範囲が分かったところで、その実態を見てみよう。約一八〇〇町歩あったとされる江戸の町はその八割が大名を始めとする武家地と寺社地で占められていた。残り二割に町家が散在していた。人口に関しては、十九世紀の初めにはすでに一三〇万人を超えていたといわれている。このうち、武家地には六五万人、寺社地五万人、町人地六〇万人がおり、江戸人口の約半数が、武士階級であった。町人の町江戸というイメージが強いが、その実は武家・町人の世界であり、土地の規模でいえば、断然武士達の町であったのである。

しかし、被害が特に大きかったと述べた下町は、そのほとんどが町人の土地であった。武家、町人と人口の比率はほぼ同じであるといま述べたばかりであるが、死亡者の数は圧倒的に町人の方が多い。先に数字を示したように、町方四七〇〇名と武家方二〇〇〇名。死者の数に倍以上の差がある。これは、地盤の悪い下町に町人の家が密集していたことが大きな原因ではあったが、それと共に、武士の屋敷一軒と、町人の家一軒の人口密度の差も関係している。

また、江戸時代は、武家、寺社、町人とその支配が異なっていたので、寺社奉行の管轄下にある寺社地や若年寄や大目付の支配する武家地はその性格上被害の状況が見えにくくなっていたという事実もある。更に、体面を重んじる大名がその藩内の不幸をあまり公にしたがらなかったということは容易に想像ができる。藩内の被害を過少に申告していた可能性があるので、武家地の数字は実態とそぐわないかも知れない。それに対して、町奉行所支配の町人の被害はダイレクトに示される。どうしても武家と比較すると目立つ。

少し細かく被害の状況を見てみよう。江戸の町は、江戸城を中心に大名、旗本、御家人、武士等の屋敷が将軍様の居城を守る形で並んでいた。二五〇家程あったというそれらの邸宅は、下屋敷や別邸など郊外に屋敷を構えるものもあるが、その多くは現在の外堀の内側に集中しており、その外側に町人の居住区があった。

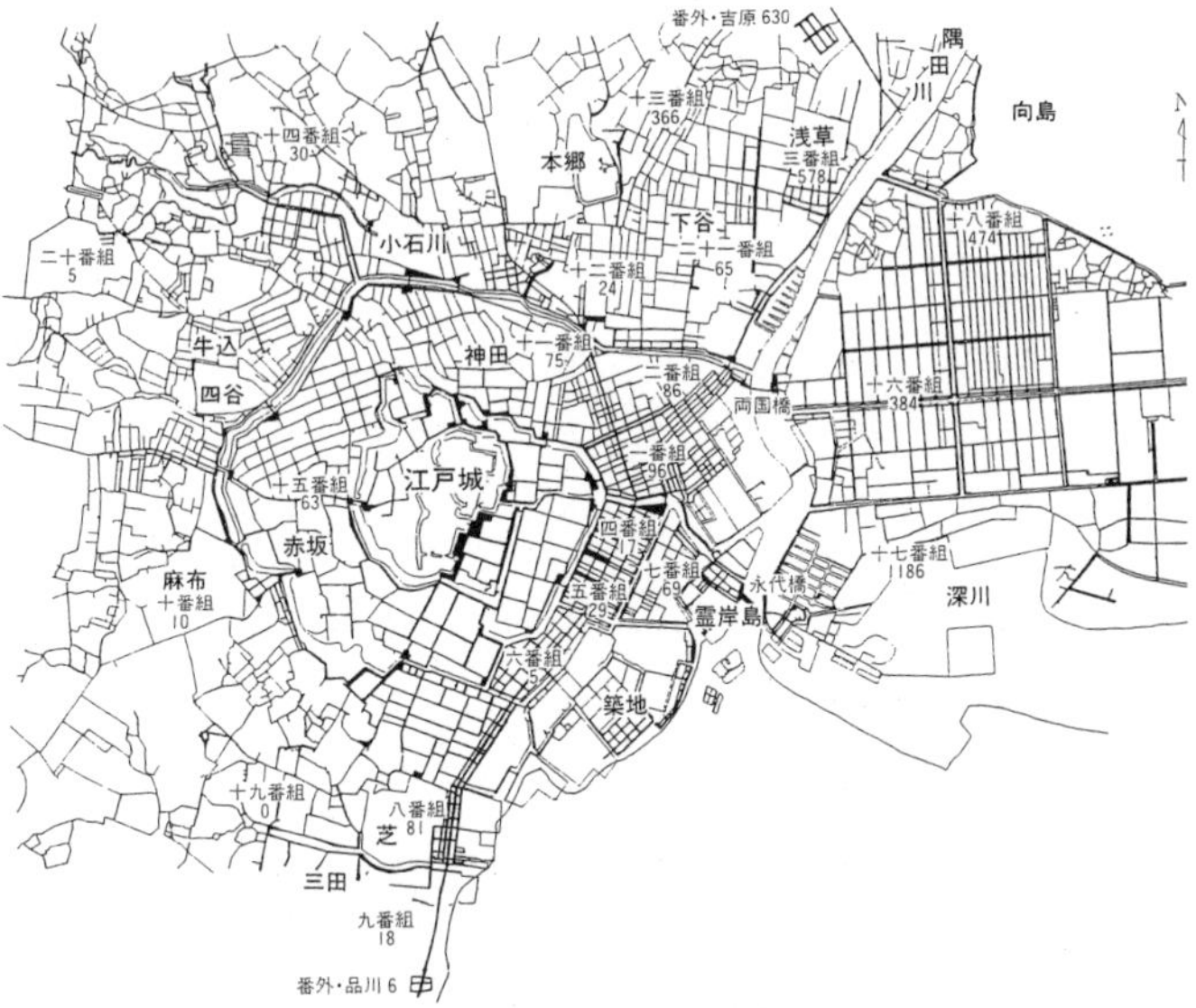

図18　江戸町番組死者数（野口武彦著『安政江戸地震』）

この時の被害の様子を先ほど述べた、幕府の調査記録から見てみよう。当時の江戸の町は、町方支配のために、町数一六八五町を二三組の名主にまとめて支配させていた。図18は、野口武彦氏が「日本の名主番組」（『図集　日本都市史』）の地図に町奉行所の第二回書き上げを加えたものである。これと、東京都がまとめた『安政江戸地震災害誌』表13から被害の状況を合わせてご覧いただきたい。特に、死者が多かったのは表の数字が示すように、一七番深川熊井町外である。現在の江東区に属する。都心から永代橋を渡り、首都高速道路深川線と東西線が並行して走るその辺りで、各番組中最高の、二回目の調査で一一八六人の死者を出したことが分かる。潰家も四九〇三軒と最大の被害が出ている。この辺りはもともと海辺の干拓地であった所を江戸初期に埋め立てたもので、地

表13　安政江戸地震に於ける町家の死傷者、潰家及び潰土蔵数

組	死者		傷者	潰家	潰土蔵	備考
	初回調	次回調				
	人	人	人	軒	所	
1	81 男41 女40	96 男47 女49	24 男11 女13	133	23	品川町外
2	89 31 58	86 31 55	75 44 31	185 61棟	57	堀江町外
3	566 263 303	578 269 297 不明12	271 152 119	1,047	41	浅草平右衛門町外
4	15 7 8	17 8 9	5 3 2	42 3棟	7	呉服町外
5	27 10 17	29 12 17	29 16 13	棟 66	18	鈴木町外
6	8 6 2	5 4 1	19 11 8	棟 6	5	与作屋敷
7	67 19 48	69 25 44	87 51 36	156	26	本八丁堀町
8	79 42 37	81 35 46	41 20 21	494	63	兼房町
9	18 5 13	18 6 12	8 5 3	115	10	芝金杉通一丁目
10	11 5 6	10 6 4	21 9 12	29	0	麻布谷町
11	73 28 45	75 29 46	65 38 27	154	32	神田蝋燭町外
12	11 5 6	24 9 15	21 9 12	棟 66	6	神田佐久間町外
13	372 161 211	366 152 214	199 121 78	棟 1,525	138	明神下同朋町
14	31 12 19	30 16 14	45 23 22	743	19	本郷菊坂町外
15	62 25 37	63 27 36	96 53 43	337	39	小日向水道町外
16	387 169 218	384 164 220	392 239 153	2,307	116	本所尾上町外
17	868 453 415	1,186 519 667	820 461 359	4,903	785	深川熊井町外
18	417 189 228	474 210 264	508 268 240	3,415	22	南本所元町外
19	0	0	0	5	0	麻布善福寺門前元町外
20	5 3 2	5 3 2	10 6 4	4	1	雑司ケ谷町外
21	72 36 36	65 28 37	11 6 5	254	1	浅草阿部川町外
品川	6 3 3	6 2 4	12 6 6	18	0	番　外
吉原	685 118 567 （不明444）	630 103 527 （不明444）	不　明 （後調·27）	5	1	番　外
計	4,394 1,631 2,319 不明444	4,714 1,705 2,580 不明456	2,759 1,552 1,207	14,346棟 1,727棟	1,410	
	3,950 1,634 2,316 3,895 1,616 2,279	4,293 1,700 2,581 不明12 （浅草田町）		焼失共 1,346軒 1,724軒	焼失共 1,404	奉　行　所　調

大名家来の死者（但し１万石以上で届出あったもののみ）2066　怪我人1,900余。

『安政江戸地震災害誌』（東京都）。

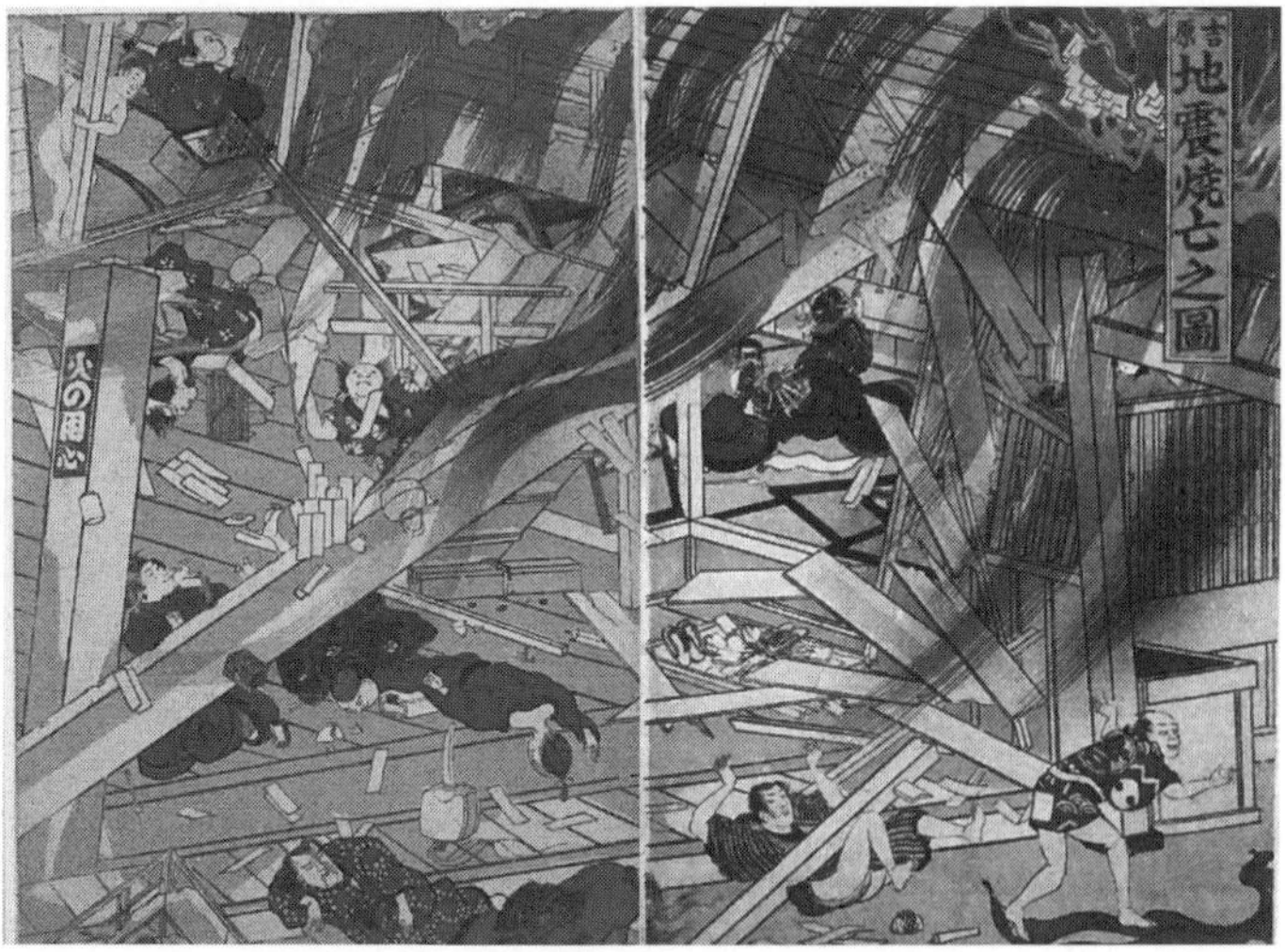

図19　江戸大地震之絵図（国会図書館所蔵）

盤の緩い土地という条件と共に、貧困層が密集して住んでいた地域と云う条件が重なっての悲劇であった。

　次に被害の大きかったのは、番外の江戸最大の歓楽街であった新吉原である。遊女、遊廓内で働いていた人々、遊廓の客、商人など六八五人以上の死者があった。第一回目の調査による数字だが、実際はもっと大量の人が亡くなったといわれている。

　もともと吉原は、現在の中央区人形町辺りにあったものを現在の台東区浅草、浅草寺裏手に移転させたものである。場所柄のせいもあるが、この時の死者の六割近くが女性であった。図19の「吉原地震焼亡之図」には倒壊した家屋が、今まさに火に包まれようとしているなか、呆然としている遊女と思しき全裸の女性。その女性の眼の前では、梁の下敷きになりこと切れている男女、遊女の同僚と思われる、髪簪を付けた女性、額から血を流している男性、この場からどうしても逃げようとしている職人姿の男性などが、地獄絵さながらの様子で描かれている。

この新吉原に隣接している三番組の浅草平右衛門町外で五六六人、二一番浅草阿部川町外が七二人、一三番明神下同朋町中辺りが三七二人。これほどの大きな被害ではなくても、一九番麻布善福寺門前元町外、現在の港区、各国大使館の林立する元麻布周辺の死亡者なしという場所以外、町人の死者はほぼ江戸全土を覆っていた。

では、町人地以外の被害の様子はどうであったのだろう。武家、特に大名家では、死者の数は少ないことを誇る傾向にあったので、諸藩から幕府に届けられた報告は、にわかには信じがたいということは先ほども述べた。『震災動揺集』に一万石以上の大名で届け出のあったものの数字が残されているが、大名一二一家の死者が、二〇六六人であった。被害者数が多く報告されたのは、会津藩松平肥後守一三九人、忍藩松平下総守一〇四人、後に老中になった佐倉藩主堀田備中守一〇八人と三藩で死者が三〇〇名を超えている。更に、五〇名以上の死者を出したのは、鳥取藩池田相模守七九人、寺社奉行丹波亀山藩松平豊前守六二名、姫路藩酒井雅樂頭五八名であるが、実際の数字はもっと多かったであろうと、当時から巷で言われていた。

このうち、堀田備中守と寺社奉行松平豊前守宅以外は、大手門から桜田門の間、現在の大手町から丸の内一帯の大名の上、下屋敷が並ぶそのなかにあった。幕府の重臣たちの住む官庁街の役割を果たしたこの辺りの被害が大きいということは、意外に感ずるが、実は、徳川家康が江戸城を再建した時に、大手町から日比谷にかけて埋めたてた所であり、地盤が軟弱であったという。後に、幕府の最大権力者の一人になる、堀田備中守正睦宅と、寺社奉行松平信義宅のあった小川町駿河台も武家屋敷地街であった。武家方の死者の多くはこれらの地域からの者が多かった。

この時、『安政乙卯武江地動之記』などの記録によると、後楽園の水戸家の屋敷内にあった長屋で、江戸幕府最後の将軍となる徳川慶喜の父、斉昭の家臣であった戸田蓬軒と藤田東湖が家屋の下敷きとなり亡くなっている。二人は「水戸の両田」と称せられていた賢臣で、幕末の政治の難局に斉昭のよき相談相手となっていた人物であった。母親思いであった東湖は、老婆をかばっての圧死であったという。

大正時代におきた関東大震災が昼間の震災であったため、火災が多発し、死者の多くが焼死であったことは有名な話しであるが、深夜近くに発生した安政の江戸地震においても、又あちこちで火災が発生し、火事による多くの犠牲者を出した。灯りに火を使わなければならない時代であったことと、地盤の悪い所に過密に建てられた住宅が災いした。

この大災害に対して、幕府も二日後の四日からすぐに、幸橋御門見附外、浅草広小路、深川大工町等に御救い小屋を設置し、被災民の救済を行った。御救い小屋はその後、上野山下などにも設置され、ここでは、被災民に対して、握り飯の炊き出しなどを行った。江戸の人口の七割がこの恩恵を受けたという。

又、大被害をうけた筈の新吉原の遊女、かねが、この地震で幼いころに別れた両親に会う何かの縁になるかもしれないと、自らの櫛や、笄を質に入れて三〇両を作り、一一六〇個の行平鍋を御救い小屋に寄付した。この行為を奉行所が、奇特な行いであると表彰したという話が『撰要永久録』に紹介されているが、この本は、かねの様な善行を積み、表彰を受けた者の記録集である。かねに代表される義損行為は広く行われ、貧困層の生活の立て直しに大いに役立った。

(2) 安政江戸大地震の歴史的背景

安政の江戸大地震のおきた安政二年(一八五五)頃の日本列島は、地震の多発した時期であった。二年前の嘉永六年二月二日(一八五三年三月十一日)には関東の小田原付近で、翌、嘉永七年六月十五日(一八五四年七月九日)は伊賀、伊勢、大和近辺で、同閏七月五日(八月二十八日)陸奥、三戸、八戸で大きな揺れを感じており、十一月四日(十二月二十三日)の地震は東海・東山南海諸道までに及ぶ、現在では安政東海地震と呼ばれている大地震であった。この時の死者は三〇〇〇人前後であったという。直後の十一月五日(十二月二十四日)におきたのは畿内・東海・東山・北陸・南海、山陰、山陽道を中心とした安政南海地震で、この地震の被害は九州まで広がり、死者の数も数千人規模の広がりを見せた。十一月七日(十二月二十六日)伊予西部、豊後で、安政二年に入っても、各地でマグニチュード六以上の大地震が確認されている。これらの被害は、関東、関西を中心としてほぼ日本列島全体に被害が及んでいた。

今列挙した地震災害だけでも相当の驚異ではあるが、実は、この頃の日本社会、日本人を襲っていたのは、地震による自然災害の猛攻だけではなく、外国人による政治的圧力という大きな揺れもあった。日本列島は、地球の内側から大きな揺さぶりをかけられ、外側からは、今まで一般の日本人が見たこともないような、異国人からの圧迫に苦しんでいたのである。まさに、四面楚歌状態の「日本」であったのである。

ここで自然災害から少し離れて、地震の背景にある当時の江戸を中心とした、日本の社会状況を見ていこうと思う。

では外側からの圧力とは何を指しているのであろうか。特定の国にしか門戸を開いていなかった江戸時代の日本にオランダ、アメリカ、イギリス、ロシアなどの船がしきりにやって来ては、通商や開港を迫るようになる。一般に幕末といわれる頃の話である。江戸にいる、時の将軍は徳川家慶から家定、老中阿部正弘、京都にいる天皇は仁孝から孝明。幕閣のなかにも、宮廷のなかにも、開国派、攘夷派とそれぞれの思惑が錯綜し、巷でも人々が動き始めていた。

嘉永七年一月十六日（一八五四年二月十三日）、アメリカのペリーが七艘の軍艦を率いて江戸湾深く侵入してきたことで、同三月三日（三月三十一日）幕府は日米和親条約を結ばなければならなくなる。再来を予告されていたにもかかわらず無策のまま日を過ごし、結局は、天皇の勅許を得ずに幕府のとったこの行動に京都の公家達を始めとして、幕臣のなかでも批判の声が上がり、世相の不安定さが増すようになる。この時幕府が頼ったのは、前水戸藩の藩主、すでに(1)で登場した徳川斉昭であった。そして、彼が、また相談相手としていたのは、かの戸田蓬軒と藤田東湖であったのである。斉昭は、本当に大切な家臣を安政の江戸地震で二人も一度に失ってしまったのである。勿論この時は誰もこの様な不幸が二人を襲う事になるなどとは予想もしていなかった。

更に八月、イギリスのスターリングが長崎に来港、日英和親条約が調印されると、日を経ずして、九月、ロシアのプチャーチンが乗ったディアナ号が大坂湾に停泊する。この時は、大坂とは目と鼻の先にいた京都の公卿たちが動揺し、天皇の遷都すら話に上がった。それより以前、四月に京都御所が炎上するという事件がおきていたばかりであったので、天皇をはじめとする公卿たちがかなり神経質になっていたことは事実である。この内裏炎上により、天皇がその居所を変えていたことも遷都説に拍車がかかった。

江戸の町の住人ほど火事経験のない京都の民、公卿、天皇にとっても、内裏炎上は大きな衝撃であった。又、六月十五日におきた近畿を襲った地震では、天皇家のかつての都でもあった奈良の被害が大きく、関西を中心に死者が三〇〇名を超えていたという。このような時におきた、異国からの侵入事件である、彼等の過剰ともいえる反応も頷ける。結局この時は十二月に入り、下田で日露和親条約を結ぶこととなり、内裏の改築が行われ、遷都は実行されずにすんだ。

その直前十一月には、先にも見たように安政東海地震がおきており、死者が一万人を超えている。この時、駿河湾に停泊していたプチャーチンの乗ったディアナ号が、地震による津波の被害で破損、沈没するという事故までおきた。更に、翌日の安政南海地震に至っては、近畿地方では、前日の被害とははっきり区別することが出来ないほどの短時間に揺れが続いておきている。

このように、自然災害と、人為的な外国からの脅威問題が頻発しており、遂に、元号を改めることになった。安政の江戸地震のおこる約十カ月前、嘉永七年十一月二十七日（一八五五年一月十五日）嘉永から安政に元号が変えられた。いかにも安泰を想像させるような元号を選ばざるを得なかったほど、この頃の日本は不安材料に満ちていた。安政元年は、一カ月程度で終わるということになる。

打ち続く不安材料に、遂に、神頼みならぬ元号を変えることで、少しでも救われる気持になることができるのならばと考えてもいたしかたないであろう。まさに、日本国中大騒ぎの最中におこったのがこの安政江戸大地震だったのである。

先に武家方で被害の大きかった堀田家の主、正睦は地震直後老中首座に就任し、震災直後の国内政治、外交両局面の難問に直面することになる。

(3)資料に見る安政江戸大地震

このような社会不安のなかで発生した地震であったが、冒頭でも述べたように、前近代におきた他の地震と比べると膨大な資料が残存しているという幸運から、その地震災害の詳細を知ることができる。そこでまず、今までの研究ではあまり語られてこなかった、当時の京都の貴族たちが、江戸でおきた安政江戸大地震をどう認識していたかを見てみようと思う。

図20は朝廷に仕える公卿、後に十四代将軍徳川家茂夫人和宮の祖父橋本実久、図21は実久の息子で、後に明治天皇側室になる夏子の父である橋本実麗の安政江戸大地震に関する日記の抜粋である。この親子、当時の朝廷内では相当の実力の持ち主である。特に、実麗は公武合体政策のため姪の和宮と家茂の結婚に反対した人物であり、京都側の人間としては幕府との関係が深かった。

実麗の日記、十月六日には早くも、この地震についての記述がみられる。新幹線も飛行機もなかった時代である。四日で彼のもとに連絡が届いたのは、早かったのか、遅かったのか。

六日丙申　晴　今日不参如例伝聞関東去月二十八日当月二日等大震其後大火云々両丸無異歟不知実否

と、この度の地震の報告と共に、関東に二日以前にも地震があったことが記されている。実際、九月二十

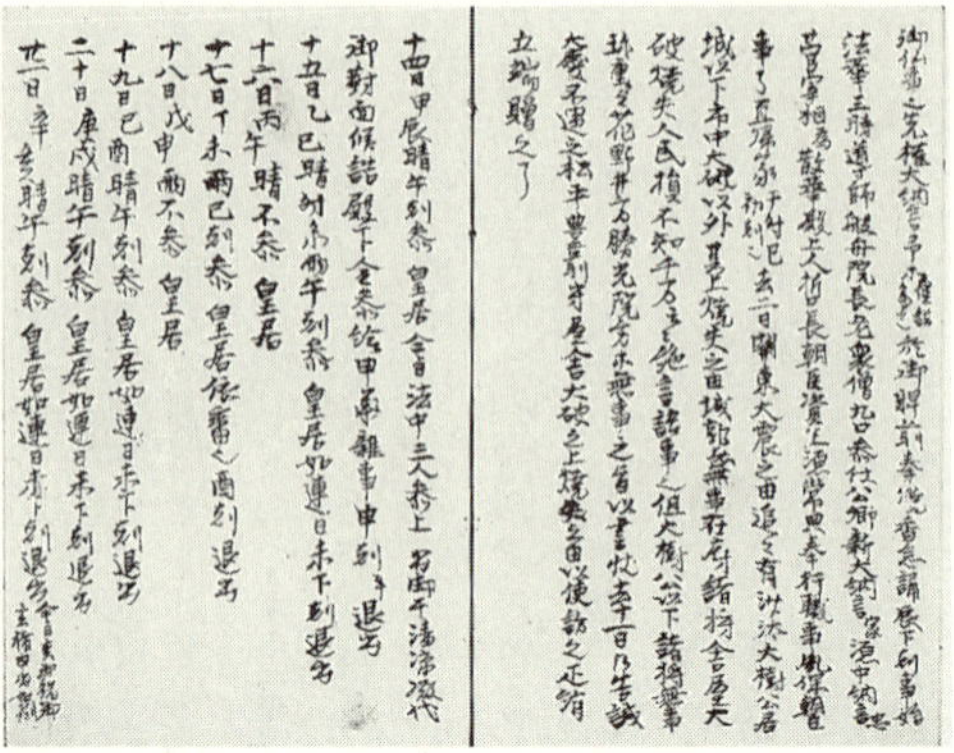

図20　橋本実久日記、安政二年十月十三日（宮内庁書陵部所蔵）

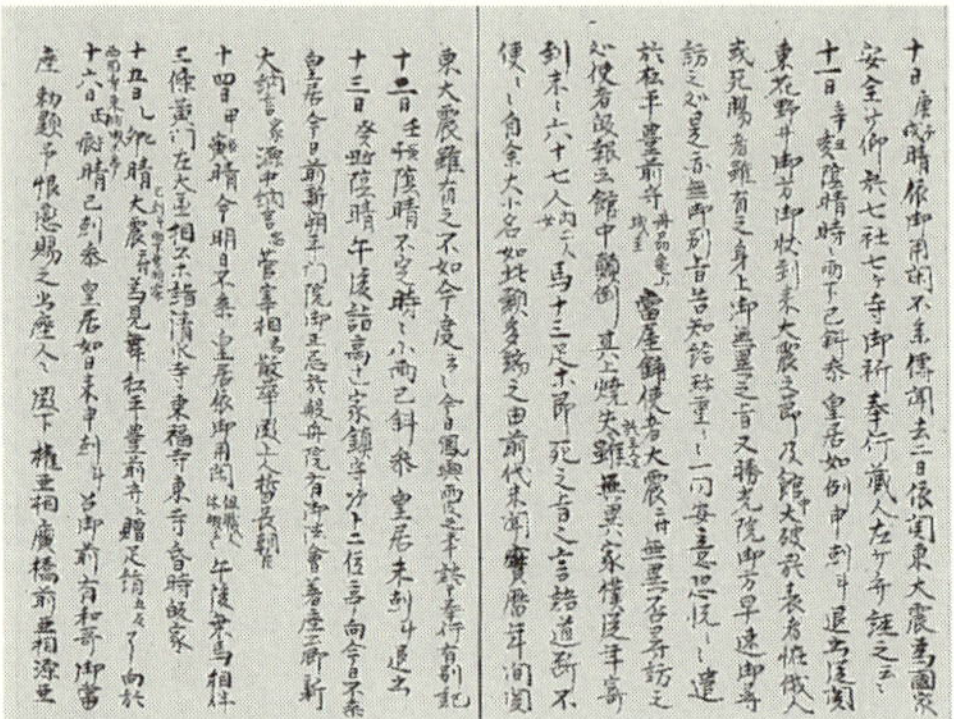

図21　橋本実麗日記、安政二年十月（宮内庁書陵部所蔵）

八日に、前年の東海大地震の余震と思われるものがおきていたことが現在の研究でも証明されている。江戸での被害はそれほどでもなかったが、震央でマグニチュード七以上の震度があったと伝えられている。続く地震に実麗も驚いているのであろうか。

十日、関東大震のため、国家安全を祈願して蔵人左少弁経之を奉行として七社七カ寺に御祈りをするよう触れを出したことがわかる。因みに、元禄大地震の時も「関東大震」のために、朝廷内では、臨時の御神楽を頻繁に行ったり、大社寺での祈祷を行ったりしていた。元禄のころと比べ、この時は必ずしも、幕府と京都の関係は良好とは言えなかったかもしれないが、自然災害や外敵に対する脅威から一体感が生まれたのか。京都の公家たちが、江戸の事に全く無関心でいなかったことだけは分かる。地震の知らせは受けたものの、江戸城が無事かどうかはこの時点ではまだわかっていなかった。

十一日には先に触れたように、寺社奉行、松平信義宅の被害は甚大で、実麗が使者から聞いた話では、館中は顛倒と焼失で、主人は無事であったが、家僕六七人（そのうち女性二人）がなくなり、馬一三匹は即死であったと記されている。先述した『震災動揺集』の武家地の被害報告と数字が微妙に違うものの実麗は、是は「言語道断」、つまりとんでもないことで、不便、気の毒なことだ、宝暦年間に関東では、大震があったが、このたびのようなことは聞いたことがないと、うけた報告の感想を書き記している。松平信義は、この時点では寺社奉行であったが、後に老中となり、幕末の外交交渉の一役を担う重要な役職につく。丹波亀山城の城主であったことから、京都の公家とも交流があったのか。

父の実久の日記にはどう記されているのだろうか。彼は十三日の条に、関東が大震によって城内、城外が大破、焼失、更に、諸将の舎屋も大破、焼失し「人民損不知千万云々絶言語事之但大樹公以下諸将無事之旨」と、述べている。損害の実態がまだ明らかにされていなかったので、将軍と諸将は無事であったが、人民には千万人程の大きな被害があったかもしれないと認識していたらしい。勿論、千万人とは、実際の数字を示しての言葉ではなく、莫大な数ということであろうが。更に、「松平豊前守屋舎大破之上焼失之由」と、将軍と諸将が無事であるが、松平豊前守宅の被害を記している。親子の関心が同じ人物に向けられていたことが分かる。二十七日には、「今度関東大震舎屋大破其上所々焼失　宸襟不安遷幸後旬節会御止久旨殿下伝仰給」と、このたびの大震によって、宸襟つまり孝明天皇が不安に思っているので、遷幸後の旬節会を中止にすると云う情報を載せている。

実は、前年四月二十九日に、京都御所が焼失したということを先にも述べたが、その後、六月十五日に「地動甚」ということもあったのである。（嘉永七年六月十五日）実際、嘉永七年伊賀、伊勢を中心とする関西地方を襲った安政南海地震は、まだ記憶に新しかったのであろう、地震はその後も何度かあったことが彼の日記からもわかる。実久の日記によると、この時は「皇居以下惣而無破損之事」であったが「去四月内裏炎上」した後だったので、「地動可恐」と書いている。内裏が燃えたり、地震がおきたりで、火事による宮殿の焼失によって遷幸中であった天皇も不安を覚えずにはいられなかったのであろう。

安政江戸大地震に関する史料を、京都の公家社会を代表して橋本実久、実麗という親子の日記から紹介した。彼らの日記には、これらの記事の他にも、京都で感じる事のできた地震の記述は勿論、江戸だけではなく関東でおきた災害についての記事も頻繁に載る。例えば、『橋本実久日記』の安政三年九月五日の状には、去月二十五日に関東に大風雨がおき、城内外が大破したという情報が記されている。当時の情報伝達の速度やその情報の伝わり方の正確さなどを知ることができる好史料である。災害の渦中にいる人間ではない人物の耳で聞いた災害の様子を知ることができる。

次に、安政江戸大地震に関する資料のなかで、最近の研究では常に注目を浴びているかわら版、鯰絵から、この地震ついての考察を行っていきたい。

かわら版は木版刷りが一般的であり、古いものでは、江戸時代初期からその存在は知られている。又、これは江戸でしか見ることのできない文化というわけではなく、むしろ、大坂を中心とする上方でより発達したものである。したがって、安政江戸大地震以前にも地震を伝えたかわら版は現存しており、他の地域でおこった災害のニュースも江戸で読むことができた。飛脚のもたらす情報でいち早くその報道がなされるところに意義があり、製作技術の向上から時代とともに絵入り、多色刷りのものが増え、安政江戸大地震の時には相当の数のかわら版が出された。

図22は、安政大地震の直後に出されたかわら版である。火事の絵柄、欄外の「御救小屋」の数などの知り得た災害の情報も付け加えられている。かわら版の命ともいえる迅速な情報提供を行っていたことが分かる。

これはほんの一例だが、このようなかわら版の普及により江戸の人々は、今の自分が置かれている状況をある程度理解できたのではないだろうか。現在のように文明の発達した状況下でも地震などの災害時には、電気が止まり、道路が寸断されてしまうとほとんどその地域が、あらゆる情報から取り残されてしまうということがある。自分がその災害の渦中にいながら、足元が全く見えていないということが得てしておこりがちであるが、江戸の民は、電気も知らない分人とのコミュニケーションを通して情報を得ていたことが分かる。

それらの情報を更に提供したのは、鯰絵である。当時は、錦絵、地震絵などと呼ばれており、鯰絵というのは後世の呼び名である。多色刷りの錦絵であり、当時爆発的に売れた鯰絵は、現在でも多くが残されており、さらに研究もすすめられているので、気安く一般に見ることも可能になっている。

地震そのものである鯰と、地震よけの神である鹿島大明神、その境内にあり地底にいる鯰を抑え込んでいるとされる要石を中心として、長者、職人、遊女など様々な職業の人々が登場する。図23は、主要登場

図22　関東類焼大地震（東京都立中央図書館東京誌料文庫所蔵）

図23　鯰と要石（東京都立中央図書館東京誌料文庫所蔵）

人物総揃いの絵である。画面上方半分近くも占めている鯰の体には、炎に包まれた江戸の町の様子が描かれており、その右下に小さく鹿島大明神が「これはたいへん、るすニとんだことだ、はやくいってかたをつけすハなるまい」という詞書きと共に書き込まれている。鹿島大明神が留守にしている間に、鯰が大暴れして地震を引き起こしていることが分かる。画面中央左方にいる雷は「おれなぞハいくら思っても、人がへのよふにおもってとりあげてくれねへにハこまる」と地震には雷が無力であることが記されている。画面下の肝心の鯰を抑え込んでいる筈の要石に凭《もた》れて眠っている恵比寿らしき人物も、地震の歯止めにはなっていない。まさに、地震は鯰そのもので、それを抑え込んでいるのが要石であり、それを抑えることができるのは鹿島大明神しかいないという認識のもとにこの絵が描かれているのである。同様の絵は多く残されており、登場人物も鯰の描きかたもそのバリエーションは非常に豊富である。当時の人々の地震に対する思いが伝わる気がする。

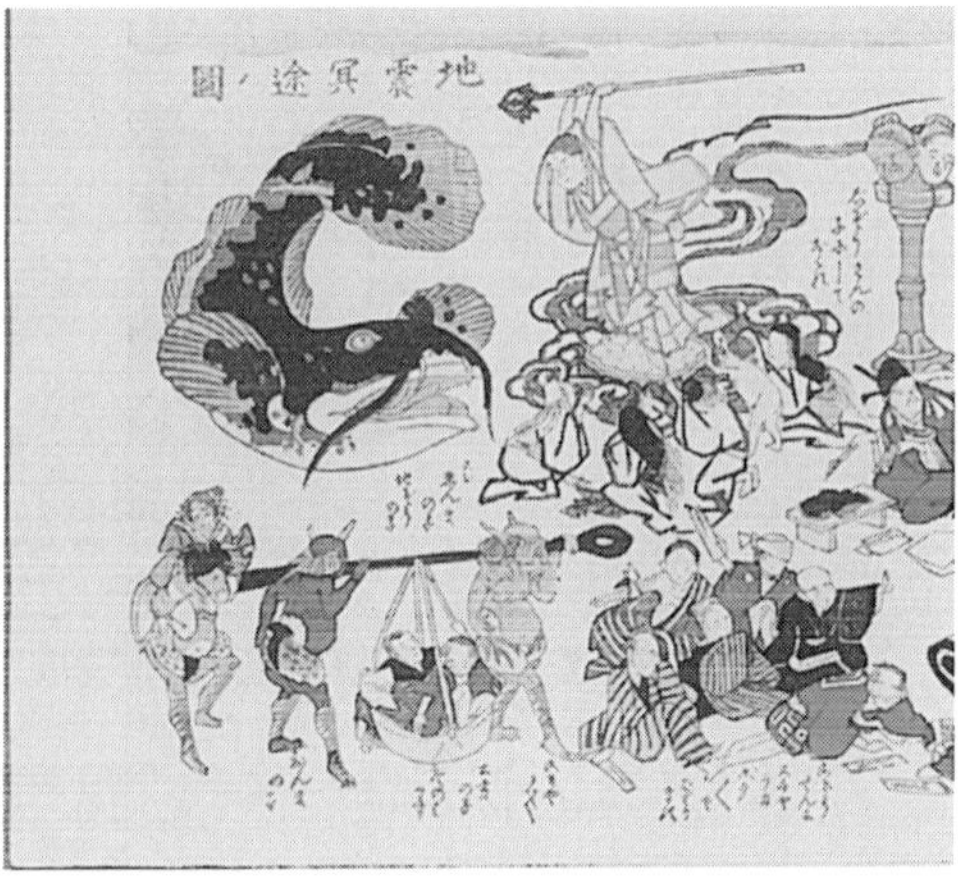

図24　地震冥土ノ図（東京大学総合図書館所蔵）

図24は「地震冥土ノ図」と題されているもので、地震で亡くなった人々が地獄に行き、冥土に向かう途中の図を描いたものである。赤鬼と青鬼に担がれてきた人々が、閻魔大王の前で裁かれるところである。子供も老婆もいるすぐそばで、地蔵菩薩に鯰が殴られようとしている。老婆は「いまになおる、すこーしのしんぼうだ」といい、子供の「じぞうさあんの子にしてくれ」という叫びは悲しくも哀れであるが、画面下の職人、商人らしき人物たちの「こどうせんに、スチャラカ、ポクポクでござります」などという言葉からは、悲しさのなかにもどこかユーモアを感じることができる。

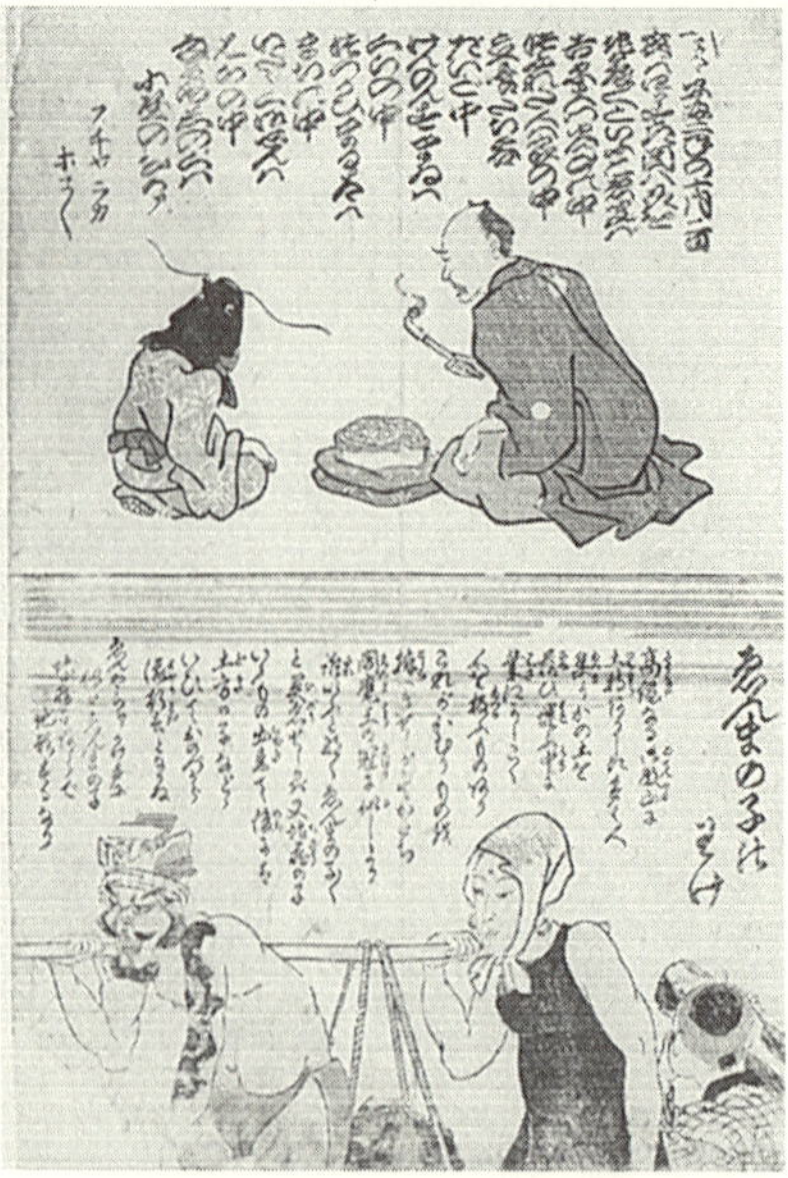

図25　ゑんまの子のわけ（東京大学総合図書館所蔵）

図26　治る御代ひやかし鯰（東京都立中央図書館東京誌料文庫所蔵）

図25は「ゑんまの子のわけ」と題されているもので、上段には「エヘヘ、安政二年十月二日夜四ッすぎ関八州を地震といふこゑ聞ば吉原大門火事の中、つふれた人ハ家の中」と地震の概要を説明している。大惨事の場である吉原についても述べられているが、最後に、「スチャラカ　ホクホク」とスチャラカ節で茶化して書いてある。下段には、閻魔の子と地蔵の子が「土方の子」として働いている姿が描かれている。災害の復興のために引く手あまたであった人足たちを皮肉ったものであろう。

このように鯰絵の多くは、大地震という深刻な問題を扱いながらも、風刺や、茶化しで社会を描いている所にその特徴がある。ニュース性と、風刺を交えたこの鯰絵の文化が生まれた幕末の江戸に生きた町人たちのエネルギーがひしひしと感じられる。

悲惨な被害が報告された新吉原、図19の描かれている新吉原はまさに惨状である。一方で同じ新吉原の地震を扱いながらも鯰絵の新吉原は、全く趣が違う図26。仮宅で営業中の遊女を鯰が冷やかして歩いている。この鯰に対して遊女が、鯰の髭を引きながら恨み言を述べているのである。しかし、多くの仲間を失う原因をつくった鯰に対して、遊女たちの態度は寛容すぎるように思える。さらに、その鯰の姿がいかにも職人風で、地震のお陰で遊女遊びもできるようになった職人たちを揶揄しているように見える。地震があろうと火事があろうと商売を続ける遊女たち、逞しくもあり、哀れでもある。又、本来災害という不幸な出来事のなかでも金儲けができ、その金で遊ぶ人々を鯰絵はよく表現している。

鯰絵から見える安政の江戸地震は、悲惨さのみではなく、そこにしたたかな人間の営みがあったことを伝えている。

(4) 安政江戸大地震のその後

以上概観してきた様に、安政江戸大地震は江戸では久しぶりの大地震であり、大きな被害の爪痕を残した地震であったが、その後の江戸の状況はどうだったのであろうか。

まず、橋本父子が心配した将軍様のいる江戸城はこの地震に耐えることができたのであろうか。

不思議な事に、内堀ひとつ隔てた内側は、それほど大きい被害がなかったのである。まさに実麗が記した通り、「無為」の状態であった。地震発生直後に、老中、若年寄などが急ぎ登城している。全く見事に、上級職員たちは、職場に駆けつけ、その主の無事な様子を確認した後、また、災害に見舞われている自分の家に戻っているのである。大名たちこそその多くが被災者であった。将軍家定も、揺れの大きさに驚き、一時避難はしていたが、何事もなくそのまま過ごしている。

震災の翌日には幕府は応急措置として、大名、旗本に対して諸礼事を廃止するなどの触れを出している。

ただ、城中全く無傷であったわけもなく、何カ所かの御門や大番所、渡櫓が破損したり、焼失したりした。石垣の崩れもあり、このため、この年の十二月九日には「地震ニ付、御城内外、其外、所々損ケ所、御修復御用被付之」(『柳営日次記』)のため老中、若年寄などが監督を仰せつかり修復を命じられている。

これらの修理命令以前すでに、十月四日には幕府は諸大名中、すでに幕府から借りている金に関して返済の延期を認め、更には、災害に見舞われた大名や旗本、御家人たちのために修復費用の貸し付けを行ったことが、『幕府沙汰書』に見える。

申請した全ての藩が借用できたわけではなかったが、倒壊した家屋は修復しなければならず、大名家の経済的な負担も大きかった。又、当然修理の必要な家屋は武家だけにとどまらず、町人宅でもその修復が必要になり、一大建築ブームとなった。木材の調達から、職人の手配まで江戸の町は復興ブームに沸いた。先に見た鯰絵に描かれていた商人や職人たちは、この復興景気に酔いしれて浮かれたその姿を捉えられていたのである。

図27　持丸たからの出船（東京都公文書館所蔵）

幕府は町触れを出し早くから、修復のための木材類を始めとする諸物価の値上がりや、又、諸職人の手間賃も上がる事のないように触れを出し物価の高騰に備えていた。しかし、これらの触れがあまり効果のなかったことは、多くの鯰絵からもうかがえる。図27にはまさに、職人姿の鯰が金持ちから出させた金で、人間の職人たちが狂喜乱舞している姿が描かれている。鯰という地震のために持丸といわれた金持が、財を吐き出さねばならず、つまり倒壊した家屋のための建築や修築に金を出さねばならず、そのお陰を被った大工を始めとする職人たちが普請の手間賃で大儲けする。同様の鯰絵は多い。

一方で幕府は、十月六日には、震災で倒壊した家屋の下敷きで亡くなった人々や、出火で亡くなった者の、検死を簡略化することを命じている。本所の回向院は自ら願い出て、引き取り手のいない者に対して埋葬料なしで、回向することを許されるなど、幕府の対応は早い。日頃から火事を始めとする自然災害に苦しめられた江戸、震災は久しぶりの出来事であったが災害時に対する教訓はある程度いかされていたようである。各地にできた御救い小屋が被災民を救ったと云うことは先ほども述べた。

この地震の余震は翌年まで続いたという。安政の江戸地震を中心に今まで考察してきた、これらの自然災害が幕末という時代に起きたことに歴史の不思議さを感じずにはいられない。

図28は、地震鯰が、黒船のペリーらしき人物と言い争いしながら力比べをしているところを描いている。鯰がペロリと呼ぶ相手に「ヤアあめりかのへげたれめ」といえばペリーは「なにをこしゃくな、なまずぼうず」と答える。鯰が「うぬらがくるので江戸の町がそうぞうしい、やくにもたたねへこうゑきなんぞとりかへべいハよしてくれ、江戸中あるくあめうりでたくさんだ」と投げかけると、アメリカは「おのれ平日人間ニひょうたんでおさへられながら、去ねん霜月四日のひ下田ぬまずをうごかして、われわれをおひかへさん」とやり返す。地震の恐怖と異国人による脅威。結局鯰の方が勝っているということは、異国船への脅威より、地震に対する恐れの方が大きいと言っているのであろうか。それほど地震に対する恐怖心は人々の心に強かったのであろう。

図28　安政二年十月二日夜大地震鯰問答（東京大学総合図書館所蔵）

多くの町人は直接には、外国人と触れ合う場もそれほどなかったため、その恐怖を身近に感じることはあまりなかったのであろう。それに対して、地震は、即自分の命が危険にさらされるのであるから恐ろしい。人々の心情を反映しての鯰絵であったろうと思われるが、しかし、事実は災害に対して意外に強かった江戸の人々であった。

一般庶民にとっては、打ち続く震災の被害と政局の不安、即命に危険が迫る地震の方が恐ろしかった。鯰の方に軍配を上げた鯰絵作者の気持ちが当時の世評を表しているのであろう。いずれにしても、これらの災害がほぼ同時期におこったこのことが後の政局に大きく影響を与える。偶然におこった災害と人的におこった災害。

幸にして庶民の町江戸は壊滅には至らず、災害後、ものすごいスピードで復興に向かっていった。自然災害、人的災害にも江戸の庶民は打ち勝つことができた。大きな悲劇と共に多くの商人や職人に恩恵まで残して。

一方の、武士たち、幕府、幕藩体制はというと、外国という名の外圧を契機として崩壊、つまり幕府の倒壊に向かっていった。鯰に負けたペリーに、幕府は負けたのかもしれない。自然災害と人為的災害がぴったりと寄り添いながら、人々に恐怖を与え猛威を振るった安政という時代、これらに負けた幕府は消滅し江戸の町は新しく生まれ変わり、人々は逞しく日々の営みを続けていく。多くの尊い命が失われたくさんの被害をもたらした安政江戸大地震であったが、新しい明治という近代国家が生まれるための胎動の一つであったのかもしれない。

第二章　風水害と江戸

一　記録にみる江戸の風水害

今日、大型台風や集中豪雨が日本列島の各地に襲来し、大きな被害をもたらしていることは言うまでもない。

江戸時代、江府内においても同様である。とりわけ東京低地が形成されている隅田川や江戸川流域では幾度となく橋が流され、家屋は水に浸かり、時として多くの犠牲者がもたらされている。江府内の風水害による記録を集成した『東京市史稿』変災篇第貳をみると、大雨・大風の記録が詳細に載せてあるが、そのうち人的被害や物的損傷をうけたものは一三〇件を越えている。ここでは、とりわけ被害の大きい一〇件について時間軸に沿って概要を記すことにする。

・延宝八年（一六八〇）閏八月六日の風水害

本所・深川・浜町・霊巌島・鉄砲洲・八町堀・木挽町・築地・芝の隅田川下流域から東京湾沿岸の地域に

かけての被害が甚大で、大風雨によって城の瓦壁が落ち、倒壊した家屋は三四二〇余戸に及ぶ。濡れ米も二〇万石余りにも達したという。沿岸部の高潮は四~五尺、場所によっては八尺ほどとなり、本所・深川を中心として溺死者は七〇〇人余との記録が残る。

・宝永元年(一七〇四)七月五日の風水害

利根川猿股が決壊し、本所・深川・浅草・山谷・下谷などの東京低地が大洪水となる。亀井戸・本所・深川周辺では河川の決壊で水位が床上六~一二尺となり多数の犠牲者がでている。

・享保二年(一七一七)八月十六日の風水害

大風雨によって城内各所に甚大な被害が生じている。幕府は復興のために作事方一九ケ所、小普請方一八ケ所の分担を定め、翌、享保三年より実施する。被害復興の一端と分掌については後に詳述する。寛永寺・増上寺・金地院の堂舎や山門が破損し、士民の家屋も数多く破損・倒壊している。正確な記録はないが死傷者が少ナカラズとある。

・享保十三年(一七二八)九月二日の風水害

江戸川や隅田川沿いの東京低地が大洪水となる。江戸川・神田川に掛る大半の橋と両国橋・新大橋、さらには普請中の永代橋が流失する。この洪水で、犠牲者は三五〇〇人余と記されている。『江戸洪水記』に詳述されている。

・寛保二年(一七四二)八月朔日~八日の風水害

江戸時代を通じて最大の犠牲者をだした風水害。下谷・本所周辺では三九一四人の溺死者(男性一三一四人。女性二〇〇〇人、子供六〇〇人）があり、葛西の二〇〇〇〇人余の行方不明者が含まれている。被害の大きな地域は、小菅・本所・深川周辺と目白・小石川・小日向の神田川沿に集中している。大雨が連日続いたことにもよるが、記録をみると二日には両国橋・新大橋・永代橋が破損、三日には小屋野と綾瀬間の堤防が決壊、八日には神田川が溢れ目白駒井町の埋桶崩壊、音羽町堤が崩壊し小日向周辺が浸水等々と記されている。また、品川沖の停泊船も沈没している。

・寛延二年（一七四九）八月十三日の風水害

大風雨で牛込・小石川・下谷・浅草の神田川沿いの地域が大きな被害をうけている。外堀の北東側にかかる昌平橋・和泉橋・新シ橋が落ち、水道橋の水戸家では一丈程浸水し裏門脇の高塀が崩れるなどの被害が生じている。両国橋・中之郷・駒形町河岸には十三日から十七日にかけて人足七七〇人が動員されている。小日向筋では潰れた家屋六七ケ所、死者も相当数でたという。

・天明六年（一七八六）七月十二日〜十八日の風水害

享保十三年（一七二八）以来の大洪水。番町の高台でも浸水し、日本橋中洲と両国橋東岸の埋立地と小石川から本所・深川にかけての地域の被害が甚大である。江戸川・神田川に架かる橋の大半が流失し、船二三二艘が沈み、助けだされた人は六日間で五三二三人と記されている。溺死者もいた。

・享和二年（一八〇二）六月二十五日〜七月朔日の風水害

大雨で利根川権現堂の堤防が一五〇間程の長さの範囲で決壊し、その影響で隅田川が溢れ、大川橋・新大橋が落ちている。本所では浸水し、小梅瓦町の被害が甚大である。

・弘化三年（一八四六）六月三日〜七月九日の風水害

長期間にわたる大雨により六月下旬以降、甚大な被害をもたらしている。記録をみると六月十八日に江戸川・荒川・多摩川の水位が一丈から一間五尺を越え出水に始まる。二十七日には利根川の権現堂周辺と江戸川・中川の堤防が決壊、翌二十八日には新たに利根川の本川俣村で一六〇間の範囲にわたり堤防が決壊し、同様な被害が中川・荒川でも生じ、二十九日には千住堤防が決壊し、大川橋・新大橋・永代橋が損破している。相次ぐ堤防の決壊によって二十八日には千住河原・小塚原・箕輪周辺、二十九日には小菅・本所・深川が浸水する。一端は治まりかけるが七月六日には再度、中川の堤防が決壊し、葛西の大半と本所・深川では水かさを増している。そのため救助船がだされ、七月三日〜十六日にかけて町船一七一〇艘という記録がある。

・安政三年（一八五六）八月二十五日の風水害

芝・高輪・品川・洲崎の海岸部で風浪。本所・深川で出水している。江府内の家屋の損壊も著しく、多くの犠牲者がでている。大川橋・新シ橋・永代橋は損破し、西本願寺・青松寺・霊山寺の本堂などが倒壊している。この風水害による被害は、安政江戸地震の二倍に達するともいわれている。

二　享保二年八月の大風災

(1) 旧暦享保二年八月十六・十八日前後の暴風雨被害

『柳営日次記』によると、旧暦の享保二年（一七一七）八月十六日の裂風暴雨では、江戸城内の諸門はもとより大名屋敷の被害も甚大で、屋根を飛ばされたり破損することも少なくなかったようである。八月十八日には大風雨による水の増水で新大橋の往来が停止され、その後、橋の修理に及んでいる。

幕府は、同年八月二十日に老中久世大和守重行に本丸修理を、八月二十二日には作事奉行の柳澤備後守信尹・駒木根肥後守政方・久松豊前守定持の三名に城内風損修復を命じている。また、日付は判然としないが同年八月には若年寄森川出羽守俊胤に対して西丸大奥の修復が完了次第、本丸大奥の修理を命じているのである。それは、この風水害で森川出羽守に修復の応援を命じていることによって、被害が本丸御殿まで及んでいることを示唆しているのである。

また、城中の修理に関して、八月二十五日付で作事方と小普請方の両局に分掌して命じていることは注目される。ちなみに、修理工事の分掌については、

上野、御宮・惣仏殿・御門跡・其外山中不レ残。但、自坊ハ見合速ニ可致二修復一事。

馬場先御門、常盤橋。呉服橋。数寄屋橋。日比谷。山下。幸橋。虎之御門。芝口。赤坂。筋違并昌平橋木戸内共。

浅草。桜田御用屋敷。千駄屋御蔵屋敷。三浦壱岐守御預り御櫓。三御厩。

右、風破十九ケ所、御作事奉行方ニ而御修復可レ仕候。

増上寺、惣仏殿・方丈・其外山中不レ残。但、自坊ハ見合速ニ可レ致二修復一事。

桜田御門。和田倉。一橋。竹橋。雉子橋。清水。田安。半蔵馬場曲輪御番所共。四ツ谷。市ヶ谷。牛込。小石川。西丸下御用屋敷。高倉屋敷。御春屋。津藤右衛門御厩。

右、風破十八ケ所、小普請方ニ而御修復可レ仕候。

右書付、大和守・森川出羽守渡レ之。

と記されている。城中の被害が甚大であることから、建造物の修理に作事方に小普請方が加わり、はじめて二局に分掌されたのである。この工事分掌は、翌享保三年五月二十五日に発令された所管分定と比較すると二つの大きな相違点がある。

一つは、本丸御殿の被害がうかがえるが、享保二年の分掌には作事方、小普請方のいずれも修復を担当していない。一つは、享保三年の所管分定では、外郭諸門をみると芝口門を含む外郭二六門は全て作事方の所管であるのに対して、享保二年の分掌では、作事方と小普請方とが各一二門ずつと半数に分けられていることである。ところで、享保二年の分掌には、神田橋門と鍛冶橋門の二門が含まれていない。これは、同年正月二十二日に大火で焼失し、同年六月九日に普請奉行、七月十一日に戸澤上総介と加藤出羽守が手伝普請を命じられ、風水害が襲来した時点では造営中であったことに他ならない。

風水害の被害状況は後述することにし、まずは修復途上に出された享保三年の所管分定について述べることにする。

享保三年の作事方小普請方所管分定　この定は、幕府の中枢となる本丸、西丸と将軍の御霊を祠った紅葉山の修理が二局に分掌されていることを最大の特徴とする。詳細な絵図があるので、この点については後述する。

御作事奉行方

一、御本丸外廻り御座之間辺ヨリ、表向御座敷廻り。但御座敷内ハ、別紙絵図ニ仕候。
一、御台所前三重御櫓ヨリ南之方、御細工所、御鉄砲部屋、御長屋御門、中之口前御多門ヨリ、御玄関前御門迄。
一、御風呂屋口前御多門ヨリ、北之方御広敷前二重御櫓塀迄。
一、御玄関前ヨリ御書院番頭部屋、同所二重櫓御多門台部屋、御多門下埋御門迄。
一、富士見御櫓ヨリ続塀、上埋御門、御舞台、御楽屋、富士見御番所御宝蔵、御数寄屋前御門、御櫓ヨリ、続御多門塀大奥境迄。
一、中之御門ヨリ銅御門、同所大番所、大手三之御門、并升形之内御多門、下乗橋張番所、腰掛迄。
一、百人組御番所ヨリ後通り、御多門、御櫓、蓮池御門、并御門続塀坂下御門迄。
一、内桜田御門ヨリ、内腰掛、大手御門続塀、三丸喰違御門下、御勧定所、并後塀迄。
一、西丸表向。
但、御座之内、西丸ヨリ山里辺マテ、御作事方小普請方双方割合、別紙絵図仕候。
一、奥表境土戸ヨリ、南之方土手上塀、御長屋御門、御玄関前御門、并続御多門、御櫓、山里塀、紅葉山境迄。
一、山里御門ヨリ、并塀、的場曲輪、吹上御門、獅子口、中仕切御門、大手御門迄。

小普請奉行方

一、御本丸大奥銅塀ヲ限り。但大奥向ハ一紙絵図ニ記。
一、二丸三丸ハ、内外御座敷廻り迄不レ残。
一、二丸御殿、并塀重御門之内、御多門、御櫓、不レ残、喰違御門迄。
一、下梅林御門、上梅林御門、并続御多門御櫓、北跳橋内二重御櫓、北跳橋御門、御天守御門、乾御櫓続御多門塀、西桔橋続大奥境迄。
一、西丸大奥向不レ残。
一、西丸御裏御門ヨリ、同所御春屋、太鼓櫓、并塀奥表仕切引戸迄。
一、紅葉山御宮、御仏殿、御供所、御宝蔵、并惣御園、紅葉山下御門ヨリ御宮後通り、御溝塀、山里境迄。

御作事奉行方

上野御宮惣御仏殿、并御別当本坊学頭、此外山中御修復所々社堂等。
神田橋御門。　常盤橋御門。　呉服橋御門。
鍛冶橋御門。　和田倉御門。　馬場先御門。
日比谷御門。　一ツ橋御門。　外桜田御門。
数寄屋橋御門。　竹橋御門。　雉子橋御門。

清水御門。　田安御門。　半蔵御門。
馬場曲輪御番所。　筋違橋御門。　浅草御門。
小石川御門。　牛込御門。　市ヶ谷御門。
四ツ谷御門。　赤坂御門。　虎之御門。
幸橋御門。　山下御門。　芝口御門。
昌平橋、木戸門共。　水道橋。　赤坂喰違木戸門共。　新シ橋、木戸門共ニ。
三浦壱岐守御預り御櫓。　町奉行御役屋敷三ケ所。　火消御役屋敷拾ケ所。
附札。「是ハ前々御金御材木被レ下、手前ニテ仕候儀モ有レ之候由。」
本所御材木蔵。　同本所奉行所。
附札。「是ハ前々御金御材木被レ下、手前ニテ仕候儀モ有レ之候由。」
小細工小屋。　御畳小屋。　山王御宮廻り、此外御修復所之分計。　聖堂。
五拾二ケ所

小普請奉行方

増上寺、安国殿、惣御仏殿、并御別当、本堂、此外山中御修復所々堂舎等。
浜御殿。　吹上御花畑。　月光院様御屋敷。
竹姫君様御屋形。　御舂屋。　高倉屋敷。

蓮浄院殿屋形。　清心院殿屋形。　寿光院殿宅。
法心院殿屋敷。　伝奏屋敷。　評定所。
桜田御用屋敷。　田安御用屋敷。　神田橋外御用屋敷。
二丸御用屋敷。　小川町 小石川二ケ所。　西丸御用屋敷。
御厩御役屋敷五ケ所。　御花畑奉行預御用屋敷。
　附札。「是ハ前々御金御材木被レ下、御手前ニテ仕儀モ有レ之候由。」
紅葉坊主御役屋敷拾二ケ所。
　附札。「是ハ前々御金御材木被レ下、手前ニテ仕儀モ有レ之候由。」
駒込御鷹部屋。　御薬園并御役屋敷。
芥川・小野寺。　千駄谷御蔵屋敷。
駒場野塩硝蔵。　竹橋御蔵。
小普請方定小屋。　深川御船蔵、番人居宅共。
　　附札。「是ハ前々御金御材木被レ下、手前ニテ仕候儀モ有レ之候由。」
　五拾三ケ所
御修復願出候節、吟味之上可二申付一場所。

　御作事方

浅草寺。　東海寺。　西ノ久保八幡別当普門院。
　　小普請奉行方
伝通院所々御仏殿。　金地院。　神田明神。
幸龍寺御仏殿。
御修復願出候節ハ、右之通可二申付一哉。此外神社寺院并所々橋下水溜等ニモ、前々小普請方ニテ仕候処モ御座候。此等之儀ハ、至二其節一吟味仕、伺之上御作事奉行小普請奉行へ割合可二申付一候。

この享保三年の所管分定は、従前、江戸城の造営・修理等にあっては、土木工事は普請奉行下の小普請方、建築工事は作事奉行下の作事方が担当するものであった。しかし、江戸城造営が寛永度・万治度で一段落すると作業的には修理の方が主体となってくる。小普請方は、はじめは直属の大工は持ちあわせていなかったが、元禄度には、『西丸大奥総本家絵図』（都立中央図書館東京誌料文庫所蔵）の裏打ち前の旧外題に「大谷出雲扣」を好例として小普請方自前の棟梁を持つようになり勢力を拡大していく。そのような状況下で享保二年八月の大風水害を迎え、被害が江府内の広範囲に及んだことから、幕府は、修理を作事方と小普請方に二局化し、まずは二分したのである。

一方、享保二年（一七一七）十一月には、正徳六年（一七一六）に着手した西丸修復において不正が発覚し、御目付・小普請方役人の各二名が免職し、総監督の若年寄森川出羽守も引責を問われ免職される。

両者の関連の下で、享保三年の所管分定が発令されたのである。この二局体制は、文久三年（一八六二）

六月に小普請方の廃止まで一四〇有余年続くことになる。その後は、作事方に統一された。

御城内場所分絵図　江戸城の修築・修理を分担する二種類の絵図について紹介することにする。その絵図とは、一つは享保三年五月二十五日の所管分定で制定された絵図の写しであり、一つはそれ以前に作成されたと考えられる絵図である。両資料は、都立中央図書館東京誌料文庫所蔵のものであるが、前者の場合、各機関、個人蔵を含むと写しが数多く存在している。

『御城内場所分絵図』　都立中央図書館東京誌料文庫には、この種の絵図が大小含めると七点存在する。そのなかで、前述した定書の内容に最も近く、かつ享保期に作成されたものが図29（東京誌料６１５１－７－７）である。本図は、彩色・裏打ちされた本丸・西丸・紅葉山の作事方・小普請方による二局場所分平面図である。法量は、縦七七・〇センチ、横一三二・〇センチを測る。本図には、裏打ち前の旧外題として「是ハ古部隠岐守殿ニ候御写／甲良左衛門扣」とあり、その後、外題として「御城内場所訳絵図　甲良㊞」と記されている。甲良左衛門とは、表8で示したように甲良家四代の宗員を指すものである。作事方在職期間が享保十一年（一七二六）までであることから所管分定が発令されてさほど時間を経過しな

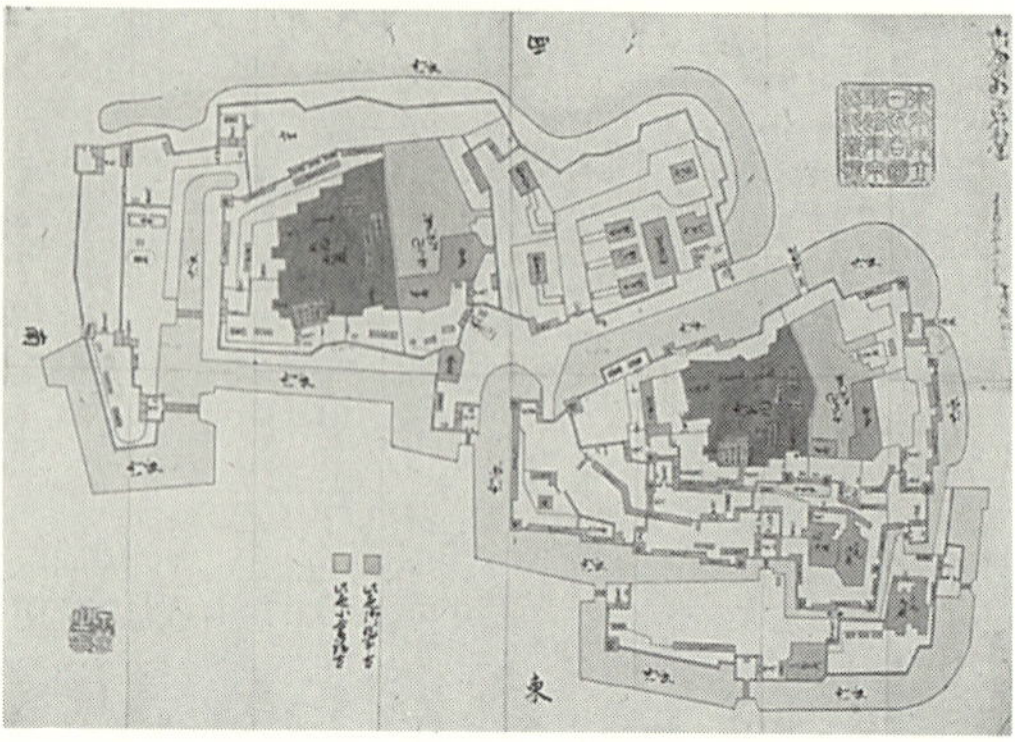

図29　『御城内場所分絵図』（東京都立中央図書館東京誌料文庫所蔵）

い時点での写しであることがわかる。

本図の特徴は、作事方を橙色、小普請方を桃色の二色に大別し、さらに濃淡によって細別していることにある。また、図中に書込みが多く、他の同種の絵図と比較すると詳細な情報が多く、色分けも丁寧である。本図には、外袋が存在する。法量は、縦一五・八センチ、横六・四センチを測る。表書として、中央に「御城内場所分絵図」、左下に「甲良 ㊞」と記されている。

『御城内持場分絵図』 本図は、都立中央図書館所蔵「江戸城造営関係資料（甲良家伝来）」では、資料名『御城内場所分絵図』として前述した絵図を含め八点の絵図と共に保管されている（東京誌料６１５１－７－２）。そのなかでは、唯一、作事方と小普請方の二局に場所分けした絵図ではない。資料は、本城の南側半分を示し、黄と淡赤の二色で本丸御留守居と二之丸御留守居支配の区分を明確にし、渡櫓・櫓・多門の建造物に朱の四角で入口を示し付箋で担当する預り所名を記したものである。法量は、縦四六・〇センチ、横六〇・〇センチを測る。外題には「御城内持場分 ㊞」とあり、本紙左下には「甲良之印」の朱印と凡例等々が記されている。彩色による区分では、本丸と二之丸御留守居支配の境界が内追手門（大手三之門）と銅門にあり、内追手門の半分にあたる多門櫓と銅門が二之丸御留守居支配となっている。付箋の一部分を示すと、内桜田門の渡櫓門には、「御箪笥組預り」、内追手門の多門櫓には「表坊主預り」と「火之番方預り」、中之門には「御納戸方預り」、玄関前門（中雀門）には「御書院番方預り」等々と記されている。

注目されることとして、本紙左下に作事方が担当する櫓と門に関する記述がある。そこには、

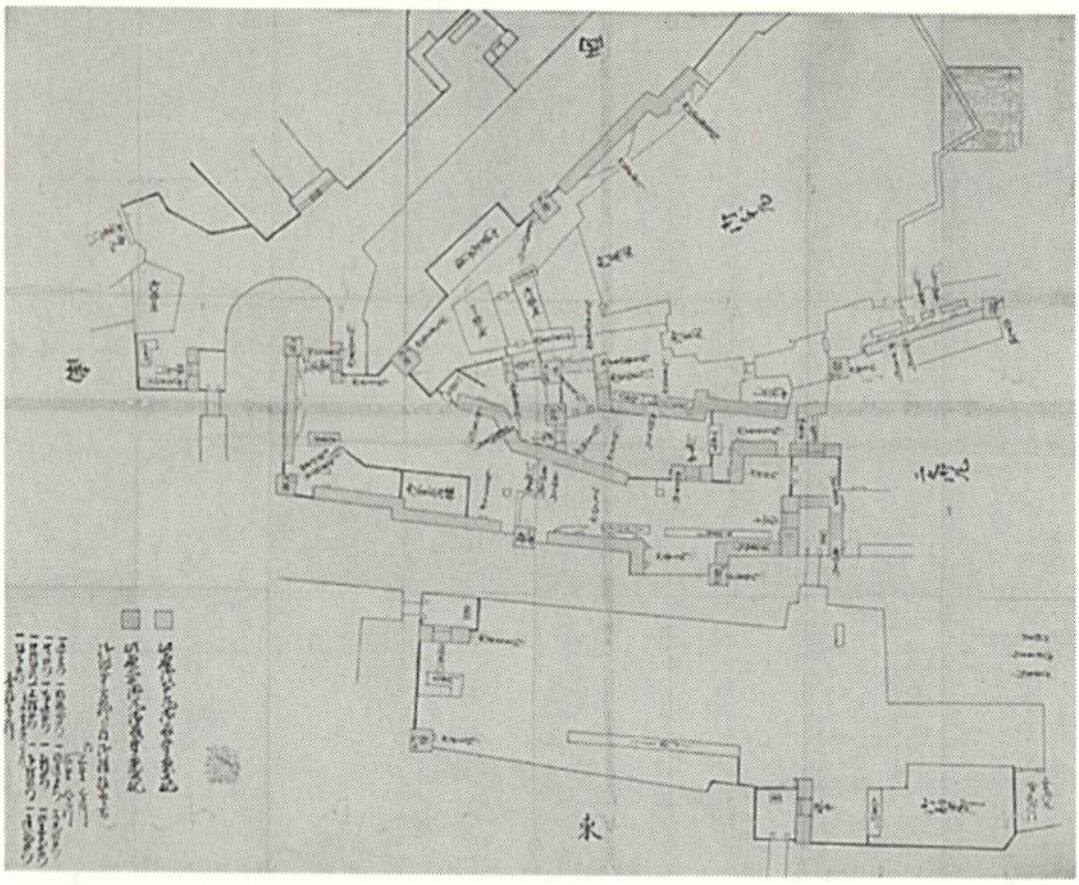

図30　『御城内持場分絵図』（東京都立中央図書館東京誌料文庫所蔵）

御作事方掛り之内御櫓拾壱ケ所
　内　三重　三ケ所
　　　弐重　八ケ所

とあり、この後には追手御門（大手門）以下、坂下御門にかけての一三ケ所の門名が記されている。この凡例を見る限りでは、図29に示した本丸での作事方の担当箇所と一致するものである。しかし、この作事方掛りに関する記述は、後の補筆のものと考えられる。それは、色分けの凡例の文字と字体が異なること、一三ケ所の門のうち下埋門、喰違門など数箇所の門に黄色の彩色が施されていないことなどによるものである。ちなみに図29・30を比較すると、銅門の大番所や追手門（大手門）大番所の位置の相違などを指摘することができる。

　本図にも外袋が存在する。法量は、縦一五・九センチ、横八・四センチを測る。表書として、中央に「御城内持場分絵図」とあり、左下に「甲良　㊞」とある。

(2)『御本丸西丸風損御修復仕所絵図』にみる本丸西丸の被害

「江戸城造営関係資料（甲良家伝来）」のなかに、江戸城本丸と西丸の風損被害を示した絵図が存在する。図31である。この図は、縦五二・二センチ、横一二〇・〇センチを測る彩色・裏打ちの施された絵図で、本丸の御殿を除く南東部から西丸御殿を除く南西部の風損による修復の位置を示したものである。内題はないが、外題に裏打ちと同様の和紙を用いて「御本丸西之御丸風損御修復仕所絵図」の付箋が貼られている。さらに、裏打ち紙の下には縦位に「㊞」の黒印が二つ施されていることから付箋下には旧外題が存在するかもしれない。また、外袋が存在し、表書には「御本丸西丸風損御修復別絵図／甲良㊞」とある。

本紙をみてみよう。右下に凡例があり、「此色紙新規建直ニ仕候」とあり、続いて上位に色紙、下位に修復仕様が記されている。色紙は、右手に赤、左手に青が貼られているが、絵図にはすでに赤色紙は剥がれ、残念ながらその痕跡を確認することはできない。つまり、修復箇所には青色紙が貼られているのである。ちなみに赤色紙の凡例には「此色紙右本用足シ本建直シ壁瓦新規仕直シ申候」、青色紙には「此色紙有来ル壁下池本用損候所斗壁瓦共ニ所々繕申候」と記されている。

そこで、青色紙が貼付されている箇所をみると、西丸の吹上門・中仕切門南側の土瓦塀、本丸の蛤濠に面する西端の土瓦塀と多門、二ノ丸の御金蔵周囲の土瓦塀と喰違門脇土瓦塀、三ノ丸の内桜田門と大手門から桜田巽櫓にかけての土瓦塀と広範囲に及んでいる。このほか、下乗橋周辺や大手三之門冠木門南側の土瓦塀や本丸御書院櫓とそこから書院出櫓にかけての土瓦塀、埋門脇の土瓦塀などにも貼られている。この絵図からは、被害が本城・西丸の南西部に集中しており、風損によって瓦が飛ばされその修復の必要性はうかがえるが、建造物に関する被害は判然としない。また、本丸・西丸の御殿にも本瓦葺の屋根が広く

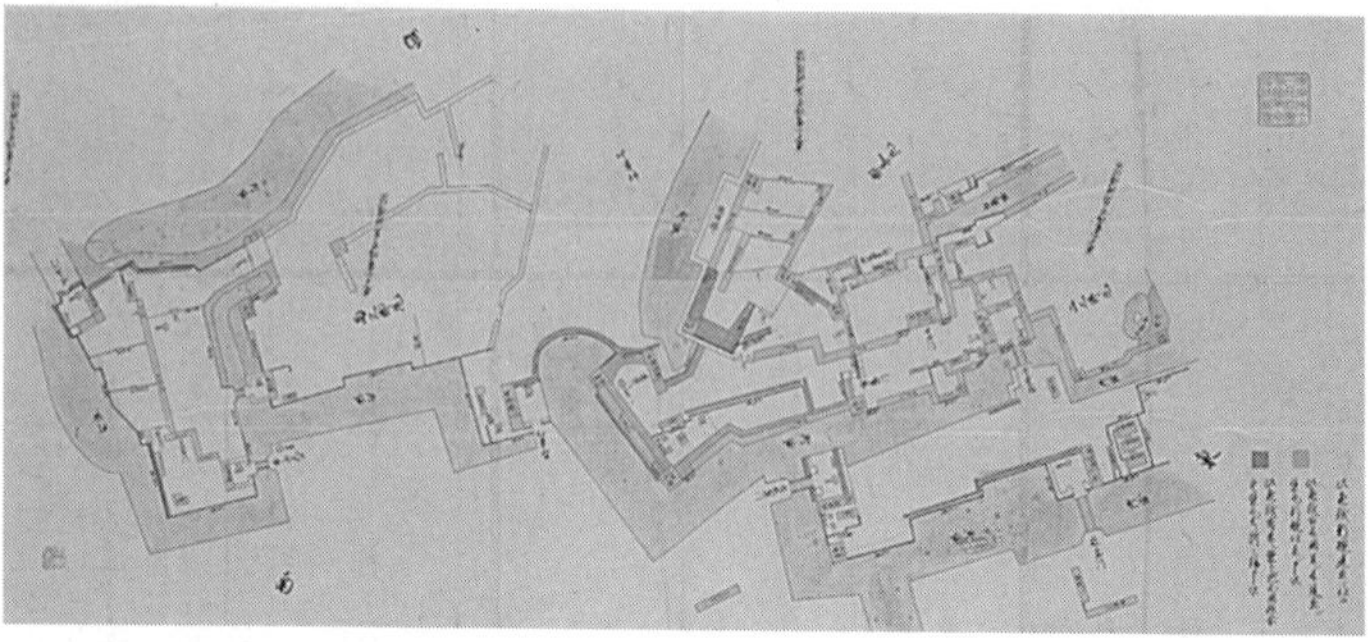

図31　『御本丸西丸風損御修復仕所絵図』（東京都立中央図書館東京誌料文庫所蔵）

存在するが、それらにおいてもかなりの風損が生じたであろうことは容易に推察することができる。

この絵図には、作成時期を特定するものは見あたらないが、時間軸は必要かつ重要なことである。ここでは二点から考えてみたい。一点は、図中には色紙を除くと四枚の付箋が貼られている。付箋の全てには「是ゟ小普請方ニ而御修復仕候」と書かれている。四枚のうち二ノ丸と西丸大奥には正しい位置に、他の二枚は本丸大奥と紅葉山に貼ることを目的として用意されたが絵図にその位置がないことから別の位置に貼られている。甲良家は、作事方に属することから、本図の性格を考えると付箋を貼る必要性はない。あえて明記する必然性は、前述した享保三年の所管分定以外に考えることはできないのである。もう一点は、部分的な拡大図であるにもかかわらず、図中に誤りと思われるところが数箇所あることである。図29と比較すると一目瞭然である。一例をあげると、青色紙が貼られている御書院櫓の位置は中雀門枡形に隣接した西側に位置するにもかかわらず大分南側に描かれていること。三ノ丸下勘定所部屋が三棟続きで詳述されているにもかかわらず近接する喰違門が本来は下乗橋側からでは右折形式をとるべきところを直進することなどはその好例である。

他方では、下乗橋手前の番所を「百人番所」、大手三之門左手の百人番所を「大番所」と写し間違えている部分もあるが、本丸の「塩硝郭」のように古い表記もみられる。すなわち、享保三年に作成された『御城内場所分絵図』よりも古く作成された絵図を参照して修復箇所を図示しているのである。

この二つの理由から、本図を享保二年の風水害修復を示唆した図とするにはいささか根拠が弱いが、筆者はその可能性が高いものと考える。江戸城中枢部での火災を除く自然災害による修復箇所を示した絵図がほとんど存在しないことから、本図は貴重な資料といえるものである。

(3)古記録『櫓瓦』と『江戸城御外郭御門絵図　全』

都立中央図書館東京誌料文庫には、享保二年（一七一七）八月の風水害の復旧に関連する二種類の絵図と一冊の古記録が存在する。『御城方角絵図』・『江戸城御外郭御門絵図　全』・『櫓瓦』である。

『御城方角絵図』　本図は、享保二年、同三年の勘定方小普請方所管分定に記してある江戸城外郭二六門と主要な橋の位置関係を示した方角絵図である。法量は、縦三九・〇センチ、横五〇・〇センチを測る。外題として、「御城方角絵図㊞　甲良左衛門扣」と記されている。本図の特徴は、図中の中央下、「南」の方位の上位に「芝口御門」が明記されていることである。

芝口門は、朝鮮通信便を迎えるために宝永七年（一七一〇）九月二十七日に竣工し、享保九年（一七二四）正月二十四日に焼失するまでのわずか一〇有余年間のみ存在したものである。外題の「甲良左衛門

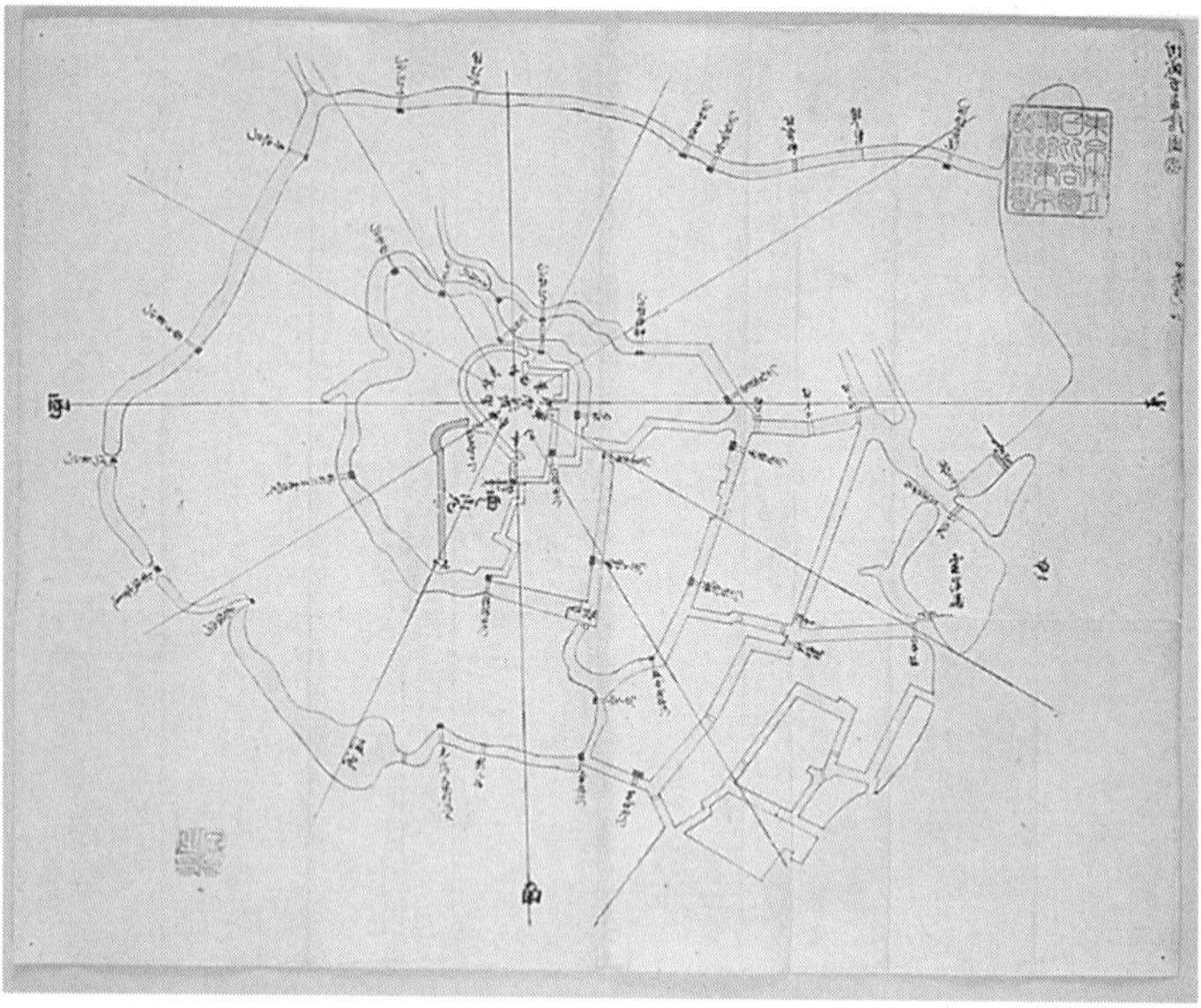

図32　『御城方角絵図』（東京都立中央図書館東京誌料文庫所蔵）

扣」とあわせると、本図は享保二年八月の風水害後に作成された可能性が高い。

『江戸城御外郭御門絵図』　本図は、二七紙からなる折本装の彩色が施された絵図で、芝口門を含む江戸城外郭二六門の平面図が収められている。法量は、縦二八・一センチ、横三九・〇センチを測る。外題には、付箋に「江戸城御外郭御門絵図　全」とあり、奥書には、「享保二丁酉年十月　御作事方／大棟梁／甲良豊前扣」と記され、「建仁寺流官匠甲良印」の朱角印がおされている。奥書の年号から、享保二年八月の風水害直後に作成されたものであることがわかる。また、甲良豊前とは、前述した甲良左衛門とは同一人物の通称で、表8の四代宗員を指すものである。

ちなみに、芝口御門の絵図には左上に付箋が貼られ、五行にわたり

六代将軍家宣公御時代
　寳永七辰寅年御造営
　　御用掛大棟梁甲良左衛門
享保九甲辰年正月晦日御火ケ上
　　其後御再建無之

と記されている。

後述する『櫓瓦』に筋違橋門と浅草橋門で用いた瓦の種類と枚数に関する詳細な古記録があるので、両者の関連について理解するために二門の絵図を解説することにする。

筋違橋門（図33）　筋違橋門は、外堀の北東部、浅草橋門の西側に位置する。渡櫓門は明治五年（一八七二）九月には撤去され、現在はその痕跡を全くとどめないが、ＪＲ秋葉原駅の西側に存在した。

図の右手には、内題と規模が記されている。

筋違橋御門明キ柱内法ニ而貳間貳尺三寸
　并冠木御門明キ柱内法ニ而貳間四尺
　同橋　渡り拾貳間 巾三間半　橋杭三本立四組

とある。図は、三方に方位、さらに外堀との関係で門の平面図を示している。門は、渡を渡ると右折する形式をとる。渡櫓門と大番所には黄色く彩色が施され、渡櫓門には「貳拾壱間／四間」の寸法が記されている。冠木（高麗）門左右の塀とそこから南側に屈曲する塀と大番所周囲の塀にあたる位置には太い墨線、枡形内の石垣上の土塀と大番所の北西、堀に面する石垣上の土塀には朱線が引かれ、各々規模が記されている。参考までに規模の部分を記すと、冠木門の北側には「四間高八尺／石垣高三間四尺」、枡形内の南西壁には「瓦塀廻テ拾壱間三尺／高サ八尺」、大番所裏手の堀に面する位置には「瓦塀廻テ拾間高サ八

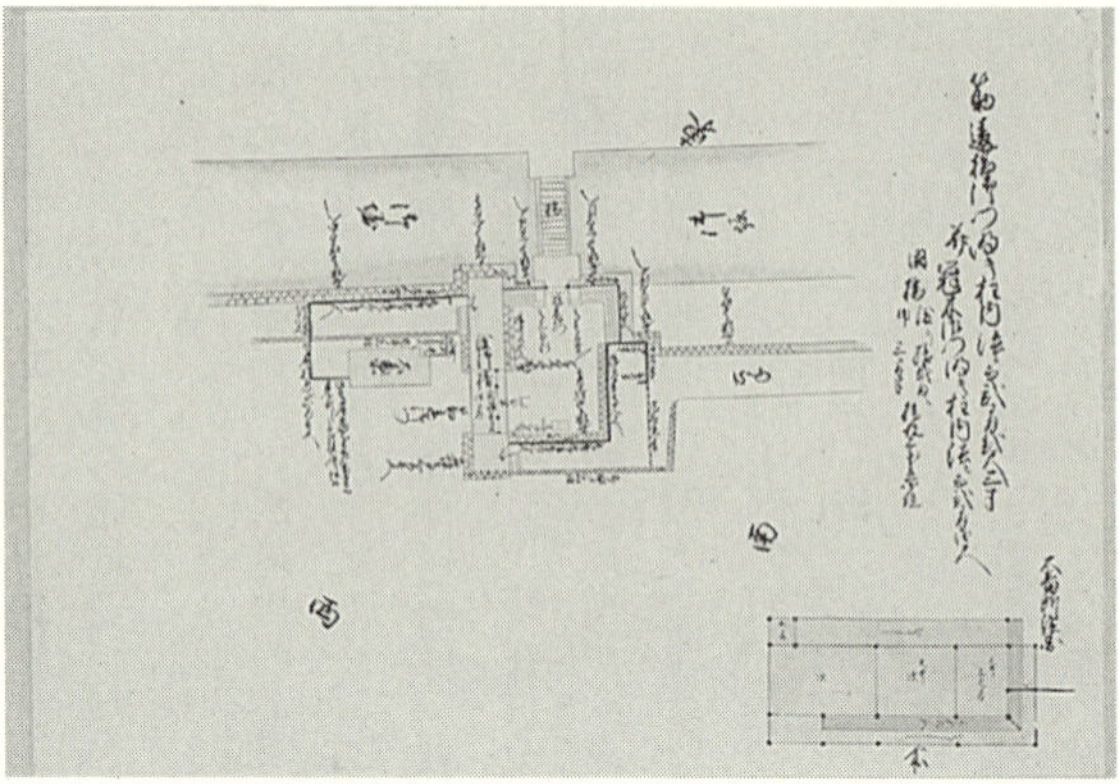
図33　筋違橋門『江戸城御外郭御門絵図』・部分（東京都立中央図書館東京誌料文庫所蔵）

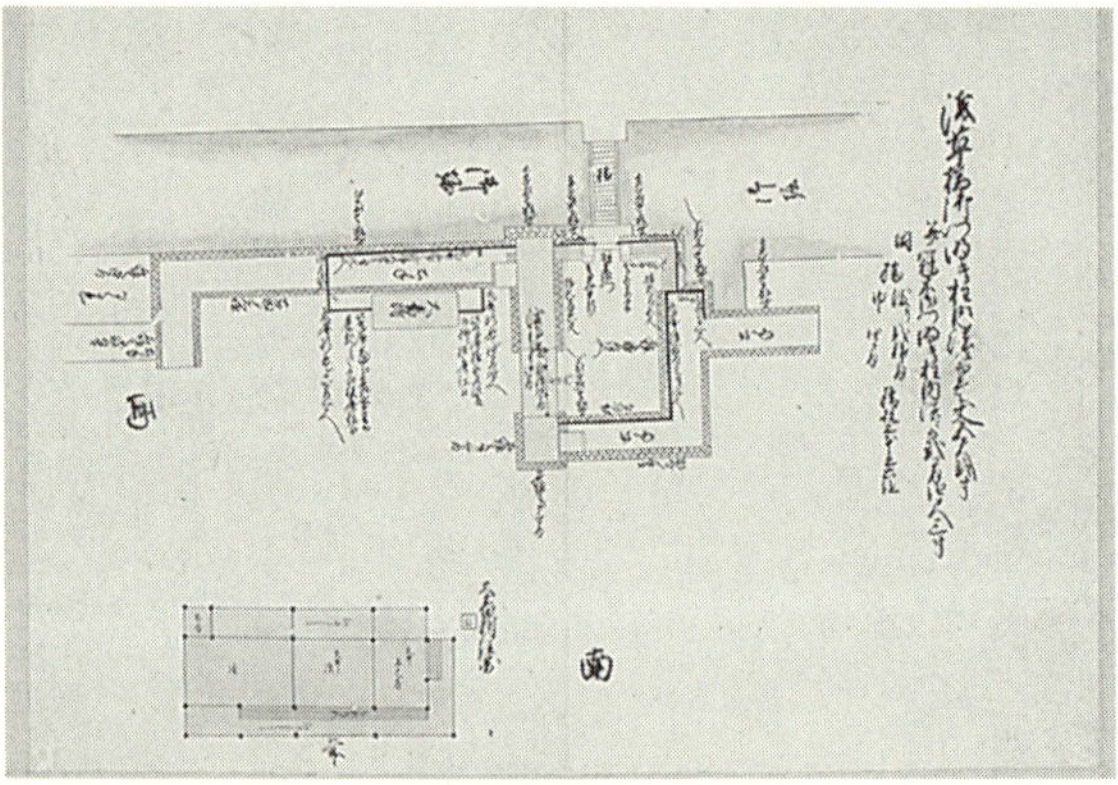
図34　浅草橋門『江戸城御外郭御門絵図』・部分（東京都立中央図書館東京誌料文庫所蔵）

尺／高九尺五寸石垣高四間五尺」とある。

右下の大番所拡大図には寸法が記されていないが、全面に黄色く彩色が施され三間続きの構造がよくわかる。部屋は、右手より天井上之間・天井次間・次間と続き、次間側を除く三方に「ひさし」が追出してある。左手奥には土間、上之間を囲うように二方向に縁側が取付けてある。

浅草橋門（図34）　浅草橋門は、外堀の北東端に位置する。隅田川の南畔にあり、渡櫓門は明治六年（一八七三）四月には撤去され、現在は「浅草見附跡」の石碑が建立されている。

図の右手には、内題と規模が記されている。

浅草橋門明キ柱内法ニ而壱丈五寸弐寸
并冠木御門明キ柱内法ニ而貳間四尺三寸
同　橋　渡り貳拾間 巾四間　橋杭三本立六組

とある。図は、南と西の方位を明示し、外堀との関係で門の桝形を描いている。門は、筋違橋門と同様、橋を渡ると右折する形式をとる。彩色・墨引・朱引きは前述と同様であるが、渡櫓門には「貳拾四間／四間」の寸法が記されている。塀や石垣にも規模があり、後述する『櫓瓦』との関連で、部分的に数字を示すことにする。冠木門の東側には「六間高八尺／石垣高貳間半」、渡櫓門と対峙する枡形内の東側には「瓦塀拾弐間高サ八尺」、大番所裏手の堀に面する位置には「瓦塀廻テ貳拾間半高サ八尺／石垣高四間」とある。

左下の大番所拡大図は、おおむね筋違橋門の大番所絵図と同様である。相違点は、天井上之間の右手のひさし縁側が短いことと、右手外側に井戸とおぼしきものが描かれていることである。

『江戸城御外郭御門絵図　全』に描かれている外郭諸門は、廃止された芝口門を除き、幕末に至るまでの基本となる図で、今日でも田安門や清水門を復元する原図として用いられている。

古記録『櫓瓦』にみる風水害の復旧　享保二年の風水害による被害が甚大であったことを伝える古記録が存在する。史料整理の段階で『櫓瓦』の名称が付けられた冊子である。この史料は一一紙からなり、江戸城外郭二六門のうち筋違橋門と浅草橋門の二門で用いられた瓦について「櫓瓦（渡櫓門と冠木門）」・「長屋瓦（大番所）」・「塀瓦」の項目に大別し、各項目ごとに瓦の種類と大きさ、枚数等々について詳述したものである。概要は後述するが、これは、張番所を除く、両門の建造物・塀のほぼ全ての瓦が交換されたことを示唆している。筆者は、この史料について『城郭史研究』第二八号に「江戸城外郭諸門の屋根瓦に関する一考案—筋違橋門・浅草橋門を中心として—」と題する拙稿を発表したことがある。時間軸を特定することは困難であるが、両門が同時に修理された記録は、つぎの五回が該当する。

①天和四年（一六八四）二月十二日着工、同七月二日竣工。
②元禄七年（一六九四）正月二十六日着工、同六月二十一日竣工。
③宝永元年（一七〇四）五月二十九日着工、同九月二十八日竣工（元禄大地震の復旧）。
④享保二年（一七一七）八月十六日〜十八日の風水害による復旧。
⑤安政二年（一八五五）十月二日、安政江戸地震の復旧。

このうち、①には書院番と小姓組から各一名ずつ石垣奉行、②には普請奉行二名が多門修理に任命されている。記録をみる限り、この二回の修理では大番所を含む屋根瓦、塀瓦を全て交換する必要はない。③

の地震復旧には前章表5・7で示したように石垣の崩壊や孕みはあるものの全壊ではない。⑤の場合も同様である。消去法からすると④ということになる。古記録では、享保二年の風水害による被害状況はわかりかねるが、後述する浅草寺観音堂大棟の在銘鬼瓦によって、この地域での風害の大きさがわかるのである。ちなみに、浅草寺鬼瓦には「享保六年（一七二一）辛丑七月十八日」の銘があるが、この年に据えられ昭和四年（一九二九）の大修理が始まるまでの間、一度として鬼瓦は屋根から降りることがなかったのである。

一つ気にかかる点がある。前述したように享保二年八月二十五日の二局分掌令では、焼失からの復旧途上にあった神田橋門と鍛冶橋門を除く外郭二四門全てが修復の対象となっている。それにもかかわらず、筋違橋門と浅草橋門の瓦修理に関する史料しか残されていないのである。その理由は、数点考えることができる。一点は、この史料が保管されてきた甲良家は作事方に属し、享保二年の分掌では大棟梁として筋違橋門と浅草橋門の修理を担当していること。一点は、作事方に属する甲良・平内《へいのうち》・鶴・辻内《つじのうち》の四家の大棟梁のなかで筆頭格の力を有していたこと。前述した外郭諸門の絵図の作成はもとより、大工手間（本途）帳を作成することで大工の作業基準を設けている。一点は、大棟梁―諸職棟梁―諸職肝煎―諸職平職人の縦系列の絆が強化されたこと。屋根瓦や塀瓦は、本来瓦方の担当である。したがって写しの段階で大工は瓦の専門外であることから、付箋について貼り間違いが多々みられ、そのためそのままでは理解に困難な部分もある。一点は、被害が両門周辺に集中していたこと。以上が要因として考えられる。

以下、史料の概要をまずは述べることにする。

史料名となっている「櫓瓦」に始まる。冒頭部分となる図35の訳文を示すと、

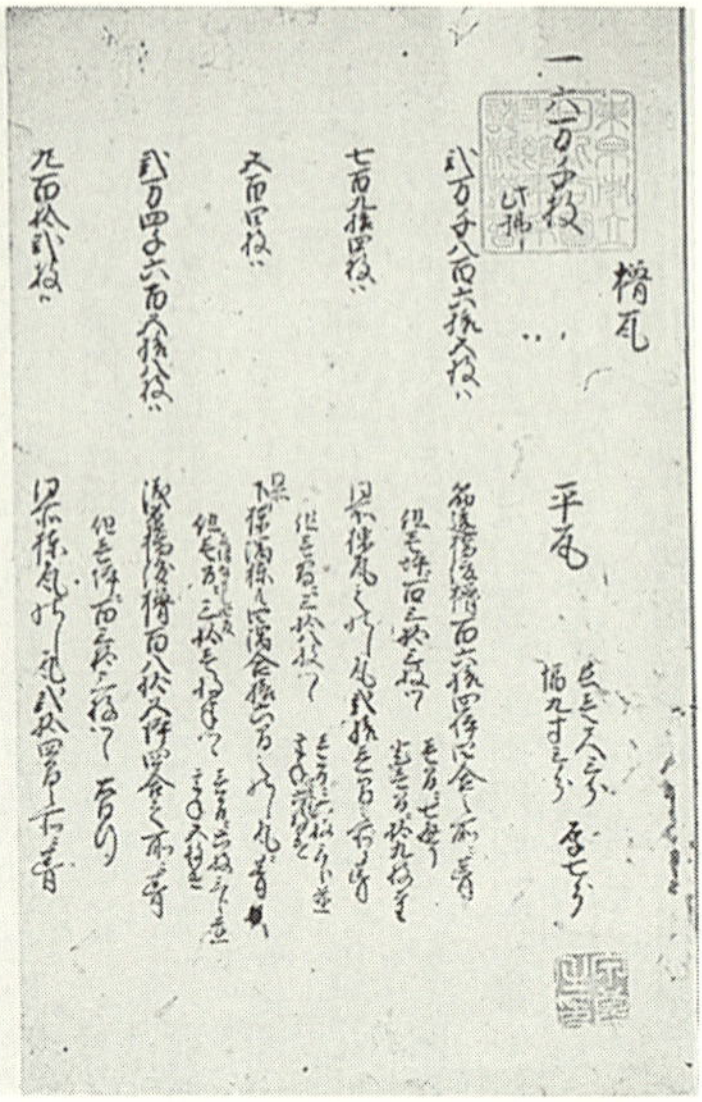

図35　史料①「櫓瓦」の中の平瓦部分『櫓瓦』（東京都立中央図書館東京誌料文庫所蔵）

櫓瓦
一六万千枚　　平瓦　長壱尺三分 巾九寸三分　厚七分
此拂
貳万千八百六拾五枚ハ　筋違橋渡櫓
百六拾四坪四合之所ニ葺　　但壱坪
ニ百三拾三枚ツヽ　壱間ニ七通り 登壱間ニ拾九枚重
七百九拾四枚ハ　　同所棟瓦
之能し瓦貳拾壱間之所ニ葺
但壱間ニ三拾八枚ツヽ　壱間に六枚三歩並 重手六枚遣
五百四枚ハ　　同所
下棟隅棟共四隅合拾六間之能し瓦ニ葺
但壱間ニ三拾壱枚半ツヽ　壱間ニ八枚三歩並 重手五枚遣
貳万四千六百五拾八枚ハ　浅草橋渡櫓百八拾五坪四合之所ニ葺
但壱坪ニ百三拾三枚ツヽ　右同断
九百拾貳枚ハ　同所棟瓦能し瓦貳拾四間之所ニ葺
〈以下略〉

となる。ここでは、筋違橋門と浅草橋門の渡櫓門と冠木門の平瓦について記してある。図中にはないが、冠木門は両門とも「拾九坪九合」と同一規模で、平瓦が各二六四六枚、これに棟のし瓦（扣のし瓦を含む）が各二七三枚と記されている。本史料には付箋の貼り間違いが多いことを指摘したが、本項目にはなく、次項の「飛連唐草瓦」の箇所から付箋に書き貼付されている。また、渡櫓門の平瓦の枚数が異なるのは、図33・34を用いて前述したように、規模の差である。両門とも梁間は四間と同じであるが、桁行は筋違橋門二一間、浅草橋門二四間と浅草橋門の方が三間長く、その分、瓦の数量が多くなっている。ちなみに建物の規模と瓦の数量とは整合性があるようにうかがえる。

　図36は、項目では「飛連唐草瓦」の次に記されている「丸瓦」である。この頁には最後に付箋が貼付されているが、本来、もう一枚貼付が必要となる。それは、次頁上段の付箋が、本来「丸瓦」の項目の上段の数字の変更を示すものである。

このままの図36の訳文は、

一壱万五千五百枚　　丸瓦　長三尺三歩 幅五寸五歩

　此拂

六千七百六拾枚ハ　　筋違橋渡櫓百六拾四坪四合之所ニ葺

軒ノ巴瓦此外ニ遣　　但壱坪ニ四拾四枚ツヽ　壱間ニ七通リ 登リ壱間ニ六枚三歩ツヽ

八百七拾六枚ハ　　同所冠木門扣共ニ拾九坪九合之所ニ葺

軒ノ巴瓦此外ニ遣　　但坪当り右同断

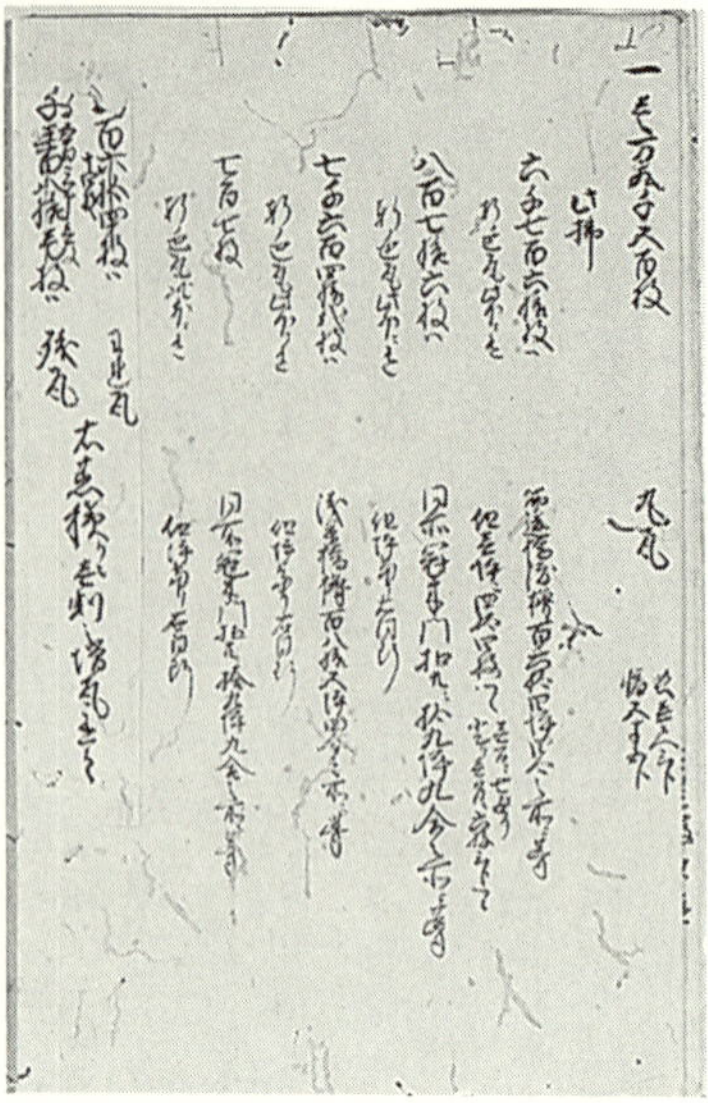

図36　「櫓瓦」の中の丸瓦・『櫓瓦』（東京都立中央図書館東京誌料文庫所蔵）

七千六百四拾貳枚ハ　浅草橋櫓百八
拾五坪四合之所ニ葺
軒ノ巴瓦此外ニ遣　但坪当り右
同断
七百七枚　同所冠木門扣
共拾九坪九合之所ニ葺
軒ノ巴瓦此外ニ遣　但坪当り右
同断

□百卅拾四枚《十四枚》ハ　王連瓦 右美積リニ壱割之増瓦有之 千廿百ノ拾壱枚《千五百六十壱枚》ハ　残瓦

となる。最後の枠の部分が付箋が貼られている箇所である。次頁の付箋の数字を右側に移し、正しい数値に直すと、此拂以下が「六千七百六十枚→七千五百貳拾枚」「八百七拾六枚」はそのまま、「七千六百四拾貳枚→八千四百八拾三枚」「七百七枚→八百七拾六枚」となる。この項目のなかで注目されるのは、最後の付箋の内容である。数字の訂正があるが、「王《わ》連瓦（割瓦）」として一一四枚、「残瓦」として一五六一

枚の合計一六七五枚が丸瓦の見積りとして必要量に不足の場合を考慮して一割加算されていることである。ただし、「平瓦」「丸瓦」とも冒頭の総数と詳述された数値とが一致しないところは不可解である。「此拂」という表記と関連するものであろうか。

次頁の付箋の下の本来の表記を参考までに記すと、

一千四百枚　加ま巴瓦　大サ丸瓦同断

　　此拂

四百七拾三枚ハ　筋違橋渡櫓軒四方破風登り共延テ六拾七間三尺九寸之所ニ葺

　　但壱間に七通り

百六拾壱枚ハ　同所冠木門同扣共軒延テ貳拾三間之所ニ葺

　　右同断

五百拾五枚ハ　浅草橋渡櫓四方軒破風登り延テ七拾三間三尺九寸之所ニ葺

　　右同断

百六拾壱枚ハ　同所冠木門同扣共軒延テ貳拾三間之所ニ葺

　　右同断

となる。「飛連唐草瓦」は軒平瓦、「加ま巴瓦」は軒丸瓦に相当するもので、両者はセットとして機能する。後述する表14でみると、総数の一四〇〇枚と両門の渡櫓門では一致するが、冠木門では「加ま巴瓦」の方が各八枚少ない。いずれか一方の項目の写し間違いと思われる。また、総数に九〇枚少ないのは割瓦・残

に記された渡櫓門と冠木門に要した瓦の種類と枚数

橋門	浅草橋門		割瓦・残瓦	備　考	増　減
冠木門	渡櫓門	冠木門			
2,646	24,658	2,646	未記入	浅草橋門冠木門の記入付箋貼り間違い	▲5,295
273 四隅棟瓦) (2,919)	1,416 左に同じ (26,074)	273 (2,919)			
169	515	169	未記入		▲74
~~876~~ 876	~~7,642~~ 8,483	~~707~~ 876	割瓦114 残瓦1,531	浅草橋門冠木門記入間違い—付箋の訂正数字（上位）	△3,900
161	515	161	未記入		▲90
8	4	8	割瓦2、残瓦2		
8	4	8	残瓦 4		
284	2,760	284	割瓦372		
112	476	112	割瓦93 残瓦573		
25	※~~96~~ ↓ 133	25	割瓦21 残瓦25	※四隅下り棟56枚のところを19枚と誤記	△ 2
—	2	—	—		
4	8	4	残瓦 2		
—	8	—	残瓦 2		
4,566	38,982	4,566	2,741		▲2,187
	43,542				
82,726					

瓦の増瓦の分の未記入によるものであろうか。

　本史料では、このあと「隅唐草瓦」「隅巴瓦」「輪違瓦」「めんと瓦筋違めんと瓦」「棟長丸瓦」「鬼板鰭付」「鬼板ひ連なし」「雀瓦」の順で記されており、これらを表14に示した。この表からわかることは、筋違橋門と浅草橋門では渡櫓門の桁行三間の規模の差が瓦の枚数の差となっていることである。冠木門は、前述した図33・34では、明キ柱内法寸法で三寸の差があったが、瓦の数量では四

表14　史料

瓦の種類	(史料)此拂(枚)	筋違 渡櫓門
平　瓦	61,000	21,865
		1,298 (棟のし瓦·(23,163)
飛連唐草瓦	1,400	473
丸　瓦	15,500	~~6,760~~ 7,520
加ま巴瓦	1,400	473
隅唐草瓦	28	4
隅巴瓦	28	4
輪違瓦	6,100	2,400
めんと瓦 筋違めんと瓦	1,800	434
棟長丸瓦	350	123
鬼板鰭付	4	2
鬼板ひ連なし	26	8
雀　瓦	18	8
合　計	87,654	34,612
		39,178

五六六枚ずつと全く同じである。その結果、筋違橋門では三万九一七八枚、浅草橋門では四万三五四八枚と両門では八万二〇〇〇枚余を要したことがわかる。

また、すでに指摘したが、史料中の各項目ごとの冒頭の総数と「此拂」以降の数字とが一致しないことがある。とりわけ、平瓦・丸瓦の数量の多い箇所での数字の開きが目立つ。これは、「平瓦」の項目では王連瓦（割瓦）・残瓦の記述が欠けていることが一因と考えられる。表14をみると、「隅唐草瓦」以下では「棟長丸瓦」で二枚の差が生じているが、他は数字が一致している。それらは、見積りの段階で増瓦が不要な「鬼板鰭付」を除き表記は異なるが、いずれも一割前後の数値が加えられているのである。

史料は、「長屋瓦」へと続く。これは大番所の屋根瓦に関するものである。「長屋瓦」では、「平瓦」「巴瓦」「唐草瓦」「丸瓦」「めんと瓦」の順に記載されている。図37は、「長屋瓦」の冒頭の部分である。

長屋瓦

一四千三百枚　平瓦　長九寸三歩 幅八寸三歩　厚六分半

此拂

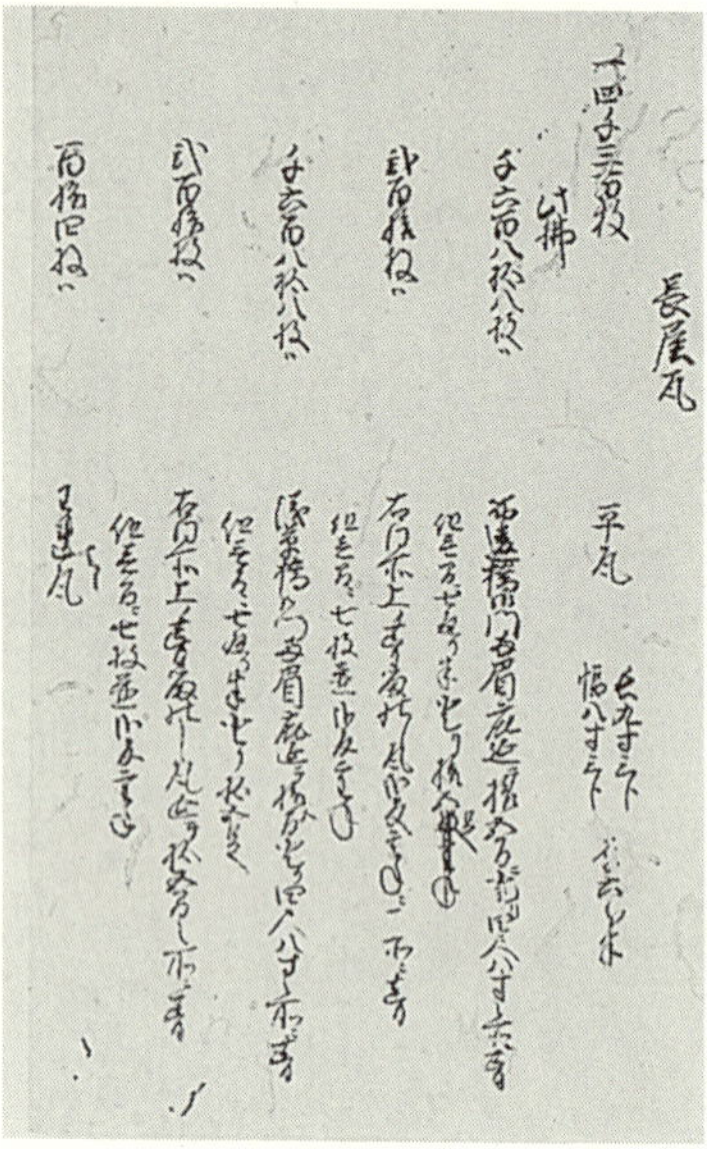

図37　史料③「長屋瓦」の中の平瓦『櫓瓦』（東京都立中央図書館東京誌料文庫所蔵）

千六百八拾八枚ハ　筋違橋御門
両眉庇延テ拾五間ニ登リ四尺八寸
之所ニ葺
但壱間ニ七通半登リ拾五段
貳百拾枚ハ　右同所上ノ
葺留能し瓦
貳枚重手ニ
一所ニ葺
但壱間ニ
七枚並貳枚重手
千六百八拾八枚ハ　浅草橋御門両眉庇延テ拾五間登リ四寸八寸之所ニ葺
但壱間ニ七通リ半登リ拾五段
貳百拾枚ハ　右同所上ノ葺留能レ瓦延テ拾五間之所ニ葺
但壱間ニ七枚並貳枚重手
百拾四枚ハ　王連瓦

となる。そして次頁に、

貳百三拾枚ハ　浅草大番所脇後葺□之足瓦ニ遣

百六拾枚ハ　八十三枚ハ　残り瓦　右美積りニ壱間余ノ増瓦有之

と記されている。ここで注目されることは、二点ある。一点は、図33・34で指摘したように筋違橋門と浅草橋門の大番所はほぼ同じ間取であったが、史料でも両者は共に「延テ拾五間」と同一であり、そのため用いられている瓦の枚数も各二七〇〇枚と記されていることである。一点は、「平瓦」の下に記されている瓦の大きさをみると、前述した「櫓瓦」の平瓦と比較すると明らかに小型であることである。瓦の大きさについては、後述する「塀瓦」を含めて改めて述べることにする。

表15のなかには鬼板（鬼瓦）は含まれていない。今日、江戸城東御苑を訪れると、百人番所をはじめとして復原された大番所や同心番所の屋根瓦にはいずれも鬼板が葺かれている。しかし、古記録には記されていないのである。これについて古写真から補足することにする。蜷川式胤《にながわのりたね》著、横山松三郎撮影の『観古図説　城郭之部一』にある古写真、一ツ橋門や呉服橋門、日比谷門の大番所には、不鮮明であるが鬼板はないようにも見える。渡櫓門や冠木門とは異なるのである。他方では、鬼板は修復の対象外であった可能性もある。

表15　史料に記された大番所で要した瓦の種類と枚数

瓦の種類	(史料)此拂	筋違橋門	浅草橋門	割瓦・残瓦	増減
平　瓦	4,300	1,898	1,898 脇後230	割瓦114、残瓦183	△23
巴　瓦	300	114	114	割瓦17、残瓦55	
唐草瓦	300	116	116	割瓦40、残瓦28	
丸　瓦	990	456	456	割瓦17、残瓦61	
めんと瓦	240	116	116	割瓦 8	
合　計	6,130	2,700	2,930	523	
		5,630			△23

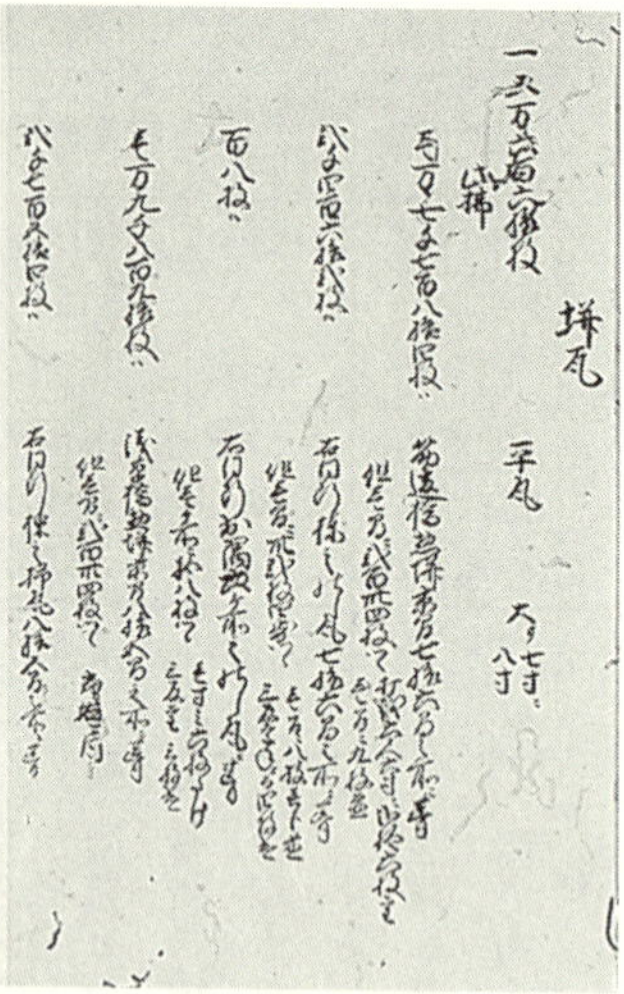

図38　史料④「塀瓦」の中の平瓦『櫓瓦』（東京都立中央図書館東京誌料文庫所蔵）

なお、浅草橋門の平瓦の項目で大番所脇後で二三〇枚とあるが、これは図34の大番所右脇の建物に用いたものである。幕末に編纂された『江戸城三十六見附絵図』に描かれた浅草橋門の図には、大番所の右手に木造瓦葺きの小屋風の建物がみられ、その建物がこれに該当する。

史料は、「塀瓦」へと続く。ここには、「平瓦」「唐草瓦」「丸瓦」「巴瓦」「めんと瓦」の順に記載されている。塀瓦の項には四枚の付箋があるが「丸瓦」の項目に貼られている二枚の付箋は別項の貼り間違いである。

一枚には、

九百三拾四枚ハ　王連瓦　右美積リ壱割半余之増瓦有之
貳百拾枚ハ　両所右塀張番所修復之足瓦ニ遣
六千四百拾枚ハ　残り瓦

とある。この付箋は、本瓦、「平瓦」の項の末尾の位置に貼られるものである。ここで注目されるのは、両門の枡形内に築かれている張番所の修復の足瓦として二一〇枚を計上していることである。単純に張番所の瓦の枚数を示すのであれば、両門とも浅草橋門大番所脇後の瓦葺小屋程度の枚数は必要となろう。ところが付箋に記された数字は半数以下のものであり、まさに修復のためであることを示唆しているのである。

もう一枚には、

九拾七枚ハ　王連瓦

百五枚ハ　残り瓦　右美積リ五分余之増瓦遣

とある。これは、本来「唐草瓦」の項の末尾の位置に貼られるものである。

元に戻り、図38の塀瓦の冒頭部分の訳文を示すと、

塀瓦

一五万六百六拾枚　平瓦　大サ七寸ニ八寸

此拂

壱万七千七百八拾四枚ハ　筋違橋惣塀京間七拾六間之所ニ葺

但壱間ニ貳百卅四枚ツヽ　打□六尺六寸ニ弐拾六枚重　壱間ニ九枚並

貳千四百六拾貳枚ハ　右同所棟之能し瓦七拾六間之所ニ葺

但壱間ニ卅貳枚四歩ツヽ　壱間ニ八枚壱歩並　三反手ニ而四枚遣

百八枚ハ　右同所出隅六ケ所之能し瓦ニ葺

但壱ケ所ニ拾八枚ツヽ　壱すみ六枚つけ　三反重　三枚遣

壱万九千八百九拾枚ハ　浅草橋惣塀京間八拾五間之所ニ葺

但壱間ニ貳百卅四枚ツヽ　当り右ニ同

右同所棟之抑瓦八拾五間之所ニ葺

貳千七百五拾四枚ハ

とある。そして次頁の、

但壱間ニ卅貳四歩ツヽ当り右ニ同

右同所出隅六ケ所之抑瓦ニ葺

百八枚ハ

但壱ケ所ニ拾八枚ツヽ当り右ニ同

となり、前述の付箋が続くのである。両門のうち、「筋違橋惣塀京間七拾六間」と「浅草橋惣塀京間八拾五間」は、図33・34で示した太い墨引線と朱引線での範囲の数値とおおむね一致している。塀瓦の種類別の枚数を示したのが表16である。両門では、塀の長さで京間九間の差があり、それがそのまま瓦の枚数の差となっている。筋違橋門で二万九二一四枚、浅草橋門で三万二六五六枚を要している。種類別の総数と此拂の数値が異なるのは、丸瓦とめんと瓦の二種数があり、前述したように割瓦と残瓦の記載もれによるものと考えられる。

史料は、

瓦都合拾七万四千七百六拾四枚

で終わる。表17に櫓瓦・長屋瓦・塀瓦で述べてきた筋違橋門・浅草橋門で要する瓦の数量の総計を示した。張番所の屋根瓦を除くと、筋違橋門で七万一〇九二枚、浅草橋門で七万九一三四枚となり、両門の合計は、一五万二二六枚となる。この約一五万枚という数字と史料最後の約一七万五〇〇〇枚という数字とは、約二万五〇〇〇余枚の大きな開きがある。しかし、史料の随所に登場する割瓦や残瓦が見積りとして

表16　史料に記された塀で要した瓦の種類と枚数

瓦の種類	（史料）此拂	筋違橋門	浅草橋門	割瓦・残瓦	備　考	増　減
平　瓦	50,660	20,354	22,752	割瓦934、残瓦6,410	割瓦・残瓦の記述は付箋にて丸瓦の項に貼付	
				両所張番所修復210	同上	
唐草瓦	3,100	1,368	1,530	割瓦97、残瓦105	割瓦・残瓦の記述は付箋にて丸瓦の項に貼付	
丸　瓦	13,730	4,750	5,308			▲3,672
巴　瓦	3,000	1,374	1,536	割瓦45、残瓦45	割瓦・残瓦は付箋に記述	
めんと瓦	2,950	1,368	1,530		めんと瓦の項の下に「170坪９合ニ」の付箋	▲52
合　計	73,440	29,214	32,656	7,846		▲3,724

一割あるいは一割五分という瓦の性質を考慮した数字と比較すると、必ずしも隔りのあるものではない。

本史料を古記録としてみた場合、付箋の貼り間違いが多く、正確さという点では難点がある。しかし、写しとはいえ、瓦方ではなく大工方の大棟梁である甲良家が保管し続けた意義は大きい。何よりも両門での瓦の葺き方や枚数がこれほど的確に示された史料は、江戸城に限ってみると他にはないのである。

つぎに、見落しがちな瓦の大きさについて述べることにする。一般的に平瓦や丸瓦など多用される瓦を好例として、使用される場所に関係なく、同じサイズのものが用いられたと考えがちである。しかしそれは誤りなのである。

前章で「地震之間」について述べたが、そこで引用した『江戸城西丸御表御中奥御殿向絵図』（図10）にも瓦の大きさが異なる情報が記されている。それは、同図右下の凡例にある。西丸御殿の屋根は、銅葺と柿

表17　『櫓瓦』に記された筋違橋門・浅草橋門で要した瓦の枚数

位置		総数	筋違橋門	浅草橋門	割瓦・残瓦	増減
櫓瓦	渡櫓門	87,654	34,612	38,982	2,741	▲2,187
	冠木門		4,566	4,566		
長屋瓦		6,130	2,700	2,930	523	△23
塀瓦		73,440	29,214	32,656	7,846(張番所210含)	▲3,724
合計		167,224	71,092	79,134	11,110	▲5,888

葺の部分を除く瓦葺でみると、大瓦・中瓦・細瓦・算《(桟)》瓦の四種類の区別がある。ちなみに大瓦は、遠侍と中奥との境の大番所に葺かれている。この図には、御殿内で場所によって瓦の大きさを使い分けていることが示されているが、具体的な大きさは記されていない。時間は下るが、万延元年（一八六〇）に本丸御殿が再建されているが、『御本丸御玄関遠侍建地割　五十分一』の図には、遠侍の屋根瓦の大きさが記されている。そこには、平瓦が長一尺四寸、巾一尺二寸（約四二・四二センチ、約三六・三六センチ）丸瓦が長一尺九寸、巾七寸（約五七・五七センチ、約二一・二一センチ）とある。あまりの大きさに驚かされる。

さて、本史料の場合はどうであろうか。大きさに関する記述があるのは、平瓦・丸瓦・加ま巴瓦・棟長丸瓦・巴瓦・唐草瓦の六種類である。このうち加ま巴瓦は丸瓦に、唐草瓦は平瓦に、巴瓦は丸瓦に大きさが同じとあるので、それらを除く三種類の大きさを示したのが表18である。棟長丸瓦は、渡櫓門と冠木門に限られているために、平瓦と丸瓦で比較することにする。平瓦と丸瓦とは、構造上、同一場所に用いる際には長さを同じくする。それは、櫓瓦・長屋瓦の数字にも現れている。塀瓦の項には「七寸ニ八寸」とあるが、同所の丸瓦の大きさと対比すると幅七寸、長八寸を意味するものと考えられる。表18からわかることは、平瓦・丸瓦とも各門で場所によって法量の異なる瓦を葺いていることである。そ

表18　『櫓瓦』に記された瓦の大きさ

種類・法量＼位置		櫓瓦(渡櫓門・冠木門)	長屋瓦(大番所)	塀　瓦
平瓦	長	1尺　3分(約31.21cm)	9寸3分(約28.18cm)	※7寸(約21.21cm) ニ
	幅	9寸3分(約28.18cm)	8寸3分(約25.15cm)	8寸(約24.24cm) —
	厚	7分(約2.12cm)	6分半(約1.97cm)	
丸瓦	長	1尺　3分(約31.21cm)	9寸3分(約28.18cm)	8寸(約24.24cm)
	幅	5寸5分(約16.67cm)	5寸2分(約15.76cm)	4寸(約12.12cm)
	厚	—	—	
棟長丸瓦	長	2尺　5分(約62.12cm)		
	幅	7寸7分(約23.33cm)		
	厚	—		

れは、櫓瓦→長屋瓦→塀瓦の順で小型化しており、長さが各々一寸（約三・〇三センチ）以上の相違となっている。前述した西丸御殿の本瓦葺の箇所では、公共性の高い場所ほど重要度が高く、より大型の瓦が葺かれていたが、それは外郭諸門にも該当することを示唆している。ちなみに、時間軸は異なるが、本丸遠侍の平瓦と櫓瓦の平瓦とでは、三寸七分（約一一・二一センチ）の開きがある。

余談であるが、『櫓瓦』が記された頃とほぼ同時期、下限を延享三年（一七四六）に求めることができる尾張藩上屋敷第一二地点より出土した平瓦をみると、概して長さが八寸二分〜同六分（約二五センチ前後）、幅七寸五分〜同七分（約二一センチ前後）、厚さが六分〜八分の法量のなかにある。これは長屋瓦よりは小さく、塀瓦よりはやや大きい数値となっている。

史料に記されている瓦の大きさについて述べたが、同じ種類の瓦であっても葺かれる場所に応じて法量が異なるということは、大変興味深い。それは、『櫓瓦』に記されている史料が、平瓦でみた場合、単純に二門で一一万五九六〇枚を要したというのではなく、渡櫓・冠木門用として六万一〇〇〇枚、大番所用に四三〇〇枚、塀用に五万六六〇〇枚と、それぞれ大きさの異なった三種類を要したことを示唆しているのである。

(4)外郭諸門で要した瓦

古記録『櫓瓦』は、享保二年の風水害による被害が、屋根瓦でみると筋違橋門と浅草橋門ではかろうじて張番所の一部をとどめる壊滅的なものであったことを示唆するものであった。再建途上にあった神田橋・鍛冶橋門を除く外郭二四門全ては風水害の復旧の対象であるものの、筋違橋門と浅草橋門の二門を除く二二門の具体的な被害状況は不明と言わざるをえない。

ここでは、風水害被害からの復旧ということからはいささか離れるが、外郭諸門で要した瓦の数量について考えることにする。

基本となる資史料は、『江戸城外郭諸門絵図　全』と『櫓瓦』である。前者は図33・34を好例として外郭二六門全てが掲載されており、なかでも渡櫓門には規模が記されている。残念ながら冠木門には柱内法寸法はあるものの全体の規模がなく、さらに大番所には間取りを明示した拡大図はあるものの寸法は記されていない。また、塀については朱引線に寸法はあるものの墨引線の場合寸法が記されていないものも少なくない。したがって各門での瓦の数量を推算するには、自ずと限界がある。後者は、前述したように各場所ごとに瓦の葺き方について詳細に記されており、張番所を除き全ての門に充当するものである。

渡櫓門　筋違橋門と浅草橋門の規模が異なるように、外郭諸門を見渡すと同一規模のものもあるが一様ではない。最大は芝口門であり梁間四間に桁行二五間、最少は山下門で梁間二間に桁行四間である。表19にそれらを集成した。そこには一つの特徴を見出すことができる。それは、外郭二六門中、二二門までが梁間四間という共通点を有することである。これに該当しないのは、半蔵門・壱ツ橋門・神田橋門・山下門の四門に限られている。さらに、山下門を除く三門は、梁間が四間半と五間という規模の大きなものである。

大半を占める梁間四間は、前述した筋違橋門と浅草橋門の場合もそうであった。そこで、『櫓瓦』に記された瓦について検討すると、隅唐草瓦・隅巴瓦・鬼板鰭付・鬼板鰭なし・雀瓦などのように規模に関係なく定量のものと、平瓦・飛連唐草瓦・丸瓦・加ま巴瓦・輪違瓦・めんと瓦筋違・めんと瓦・棟長丸瓦などのように規模に応じて数量が変化するものとがある。ここでは後者が問題となる。図33・34の平面図でみると、筋違橋門と浅草橋門とでは桁行が三間の差となっている。古記録『櫓瓦』のなかの「櫓瓦」についての数量をみると、輪違瓦・めんと瓦筋違めんと瓦・棟長丸瓦のように桁行の間数に応じてそのまま変化するもの（一間あたり棟長丸瓦は三・二枚、輪違瓦は一二〇枚、めんと瓦筋違めんと瓦は七枚、但し輪違瓦とめんと瓦筋違めんと瓦は両面あるのでこの倍数を要し、めんと瓦筋違めんと瓦はこの他に隅棟下筋違めんとに一四〇枚を要する）、飛連唐草瓦・加ま巴瓦のように軒四隅四方に破風の箇所を加えたもの（一間あたり七通り、破風部分一七間三尺九寸＝一二三枚）、平瓦・丸瓦のように坪数に応じて変化するもの（一坪あたり平瓦が一三三枚、丸瓦が四四枚）との三者がある。最後の坪数は、史料には筋違橋門一

用いた瓦の推算枚数（『江戸城御外郭御門絵図』より推算）

	冠木門		形態	塀
推算枚数	明キ（内法）	推算枚数		
32,276	2間1尺5寸	4,500	Ⅱ類	冠木門脇・桝形内・周囲28間以上
22,181	2間1尺5寸	4,500	Ⅱ類	冠木門脇・桝形内・周囲24間以上
30,834	2間4尺	4.500	Ⅲ類	周囲67間半
(28,600)	2間4尺	4,500	Ⅰ－A類	桝形門　周囲64間9尺9寸
30,834	2間4尺	4,500	Ⅰ－A類	冠木門脇・桝形内・周囲69間以上
32,276	2間	(4,500)	Ⅰ－A類	冠木門脇・桝形内・周囲203間5尺5寸＋〆
30,834	2間1尺	4,500	Ⅰ－A類	冠木門脇・桝形内・周囲14間3尺以上
29,392	2間4尺5寸	4,500	Ⅰ－A類	冠木門脇・桝形内・周囲63間2尺
(26,100)	2間1尺5寸	4,500	Ⅰ－A類	冠木門脇・桝形内・周囲29間以上
(33,000)	2間3尺3寸	4,500	Ⅰ－B類	冠木門脇・桝形内・周囲
30,834	2間4尺	4,500	Ⅳ類	冠木門脇・桝形内・周囲
25,065	2間4尺	4,500	Ⅳ類	冠木門脇・桝形内・周囲42間8尺
26,507	2間3尺	4,500	Ⅳ類	冠木門脇・桝形内　34間以上
27,950	2間4尺	4,500	Ⅰ－B類	冠木門脇・桝形内・周囲
25,065	2間4尺2寸	4,500	Ⅰ－A類	冠木門脇・桝形内・周囲30間9尺4寸
(5,300)	2間2尺	4,500	Ⅰ－A類	冠木門脇・桝形内
40,056	2間4尺5寸	4,500	Ⅰ－A類	冠木門脇・桝形内・周囲140間9尺8寸
29,392	2間4尺	4,500	Ⅰ－A類	冠木門脇・桝形内・周囲
27,950	2間4尺6寸	4,500	Ⅰ－A類	冠木門脇・桝形内・周囲
37,200	2間5尺7寸	4,500	Ⅰ－C類	冠木門脇・桝形内・周囲
27,950	2間4尺5寸	4,500	Ⅰ－C類	冠木門脇・桝形内・周囲
13,613	2間1尺9寸	4,500	Ⅰ－C類	冠木門脇・桝形内
34,612	2間4尺	4,500	Ⅰ－C類	冠木門脇・桝形内26間以上
38,628	2間4尺5寸	4,500	Ⅰ－C類	冠木門脇・桝形内25間6尺以上
34,612	2間4尺	4,566	Ⅰ－A類 2,700枚	76間分　29,213枚
38,628	2間4尺3寸	4,566	Ⅰ－A類 2,700枚	84間分　32,656枚
666,689	26門推計	108,000		
759,700				

六四坪四合、浅草橋門一八五坪四合と記されている。筆者は、この坪数の算出はわかりかねるが、両者の差は二一坪ある。この二一坪の差が桁行三間の差となる。つまり一間あたり七坪加算されているのである。表19のなかで、梁間四間の瓦の推算枚数はおおむね正確なものと考えられる。

　問題となるのは、梁間の異なる四門である。前述の算出式では、破風の箇所と坪数に変化が生じてくる。そこで、仮に半

表19　外郭諸門で

門の名称	渡櫓門	
	梁間×桁行	明キ（内法）
和田倉	4間×20間	2間5尺くくり5尺7寸
馬場先	4間×13間	2間4尺6寸くくり5尺
外桜田	4間×19間	2間半くくり5尺6寸
半　蔵	5間×16間	2間1尺5寸くくり5尺6寸
田　安	4間×19間	2間1尺5寸くくり5尺6寸
清　水	4間×20間	2間くくり4尺8寸
竹　橋	4間×19間	2間1尺9寸くくり5尺6寸
雉子橋	4間×18間	2間3尺くくり5尺6寸
壱ツ橋	4間半×15間	2間1尺5寸くくり5尺6寸
神田橋	5間×19間	2間1尺
常盤橋	4間×19間	2間2尺3寸くくり5尺6寸
呉服橋	4間×15間	2間2尺5寸くくり5尺6寸
鍛冶橋	4間×16間	2間1尺くくり5尺5寸
数寄屋橋	4間×17間	2間2尺5寸くくり5尺5寸
日比谷	4間×15間	2間1尺5寸くくり6尺
山　下	2間×4間	1間4尺5寸くくり5尺
芝　口	4間×25間	2間2尺3寸くくり5尺4寸
幸　橋	4間×18間	2間1尺2寸くくり5尺9寸
虎　門	4間×17間	2間1尺4寸くくり5尺9寸
赤　坂	4間×23間	2間2尺3寸くくり5尺7寸
四ツ谷	4間×17間	2間2尺4寸
市ケ谷	4間×7間	2間2尺5寸
牛　込	4間×21間	2間2尺3寸
小石川	4間×24間	2間2尺5寸
筋違橋	4間×21間	2間2尺3寸
浅草橋	4間×24間	1丈5尺2寸
合　計	22門（梁間4間）	
	26門推計	

間延びると〇・八七坪、一間では一・七五坪とすると半蔵門・壱ツ橋門・神田橋門の三門で約八万七七〇〇枚となる。これに山下門（約五三〇〇枚と推算）を加えると二六門では約七六万枚となる。全てを葺きかえるとすると、割瓦・残瓦の分一割を増した約八三万枚を準備する必要があるのである。

冠木門　渡櫓門の瓦の数量の算出に用いた絵図には、冠木門の柱間寸法は記されているが、規模は記されていない。ちなみに柱間寸法でみると筋違橋門は「明キ二間四尺」、浅草橋門は「明キ二間四尺三寸」とあり、若干規模の違いがあるようにも思われる。しかし、表2の渡櫓門の柱内法寸法が示しているように、この数字が必ずしも門全体の大きさを表しているものではない。

他方、史料には両門とも「一九坪九合、延テ二三間、四間四尺六寸、延テ八間」という数字が記されている。このうち一九坪九合は平瓦と丸瓦の項、延テ二三間は飛連唐草瓦と加ま巴瓦の項、四間四尺六寸は

計測項目		田安門	清水門
桁行	柱真々	六・七二七m	四・六五〇m 六の間違いか
梁間	柱真々	三・七八七m	三・〇六〇m
軒出	側柱真より茅負下角まで	一・六六七m	一・四三〇m
傍軒出	柱真より茅負下角まで	一・五七五m	一・三五〇m
建坪		二五・四五六m²（約七・七坪）	二三・五七〇m²（約七・一坪）

輪違瓦の項、延テ八間はめんと瓦筋違めんと瓦の項にみられる。四つの数字は異なるが、これは両門の冠木門が同一規模であることを示唆している。したがって、表14・19の両門での瓦の数量は各四五六六枚と同じ数値となっている。絵図からは、二六門の冠木門の規模の違いはないようにもみえる。

しかし、文化財保護協会による『重要文化財旧江戸城田安門、同清水門修理工事報告書』をみると、田安門と清水門の二門の冠木門では規模が異なることが報告されている。その部分を抜粋すると、右のように記されている。屋根の坪数や瓦の種類と数量に関する記述はないが、軽視することはできない。

資史料のなかに、冠木門に関する記述はほとんど見当らない。絵図と本途帳（見合帳）から紹介することにする。「江戸城造営関係資料（甲良家伝来）」のなかには、これに該当する三種類の絵図が存在する。それは『神田橋冠木門の妻・平地割図』『冠木門ノ図』『諸絵図』である。このなかで、最も詳細な図は神田橋冠木門の図であるが、文字による情報が記されていることでは『諸絵図　全』に収められている冠木門の図になる。

『諸絵図　全』は、縦二七・〇センチ、横三七・七センチを測る折本装で、第一紙前の補紙に「官大棟梁／甲良若狭棟利」の名と「建仁寺流官匠甲良印」の朱印が押され、目録にあたる「雑之部」に続いて「渡御櫓附大御門、冠木御門付瓦塀……中略……御船蔵、御米蔵」までの一七図が所収されている。補紙に記された甲良若狭棟利は、表8に示したように甲良家五代当主であり、この絵図が享保年間に作成されたものであることがわかる。

図39下は、冠木門の概略図である。図中には寸法が記されており、冠木門礎石の下には「明弐間半　但壱丈六尺弐寸五歩」とある。また、図の左手には冠木門の説明があり、

　冠木御門
柱明ニテ壱寸八歩取見込六歩
冠木壱寸ニ五歩半　袖柱七歩
扣巾五歩ニ弐歩腕木五歩ニ弐歩半
扉框テ拾割大概如此□好スヘシ

瓦塀大概五尺まニ割合ニ
高サ天井下大棹壱間ニ

とある。真柱や側柱の平面図もあることからおよその概略をつかむことはできる。前述した古記録『櫓瓦』に記されている冠木門とは、その数字から左右に展開する瓦塀までを指していることが理解できる。

史料から冠木門の規模をみてみよう。これには、大工の手間を記した本途帳（見合帳）が参考となる。

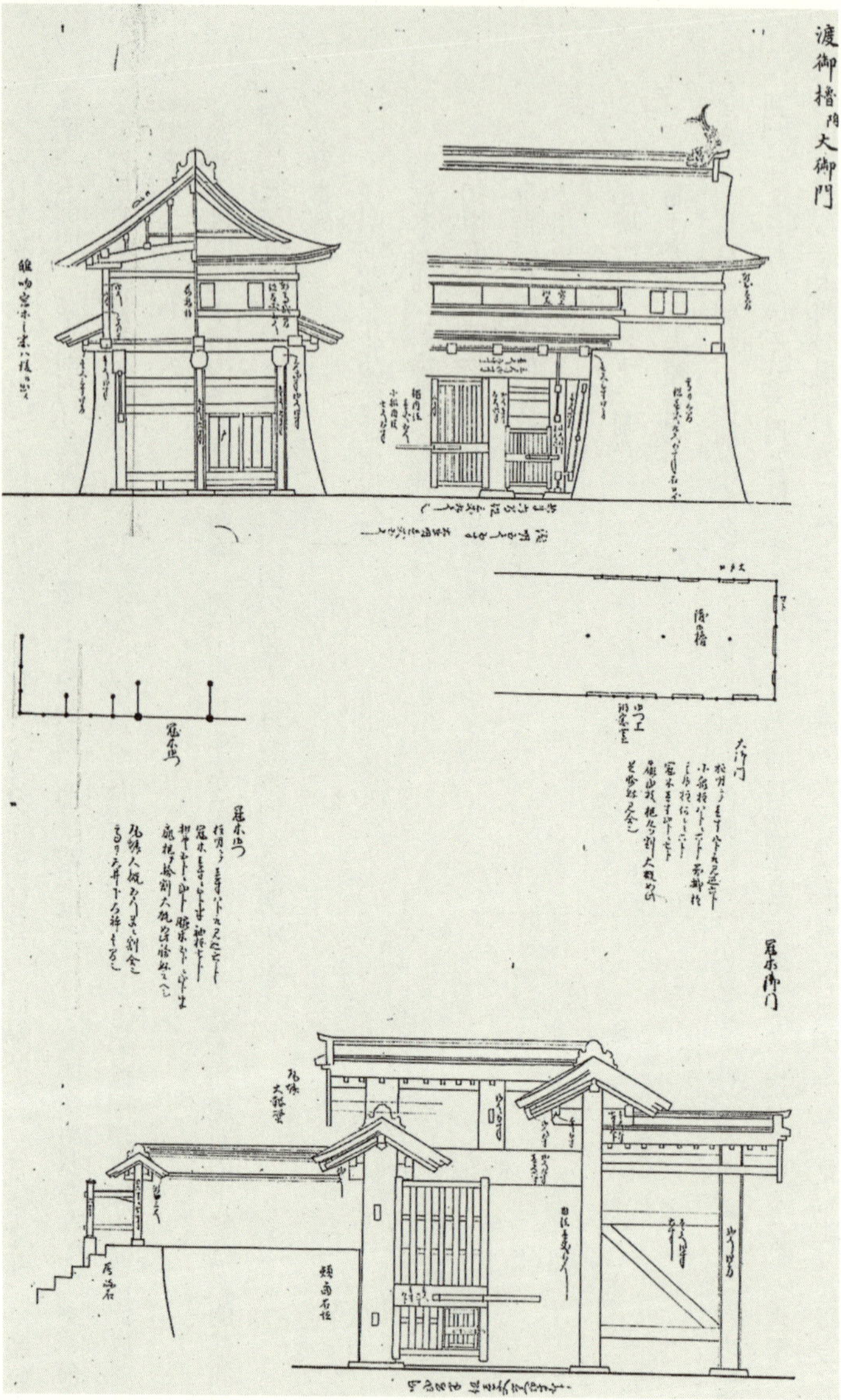

図39　渡櫓門と冠木門『諸絵図』部分(東京都立中央図書館東京誌料文庫所蔵)

甲良家には、この種の古記録が少なくとも四点伝来している。いずれも「御白書院格／一上之御家」に始まり、「役屋敷内／弓建（弓立）」までの項目を共通とする。詳細なことは後述するとし、渡櫓門・冠木門をはじめとする門に関する手間を抜粋したのが表20である。時間軸が下るにしたがって一箇所あたりの手間が減少しているが、注目されるのは算出基準である。渡櫓と大番所は各門によって規模が異なることから手間を坪当りで出しているのに対して、冠木門はほぼ同程度の規模であることから壱ケ所としていることである。

以上のことから、ここでは外郭諸門の冠木門の瓦の枚数を筋違橋門と浅草橋門の記録を参考として一門あたり約四五〇〇枚、二六門では約一〇万八〇〇〇枚と推算した。

大番所・張番所　古記録『櫓瓦』の「長屋瓦」が大番所の屋根瓦を指すものであることは述べたが、筋違橋門と浅草橋門の大番所は、偶然にも三間続きの同じ構造をとることから、瓦の数量が二七〇〇枚と同じであった。しかし、『江戸城御外郭御門絵図　全』に描かれている大番所の拡大図が相違するように、前述した大工手間でも建坪に応じた算出になっている。

筆者は、かつて『石垣が語る江戸城』のなかで大門六門を含む三六見附（門）の守衛・武備について述べたが、一様ではなかった。また、正徳二年（一七一二）に各門の守衛人数を規定した「教令類纂」をみると、各門の平均的な数字は、給人四人、侍二〜三人、足軽二五〜二七人、中間二〇〜二三人の総勢五一〜五七人と記されている。一方では、外桜田門や神田橋門のように七〇人の大所帯のところもある。守衛人数の差とともに警備を担当する大名や寄合の格もあることから、大番所の規模も自ずと変化してくる。

表20　史料に記された門の大工手間

項目＼史料名	『工手間附』「酉九月」（一七一七?）	『大工積』「享保十四己酉年閏九月」（一七二九）	『見合帳』「酉九月」（一七四一?） 墨書	『見合帳』 朱書	『大工手間本途内譯』「寶暦九卯年九月十七日」（一七五九）
大番所格平家土瓦葺 一下之御家	六拾九人半 ○三拾弐人 四拾弐人 三拾四人	壱坪ニ 三拾弐人	六拾九人半	三拾四人	壱坪ニ付 弐拾五人
一冠木御門 明弐間半	五百六十人 四百八十七人 六百廿人 ○五百人	壱ケ所 五百人	五百人	四百八拾五人	壱ケ所ニ付 ~~四百五拾人~~ 四百四拾九人
一渡リ御櫓	三拾人 三十弐人 六十人 ○三十八人	壱坪ニ 三拾八人		三拾弐人	壱坪ニ付 ~~弐拾八人~~ 弐拾七人
（参考）一大御門 七間ニ四間	壱坪 八拾人 六拾五人 ○七拾人	壱坪ニ 七拾人	壱坪ニ付	六十五人 付箋で「七拾」人	壱坪ニ付 ~~五拾人~~ 四拾八人

そこで、まずは絵図の間取りを参考にすると、大番所は四類三型に分類することができる。

Ⅰ類　天井上之間・天井次間・次間と三部屋が直線的に並ぶもの。「ひさし」の位置によって三型に細別することができる。

A型　三部屋に沿って「ひさし」が付くもの。三部屋の一つ、続の間の一部が土間となっているものもある。

B型　妻側にも「ひさし」が付き全周するもの。各部屋の規模が同じ場合、妻側の「ひさし」の

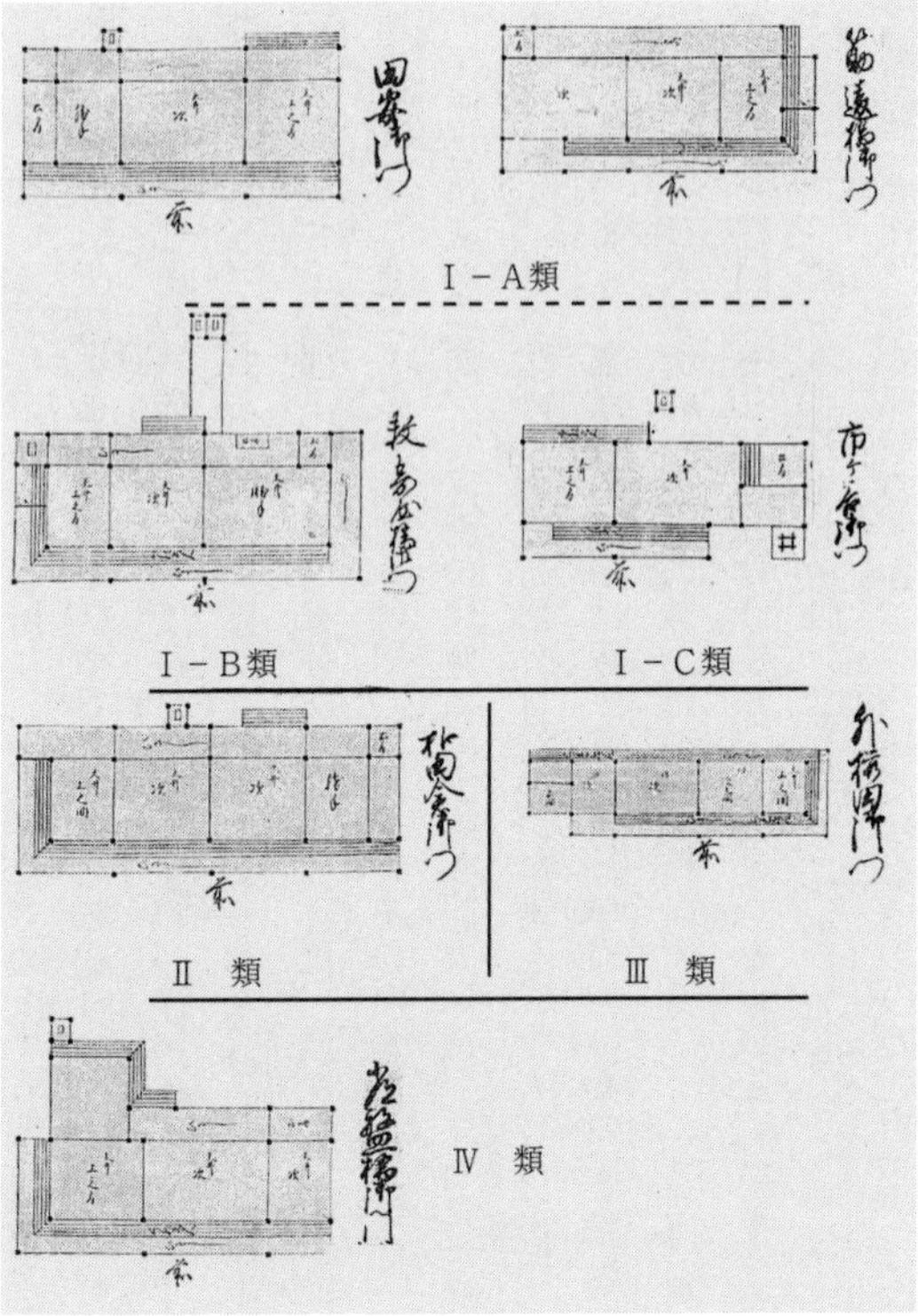

図40　大番所の形態分類（縮尺は不統一）

分、建物は大きくなり、その分、瓦を必要とする。

C型　桁行側の「ひさし」が途切れるもの。一間《マ》のうちの半分を土間で占め、建物の規模は最小である。

Ⅱ類　三部屋に規模が小さいがもう一部屋加わり四部屋となるもの。狭小な部屋の半分は土間が占めている。

Ⅲ類　Ⅱ類に天井次之間がもう一部屋加わり五部屋となるもの。

Ⅳ類　三部屋に加え、大番所裏手側に一～三部屋加わるもの。妻側が一間分、長くなる。

規模が記されていないので、間取りの平面形からみた分類は図40・表21のようになる。表21には、「ひさし」の位置で点線の上位には単純に桁行側のみを、下位にはそれに加えて妻側の一方にもみられるものを示した。したがってⅠ類は三型に細分したがもう一型加えることも可能である。

大番所の形態からみた城内の分布は、きわめて特徴的な在り方を示している。Ⅱ・Ⅲ類は西丸下、Ⅳ類とⅠB類は外郭の南東部、ⅠA類は北の丸と外郭の南側、ⅠC類は筋違橋門と浅草橋門を除き外郭の北半に位置している。江戸城の大番所は、本丸をはじめとする要所に近づくにつれて部屋数が増えたり、ひさしや縁側が延びたりして大きくなっているのである。

大番所の部屋の機能を知る上で注目される資料が江戸東京博物館に所蔵されている。それは、『常盤橋御門置帳之写』である。この資料は寛政六年(一七九四)三月に作成されたもので、前述した絵図と比較すると、天井上之間→一ノ間、天井次之間→二ノ間、同次之間→中間休息、大番所裏側の無名の間→休息所と名称の変更はあるが間取りは同じである。そのなかで「二ノ間」をみるとツイ立などで三区画され、一区画には武器の間、一区画は片側に両小頭并賄方休息、片側に足軽休息とある。さらに裏手側の「休息所」に続く「ひさし」にあたる部分は二つに区画し、一方には茶所・小者休息所、一方には板間と記されている。つまり、部屋数の違いは休息所の差となっているのである。

ここで再び大番所の屋根瓦の数量について検討することにする。外郭諸門の大番所を知る基本的な資料が前述した絵図であり、それに寸法が記されていない以上、数量を推算することは困難と言わざるをえない。そこで、図中の「天井上之間」(妻側に「ひさし」が続く場合はそこまで含む)をほぼ同じ規模とみた場合、それに続く部屋の大きさが一様ではないものの、相対的には筋違橋門・浅草橋門が属するⅠA類

表21　大番所の間取りからみた分類一覧

形態分類		門の名称	数量
Ⅰ類	※A型	半蔵門・田安門・清水門・雉子橋門・壱ツ橋門・虎門	13
		日比谷門・山下門・芝口門・幸橋門・筋違橋門・浅草橋門・竹橋門	
	B型	神田橋門・数寄屋橋門	2
	C型	赤坂門・四谷門・市谷門・牛込門・小石川門	5
Ⅱ類		和田倉門・馬場先門	2
Ⅲ類		外桜田門	1
Ⅳ類		常盤橋門・呉服橋門・鍛冶橋門	3

ⅠA類は「ひさし」の位置から上位には桁行側のみ、下位には妻側の一方にもあるもの。

はおおむね同程度の規模と考えられる。妻側の双方に「ひさし」が付くⅠB類と部屋数が増えるⅡ類・Ⅲ類に属する大番所は、ⅠA類と比較すると大きいとみて大過なかろう。Ⅳ類は、ⅠA類と比較すると桁行側は短いものの妻側に一部屋分延長することで、建坪はⅠA類と同程度もしくはやや大きいものと考えられる。反対にⅠC類は、ⅠA類よりも小型である。ここでみたものは相対的な見方であるが、ⅠA類を基準とした場合大きなものが五門（Ⅳ類を含めると八門）、小さなものが五門といえよう。筆者は、拙稿でⅠA類よりも大きな番所を四～六坪（約五五〇～七五〇枚）、ⅠC類を二坪（約二七〇枚）前後少ないと推定した。二六門全体ではおよそ七万枚前後を要したのではなかろうか。

張番所は、外郭諸門の枡形内に構築された小型の建造物である。その規模に関する史料はほとんど見あたらないが、『大工手間本途内譯一』につぎのような記述がある。

一張番所　壱ケ所ニ付 三拾人

屋根土瓦裏板打

とある。張番所は、大番所と比較するとはるかに小さいもので、建坪が二～三坪と推測される。したがってそこで要する瓦は四〇〇枚程度であろうか（塀瓦で推算）。

(5) 浅草寺観音堂大棟の在銘鬼瓦

浅草寺は、東京の下町にある奈良時代創建の古刹である。旧観音堂は、慶安二年（一六四九）に再建され、その後元禄大地震を経て享保二年（一七一七）の風水害に遭遇する。前述した筋違橋門や浅草橋門にほど近い距離にあることから、その被害は甚大であったものとみることができる。その証左となる資料が浅草寺観音堂大棟の在銘鬼瓦である。

この鬼瓦は、昭和四年（一九二九）の大改修が営まれる以前には観音堂大棟の両端に飾られていたもので、現在は江戸東京博物館の敷地内、「江戸東京広場」の北側にパネルと共に壁面展示されている。頂部の鬼瓦から両脇に垂下するひれ瓦は、真に重厚で威風堂々としており、古刹の名に相応する漂いを感じさせる。

その鬼瓦の背面、正面右手、肩部に六行にわたる在銘が認められる。現状ではその一部を確認することができるが、パネル写真を参照すると、

浅草諏訪町

瓦師棟梁

同瓦町　岸本久衛門

写真5上・下　浅草寺観音堂大棟の在銘鬼瓦（江戸東京博物館提供）

同服部五良衛門
享保六年辛丑七月十八日
作者平井助左衛門

と彫られている。この資料で注目されるのは、「瓦師棟梁」「瓦町」「享保六年辛丑」の表記である。作事方の大棟梁甲良氏については前述し（四七頁）、大工方大棟梁の系列化として瓦方をはじめとする諸種棟梁が加わることを指摘したが、本資料はその具体的な事例といえる。「瓦町」は、生産地と職人町との両面で注目される。江戸時代、瓦の供給地として、一方では官営窯としての役割を担っていたのが隅田川下流の右岸一帯である。本所瓦町・小梅瓦町・中之郷瓦町などの瓦生産に纏わる地名が残されているが、これが浅草寺の裏手「今戸焼」の生産地に繋るのである。つまり、地元の官用窯で生産されたのである。「享保六年辛丑」の年号は、享保二年の風水害から四年の歳月が経過しているために、一見すると無関係のように思われるがそれは間違いである。本章の(1)～(3)の断片的な資史料から享保二年の風水害による被害と復旧の一端について述べたが、その範囲は江府内一円に及んでいる。屋根瓦の復旧は、江戸城の本丸・西丸御殿や紅葉山、寛永寺・増上寺、諸門等々の重点箇所に始まり順次行われていく。浅草寺は、享保三年の所管分定では作事奉行方に属しているが修復を願い出てそれが認可された場合に行われるため、修復の順位は自ずと下がってくる。後述する尾張藩上屋敷出土の在銘鬼瓦は、享保十年（一七二五）の大火の後、国許の伊勢松坂で焼かれ、屋敷の棟に飾られ修繕が完了するのは四年後の享保十四年のことである。それよりもはるかに被害範囲の広い享保二年の風水害にあっては、享保六年の銘というのは決して不思議ではないのである。

この鬼瓦は、享保六年に観音堂の大棟に飾られて以降、幾多の風水害や火事、地震を経験しながらも昭和四年までは棟に据え続けていたのである。これによって享保二年の風水害の被害の大きさを改めて知るところとなるのである。

(6)江戸での瓦の生産と各地生産瓦の供給

隅田川の下流域は、古来より幾度となく洪水が起き、それによって土砂が運搬され瓦の素地に適する粘土が大量かつ容易に入手することが可能な土地柄であった。なかでも浅草寺の裏手、真土山《まつちやま》の少し北側は今戸の地名で十七世紀より瓦や瓦器、人形等々が生産されたことで著名である。

今戸窯の淵源とその後の展開　今戸焼の初現は、天正年間に瓦と土器の生産が開始されたといわれている。本格的には、需要が高まる江戸時代になってからのことである。しかし、江戸城造営に関連して御殿の一部が瓦葺きであるのをはじめとして各所で瓦が多用されるが、史料には「今戸」はほとんど登場しない。

史料に初めて登場するのは『徳川実紀』の、寛永十七年（一六四〇）三月、浅草の瓦焼屋敷が焼失した記事である。この記事によって瓦窯か瓦師の職人集団の存在がうかがえる。さらに、江戸城外郭諸門の竣工や本丸御殿の再建という史実と照会すると、官営窯という性格がすでに始まっていたと考えることもできる。

今戸周辺は、江戸時代以降、風水害、火災、地震等々の各種災害に度々遭遇し、また作業上の環境から離職や移転した人も少なくない。そのため瓦生産に関する史料は、ほとんど残されていない。そのなかで、「文政町方書上」には、今戸の瓦町一帯が時間の経過とともに御用地として召しかかえられ、当地で瓦の生産が盛んであったことが記されている。この記録には、本所瓦町・小梅瓦町・中之郷瓦町という町名がみられる。このうち、小梅瓦町では、明暦大火後の万治・寛文年間頃から本格的となり、

一　小梅瓦町竈員数之儀者相分不申候得共両三軒有之候儀ニ而、当時竈貳ケ所御座候。願済年代相分不申候。年中焼立候瓦数、竈貳ケ所ニ付凡貳拾万枚ゟ貳拾四五万枚位焼立申候。瓦土之儀ハ、木下

川村辺或ハ隅田村辺ゟ願済之由ニ而相対ニ而舟土買受候ニ御座候。

とある。小梅瓦町では、かつて三軒で二ケ所の瓦窯を持ち、年間約二〇～二五万枚を生産し、その粘土は木下川村や隅田村周辺から取り寄せたというのである。同史料には、中之郷瓦町における当時の瓦生産に従事する家数一四軒、竈数二〇八基という数字も示されている。

他方、天保五年（一八三七）、同七年に刊行された全一七冊からなる『江戸名所図会』にも今戸瓦窯・今戸焼に関する絵図が所収されている。それは、「長昌寺／宗論芝」「今戸焼」「真土山／聖天宮」の内題が記された三点の資料である。図41は、「長昌寺／宗論芝」の景観である。画面の下端が隅田川であり、それに沿って左頁には煙が立ちこもる二基の窯、右頁には火入れ前の窯一基がみられる。三基の窯はいずれも庭先中程にあり、作業小屋を含む建物が、川岸の反対側に立並んでいる。もう少しよくみると、左頁には作業小屋内で道具を用いて粘土をこねている人物、窯の右手には、成形した瓦を庭先に干し乾き具合を観察している人物、右頁には、作業小屋内で土器を成形し、それを庭先に運んで並べている人物等々が描かれている。

瓦窯の構造がよくわかる絵画がある。江戸東京博物館で開催された「葛飾北斎展」でフランス国立図書館所蔵の北斎工房で制作された「今戸瓦窯」の肉筆画である。達磨型を呈する瓦窯が隅田川沿いに点在し、対岸からも煙が立ちのぼり空一面を灰色に染めている。手前の瓦窯は、左手は手斧で調整し完成間近の瓦窯、右手には窯の前に成形した瓦を集め、そこから窯のなかに数段重ねている人物が生き生きとユーモラスに描かれている。

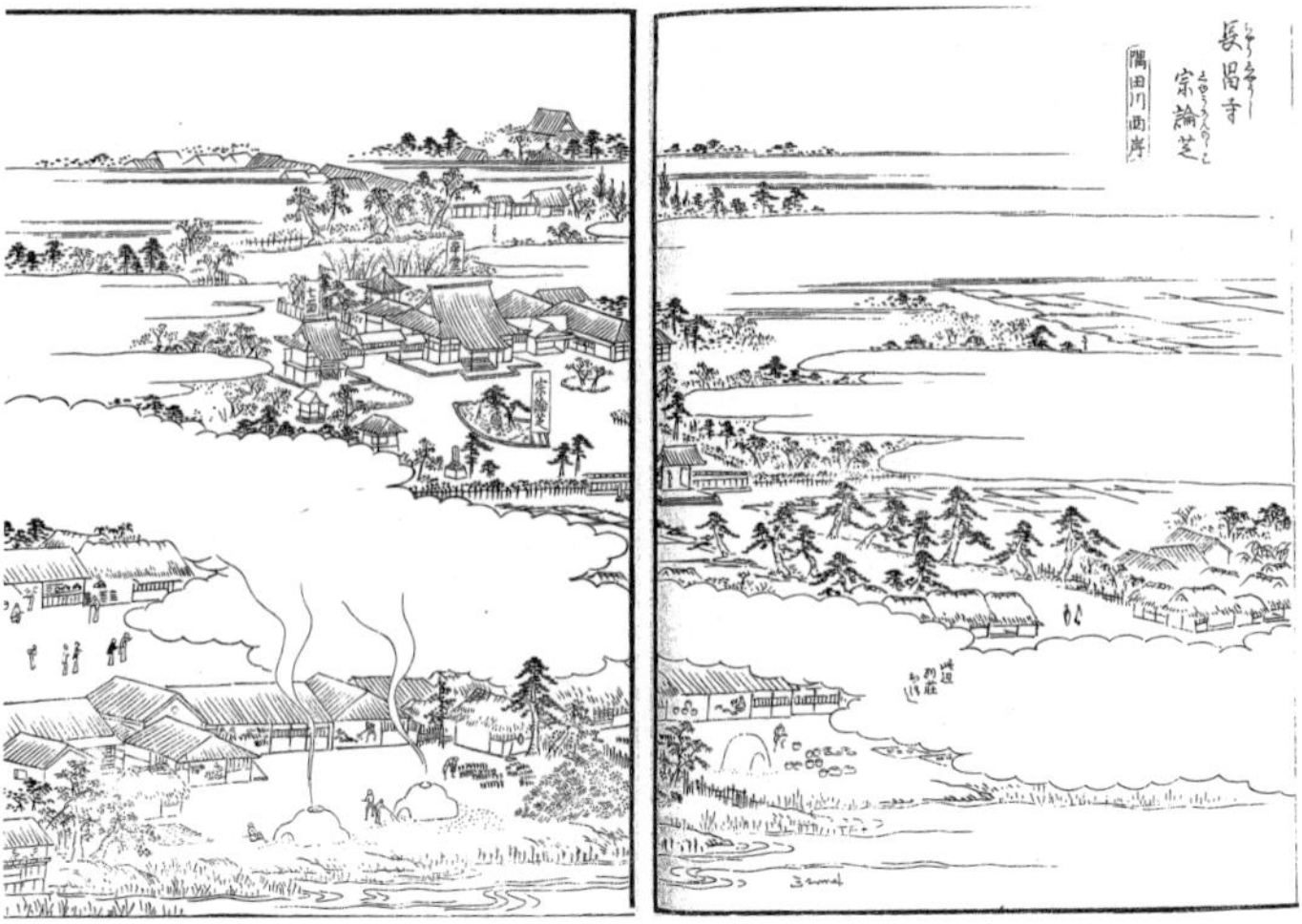

図41　今戸瓦窯（『江戸名所図絵』の「長昌寺／宗論芝」）

二つの図は、十九世紀前半の今戸における窯業の盛行した景観といえよう。

民俗資料からみた今戸瓦窯　江戸東京博物館では、今戸焼に関する館蔵資料をもとに急速に失われゆく江戸東京の窯業史に視点をあて調査研究を進め、それらの成果として『今戸焼』の調査報告書を刊行している。その内容は、今戸焼の歴史を概述した上で、館が所蔵する瓦・土器類・人形の三項目について実測図を作成し、それらの生産の工程や技術を記録するために、聞取り調査の成果をあわせて載せている。

瓦についてみることにする。聞取りは、一九九〇年時点で葛飾区青戸に在住し、資料提供者でもある染谷峰夫氏の報告からなる。染谷氏は、先代が本所業平で瓦屋修業の後、青戸で開業しご本人も従事されたが、調査時点では瓦の生産を廃業したという。報告書では、聞取りによる瓦の製作工程、瓦窯の製作と瓦焼作業、立地と瓦工場配置図の順で記し、寄贈資料の実測図と寄贈写真を添えている。

瓦の製作工程は、粘土をこねる（粘土にはアラキダを混入）→タタラ盛り（粘土の空気をぬき瓦一枚ごとの素材を作る）→荒地作り（粘土の上下に木製定規を押しつけ固定し、その後、針金で瓦一枚分のアラジを切り分ける）→アラジ成形（桟瓦・平瓦・丸瓦の種類に応じて木製の荒型にアラジをのせナデイタで成形）→キリカタ（外の棚＝グルで四～五日干し、半乾きのアラジを切り型の上にのせ側面の切り取り）→仕上げ（仕上げ型を用い、仕上げで箆を用いて側・稜部分をナデ調整）の順で行うという。

ちなみに、平瓦を例にあげ、製品・荒地作りの型となる木製のヒラガワラウケカタ・キリカタの型となる木製のヒラガワラキリカタの法量をみると以下のようになる。製品は、桟瓦《さんがわら》が主流を占めるため桟瓦で縦二九・三センチ、横二八・四センチ、厚一・八センチ、ヒラガワラウケカタで縦三二・五センチ、横二九・九センチ、高七・九センチ、（ヒラガワラアラカタで縦三九・九センチ、横四一・三センチ、高九・二センチ）、ヒラガワラキリカタで縦三〇・四センチ、横二七・二センチ、高二二・七センチを測る。これら資料は、十九世紀後半から二十世紀前半に製作され使用されたものであるとのことであるが、製品と木型とも幾つかのサイズがあるので参考までとする。

瓦焼成は、達磨窯作りからはじまる。窯壁には、藁を切ったツタと焼成をうけた土が七割に対して新土を三割の比率で混ぜ、およそ六〇センチの厚さで構築する。左右両側に焚き口、正面に開口部を設ける特徴的な形状をとる。壁体を維持するために、使用開始後、五～六年経過すると窯の外側約一五センチを削り取り新たな土を塗る「ハギガマ（剥ぎ窯）」をするという。

写真6　達磨窯で桟瓦焼成(江戸東京博物館提供)

焼成段階では、一回あたりの窯詰めに五段重ねの八〇〇枚位を入れるという。焼成には二段階あり、はじめに乾燥を目的とするあぶりの段階、つぎに本焚きとして五時間程かけて焼く。火を止める前、窯の温度が九〇〇度位のときに松の業をいぶすことで瓦が銀色に変色するという。その後、双方の焚口を鉄板で閉塞し窯止めする。窯の口開けは、はじめに焚口から水を入れることで炭を消し、カマナタを用いて取り出すという。

瓦焼きは、月に一〇日程度行うとのことなので月産約八〇〇〇枚となる。粘土や燃料材、松葉の獲得状況にもよるが、年間八万枚以上の生産が可能ということになる。

素材は、埼玉県吉川の畑の上の粘土を用い、松葉は樹脂の多い暮から三月にかけて枝下したものが最適という。

この報告書では、もう一つ注目されることとして瓦工場《こうば》の立地と工場の概略配置図が記されている。住居と工場は同一敷地内にあり、中川の堤防からは二〇メートル程の距離に位置する。すなわち、車を用いる以前は、粘土・薪・松葉等々の材料や生産された瓦の出荷に川船を利用していたのである。また、概略図をみると、敷地の中程にあたる庭先に達磨窯を築き、住居に続き瓦を製作する工場、粘土・松葉・炭・薪（セイダマキと呼称する廃材）等の資材置場、焼き上がった瓦を一時保管するシラジ小屋が囲繞してい

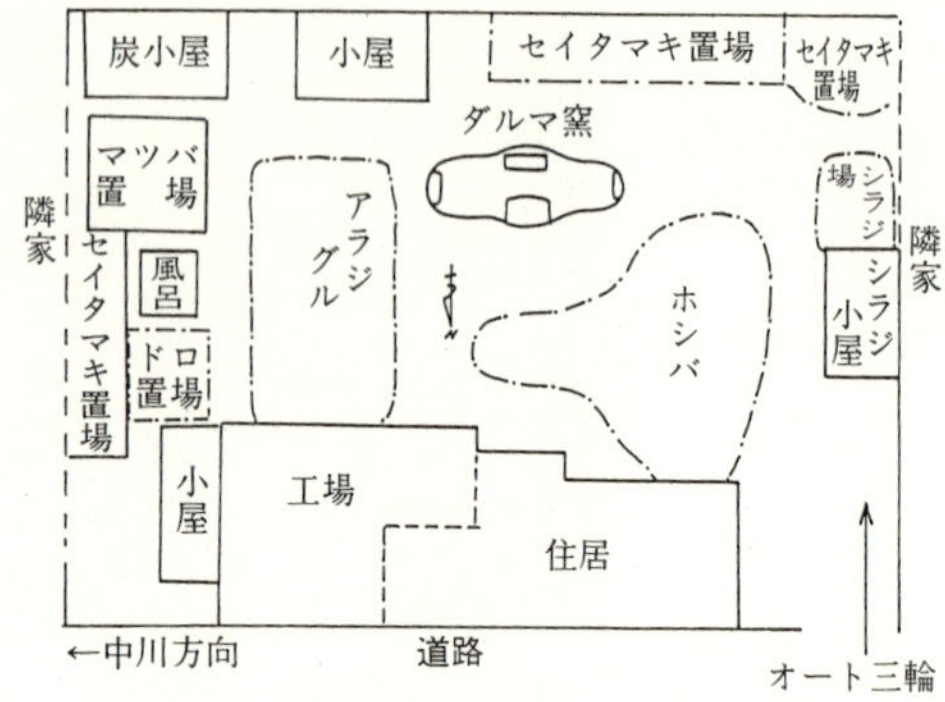

染谷峰夫　瓦作り工場《こうば》概略配置図（聞き取りから作図）

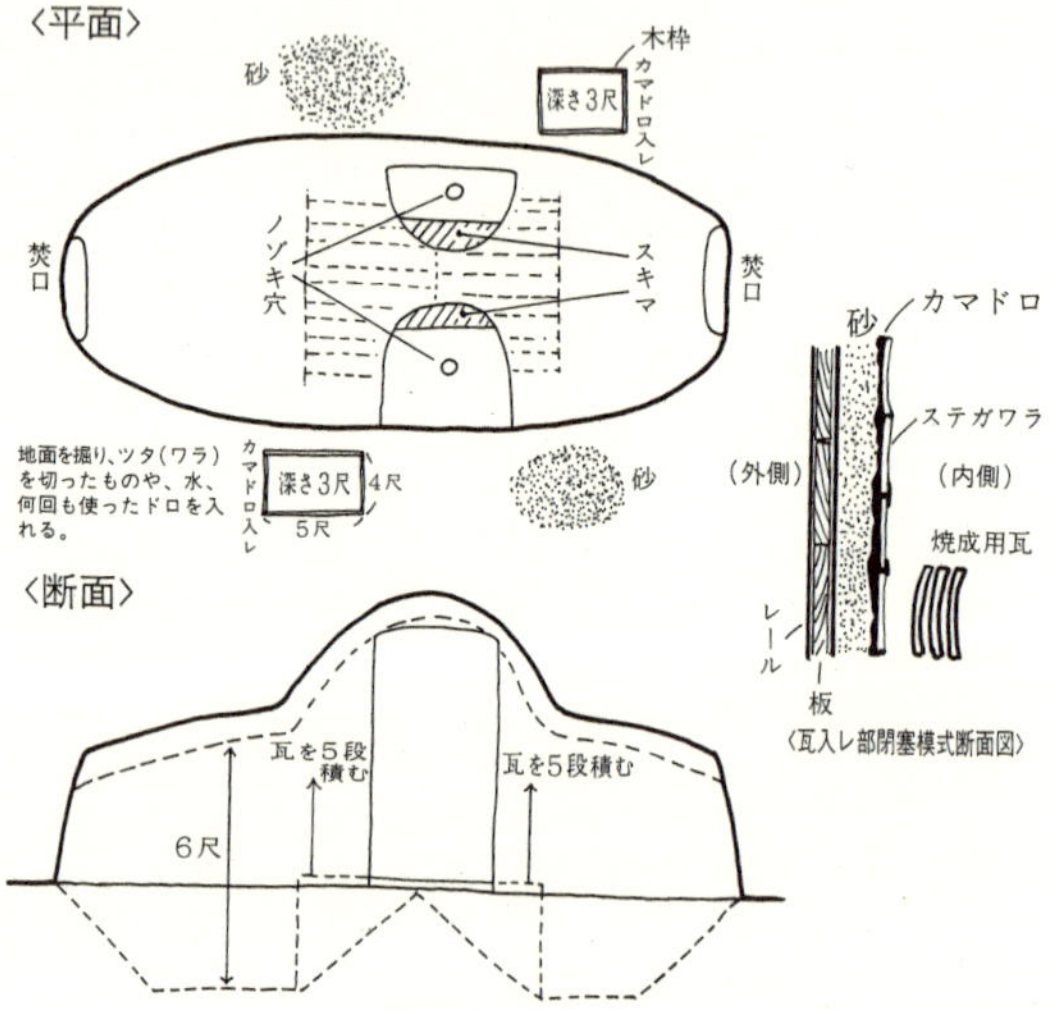

染谷峰夫　ダルマ窯概略図（聞き取りから作図）

図42　瓦作り工場概略図と達磨窯概略図（江戸東京博物館『今戸焼』）

る。さらに、庭先には荒地を干す場所（アラジグル）やホシバがある。すなわち、敷地内で一連の工程が全て行われるようになっており、前述した『江戸名所図会』の「長昌寺／宗論芝」に描かれている瓦生産の図と酷似していることがわかる。伝統的な技術と手法が継承されているのである。

発掘された資料からみた瓦の供給　江戸での主要な瓦の生産地が今戸周辺であったことは異論のないところであるが、大災害を契機としてその復興に十分な供給ができたかというといささか疑問が生じる。

その疑問を解決する一つの資料として市ケ谷に所在する尾張藩上屋敷遺跡第一二地点から出土した在銘鬼瓦がある。同報告書をみるとこの地点からは九点の在銘鬼瓦が報告されているが、図43にはそのうちの四点を抜粋した。在銘は、いずれも側面にあたる肩部に焼成前に彫られたもので、位置からみると肩部の双方と片側の二者がある。銘分の内容は、資料によって異なるが、年号・生産地・製作者などが記されている。図43－1は、左右に銘があり、左には、「享保十乙巳歳／九月日」、右には「伊勢山田岩渕町／かわらや／中津氏近房」とある。2～4は片側に銘のあるものである。2は右肩部を欠損することから双方の銘の可能性をもつものである。各々の銘をみると、2は「享保十乙巳歳／九月吉日」、3は「松坂／□清兵衛」、4は「熱州松坂／瓦師清兵衛」とある。図に示した鬼瓦は、型式学的に細分することも可能である。報文による胎土・色調の観察では、1・2がやや砂質でにぶい黄橙であるのに対して、3・4は精良で灰色に呈しているとある。すなわち、考古学的にみるとこれら鬼瓦は、生産者が異なる複数の窯で焼かれたことを示唆しているのである。

このほか図に示していない在銘には、「享保拾一年／三月／御□□／五藤小市」「伊勢岩渕町／中津三右衛門」、双方にある「伊勢廉原村」と「瓦師林右エ(衛)門」等々がある。

尾張藩上屋敷第一二地点出土の在銘鬼瓦は、年号では享保十年（一七二五）と同・十一年、生産地では伊勢山田岩渕・(勢州)松坂・伊勢廉原村とあり、前述した浅草寺鬼瓦とは全く異なる。尾張藩の鬼瓦は、

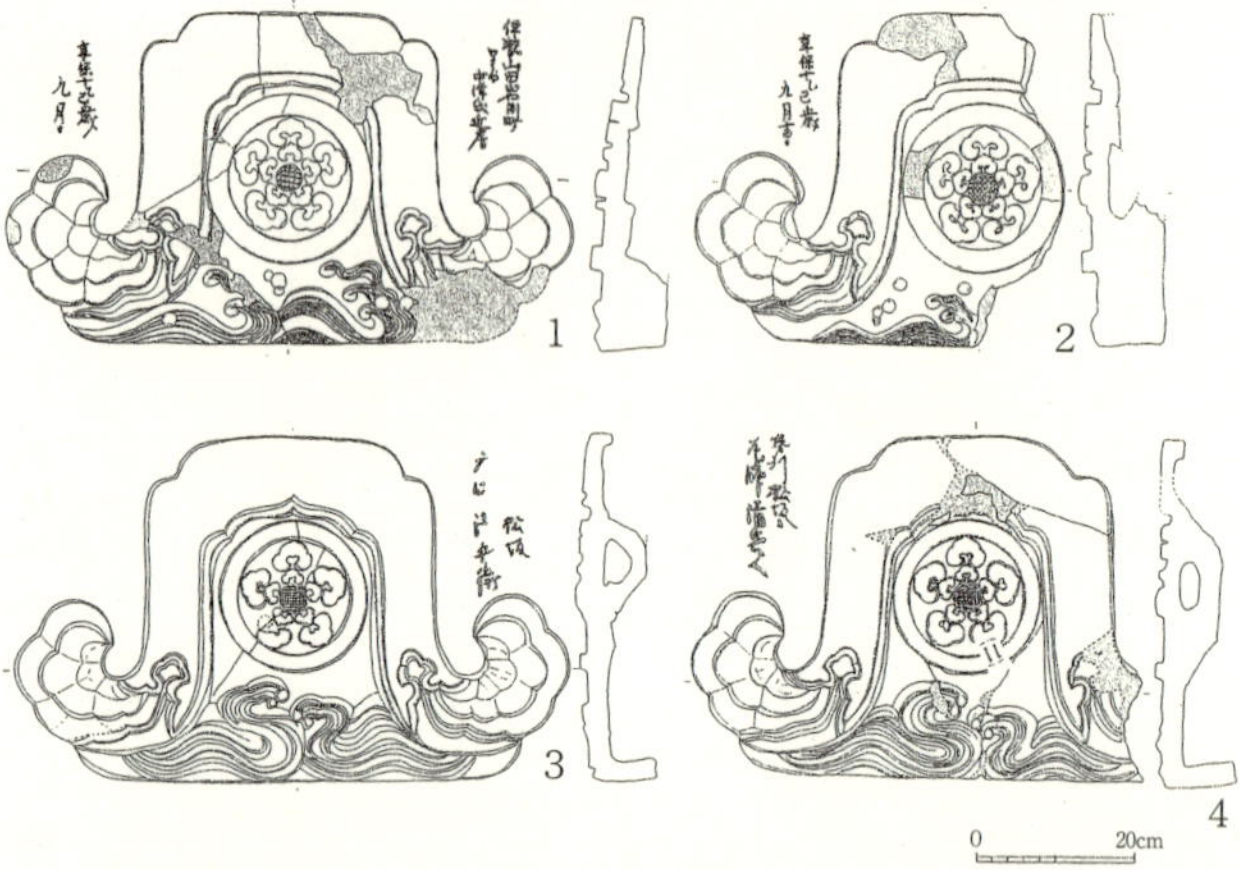

図43　尾張藩上屋敷出土の在銘瓦（『尾張藩上屋敷遺跡発掘調査報告書Ⅶ』を改変）

国許の伊勢山田周辺から供給しているのである。

ちなみに、鬼瓦に享保十年・十一年の銘があるのは、火事の復興と密接な関係がある。江戸において享保十年二月十四日、青山久保町からの出火がもとで四谷・市谷・牛込・小日向・本郷から谷中に至る広範囲に類焼する。尾張藩では麹町の中屋敷と共に直接的な被害をうけている。在銘の年号は、その復興用に国許の瓦師に発注したことを示唆するもので、尾張藩上屋敷の修復が完了するのは享保十四年と記録されている。補足すると、中屋敷がある尾張藩麹町邸跡一一〇号土坑からも欠損した在銘鬼瓦が出土しており、それには「□九月／御瓦師／五藤小市」と彫られている。製作者の瓦師・五藤小市は上屋敷出土の鬼瓦にもあり、同工房で製作された鬼瓦が両屋敷に供給されていることがわかる。

享保十年の火災による復興で尾張藩では鬼瓦を国許から供給したことを述べたが、全ての屋根瓦が該当するかというと決してそうではない。市谷上屋敷遺跡の発掘調

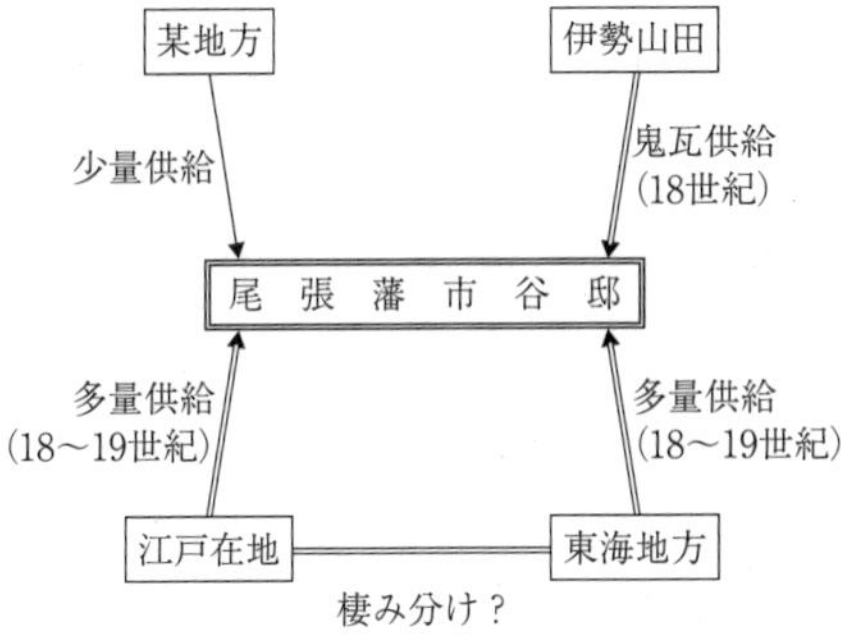

図44　尾張藩上屋敷と瓦の供給

査に従事された内野正氏は、詳細な観察をもとに同遺跡での瓦生産と供給について図44のような見解を示している。

ここで注目されるのは、多量の供給をしている二つの産地である。内野氏は、江戸在地と東海地方をあげている。胎土や瓦印、型式学的方法に基づくものであるが、瓦屋根が普及する十八世紀には、江戸在地の生産のものだけではもはや不足し、他の産地に求めざるをえないのである。

三　四点の大工手間（本途）史料にみる基準値の作成と時間的変遷

「江戸城造営関係資料（甲良家伝来）」のなかに、四点の大工手間に関する史料がある。それは、『工手間附』・『大工積』・『見合帳』・『大工手間本途内譯』である。このうち奥書に年号が記されている史料が二点あり、『大工積』には「享保十四巳酉年／閏九月（一七二九）」、『大工手間本途内譯』には「寶暦九卯年九月十七日（一七五九）」とある。他の二冊の表紙には、年号はないものの「酉九月」とあり、同一箇所における大工手間の数字から、『工事手間附』は享保二酉年の一七一七年、『見合帳』は寛保元酉年の一七四一年に作成されたものと考えられる。ちなみに後者の場合、宝暦三酉年の可能性があるが、幕府が宝暦

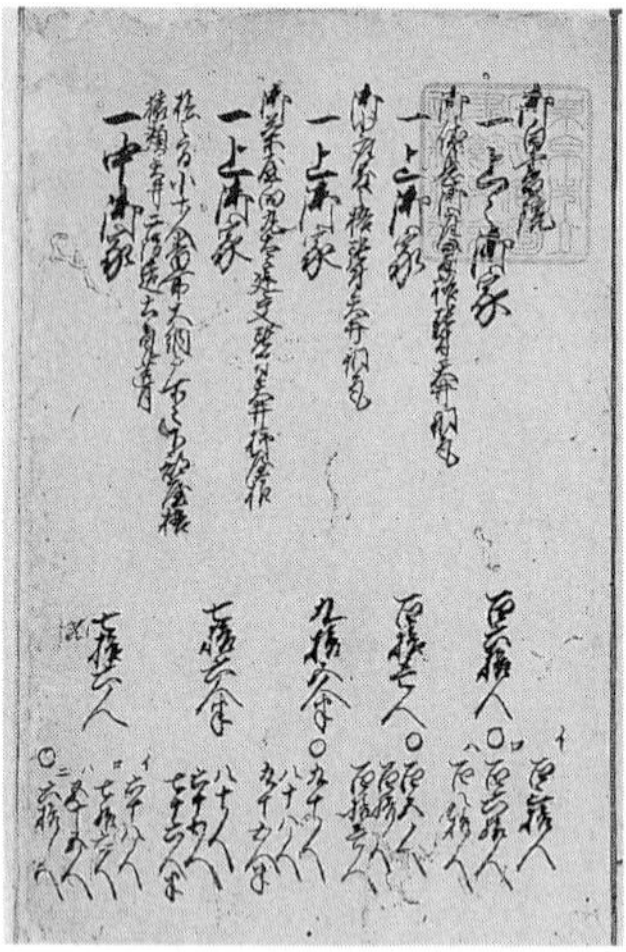

図45　『工手間附』・部分（東京都立中央図書館東京誌料文庫所蔵）

元年（一七五二）十一月、工費の標準を定めた本途帳の数字が『大工手間本途内譯』と一致することから、対比すると自ずとそれ以前ということになる。すなわち、十八世紀前葉から中葉にかけての公儀大工手間の変遷を知りうる史料なのである。

ここでは、各史料の特徴を指摘した上で、時間軸に沿った各史料の比較をおこなうことにする。

『工手間附』　四点の古記録のなかでは最も古い史料である。八紙からなり、法量は縦二四・〇センチ、横一七・〇センチを測る。表紙には、「極／工手間附／酉九月」とあり、「甲良之印」の朱印がみられる。表紙裏の左下には四名の棟梁（イ　三橋浅衛門／ロ　石丸作衛門／ハ　児玉甚八／ニ　松本㐂（喜）衛門）を明記し、本紙には作業箇所、決定した手間人数、四名の棟梁の見積りの順で記してある。棟梁の見積りには三人の箇所や人数の上位に「〇」印などもみられる。参考までに冒頭の部分を記すと、

御自書院格
一上之御家　百六拾人
イ　百三拾人
〇ロ　百六拾人
ハ　百八拾人
御休息御座之間格張付天井銅瓦

一上御家　百拾壱人　○百五人　百拾人　百拾壱人
御小座敷之格張付天井銅瓦
一上御家　九拾五人半　○九十人　八十八人　九十五人半
御茶屋向丸太建張付天井杮屋根
一上御家　七拾六人半　八十人　六十五人　七十六人半
桧之間小十人番所大納戸所々下部屋格
猿頬天井二階造土瓦葺
一中御家　七拾六人　○イ六十八人　ロ七拾六人　ハ五拾五人　ニ六拾人

以下略

とあり、御殿・櫓・諸門・塀、役屋敷向の順で六六項目にわたり記されている。この項目は、以後基本的に踏襲され、『大工積』では末尾に「土台板下見」が加わり六七項目、『見合帳』では「掛ケ戸」「白砂引出なし」「中・床下風窓」の三項目は除かれているが六四項目と続いている。ちなみに本史料の最後の部分は、

一か満ち棚　壱間　○壱人半　壱人

弐人

一御殿向戸袋　張打羽目扉付　壱ケ所　御役屋敷向八人□　○　十八人　十四人　十六人

一鑓立　弐間　壱ケ所　○　三人

一鉄砲台　五延掛ケ　○　五人　四人　六人

一弓立　五延掛ケ　○　五人　五人　六人

とある。本史料の特徴は、一つの項目に対して複数の棟梁の手間人数を示した上で決定を下していることである。なお、各棟梁が出した手間人数の箇所に「○」印があっても最終的に他の数字となっている項目も少なくない。

『大工積』　一四紙からなり、法量は縦二六・九センチ、横二〇・八センチを測る。

表紙には「大工積」の文字と「甲良之印」の朱印があり、奥書には前述の年号とともに甲良家五代当主「大棟梁／甲良若狭」に「㊞」の黒印がある。法量は『工手間附』や『見合帳』よりもおよそ一寸（三センチ）程大きく、用いている和紙も良質であり、他にはない大工六ケ条が記されていることなどから、秘伝書的な性格を兼ね備えているとも考えられる。

各項目ごとの手間人数は一つとなる。また、個別にみると大半が『工手間附』に記された大工手間数の

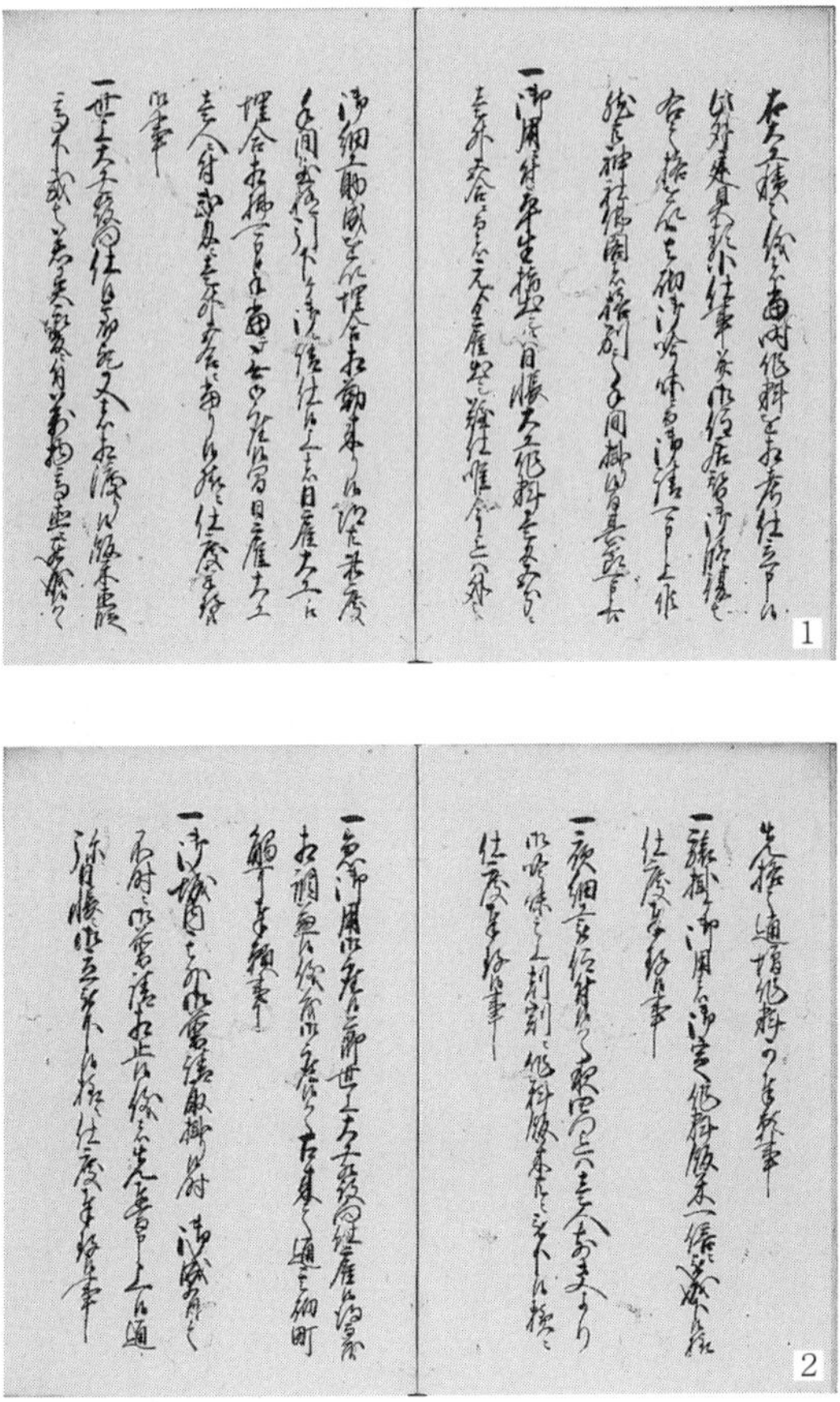

図46－1・2　大工六ヶ条『大工積』・部分（東京都立中央図書館東京誌料文庫所蔵）

格引下げとなっている。本史料の最大の特徴は、最後に記された大工六ケ条と奥書きである。まずは、大工六ケ条を記すと、

右大工積之儀者当時作料を相考仕立可申候、

此外建具類小仕事并御住居替御修復者
右之格を以其砌、御吟味ニ而御請可申上候、
然共神社佛閣者格別ニ手間掛リ候間、其節可申上候

一　御用ニ付平生指出シ候日帳大工作料壱匁五分ニ
壱升五合ニ而者元ゟ雇出シ難仕、唯今迄ハ外之
御細工助成を以埋合相勤来リ候得共、此度
手間至極引下ケ御請仕候上者、日雇大工江
埋合相拂可申手当テ無御座候間日雇大工
壱人ニ付貳匁ニ壱升五合ニ当り候様ニ仕度奉存候
御事

一世上大工発向仕候節竝又者相渡リ候飯米直段
高下或者若昊変ニ付萬物高直ニ罷成候ハバ
先格之通増作料可奉願事

一旅掛ケ御用者御定作料飯米一倍ニ被成下候様
仕度奉存候事

一夜細工被仰付候ハバ夜四時迠ハ壱人前、夫より

御吟味之上刻割ニ作料飯米共ニ被不候様ニ
仕度奉存候事
一急御用御座候節世上大工発向仕雇候得而茂
相調兼候儀茂御座候ハバ古来之通其砌町
触可奉願事
一御城内其外御普請取掛リ候時、御成有之
不時ニ御普請相止候儀者先達而申上候通
弥日帳ニ御立取下候様ニ仕度奉存候事

とあり、奥書の

享保十四巳酉年
閏九月　大棟梁 甲良若狭 ㊞

で終わる。大工手間の人数は四点の史料に記されているが、作事方の日雇大工作料に関する史料はこれのみである。大工作料の「元〆雇出」とあるのは、前述した享保二年の風水害の直後に作成された『工手間附』時点もしくはそれ以前を指しているものである。それによると、大工の一日あたりの作料は、一匁五分と米一升五合でこの他に技術料を上乗せしたと記されている。また、享保十四年（一七二九）の大工手間格引下げが起因となって技術料（細工助成）の廃止に伴い作料を二匁と米一升五合とする旨を願い出ている点は注目される。

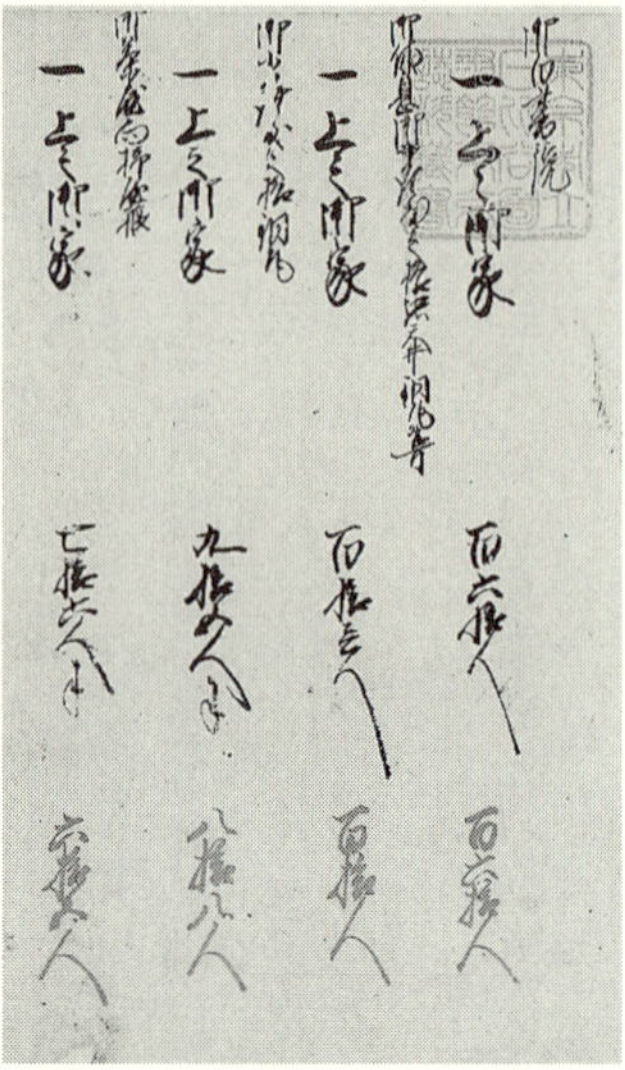

図47　『見合帳』・部分（東京都立中央図書館東京誌料文庫所蔵）

『見合帳』　七紙からなり、法量は縦二四・〇センチ、横一七・〇センチを測る。これは、『工手間附』と同じ大きさである。表紙には、中央に「見合帳」左端に「酉九月　仁左衛門」と記されている。本史料には、甲良家の印はみられない。大工手間の人数が『工手間附』『大工積』より少く、『大工手間本途内譚』より多いことから作成時期はその間、すなわち酉九月は寛保元年（一七四一）九月を指すものといえる。つまり、『工手間附』から一二年毎に大工手間が見直されていることになる。

記述の特徴は、項目、墨書による人数、朱書きによる人数の順で記されている。墨書による人数は、『工手間附』の人数を記し、朱書きは寛保元年の見直しとなっている。そのため、大工手間人数をみると同一項目では、『工手間附』より少なく、『大工積』との比較では多いものも散見する。参考までに冒頭の部分を記すと

御白書院
一上之御家　百六拾人　百六拾人
御休息御座間之格張天井銅瓦葺

一上之御家　　百拾壱人　　　百拾人
御小座敷之格銅瓦
一上之御家　　九拾五人半　　八拾八人
御茶屋向柿屋根
一上之御家　　七拾六人半　　六拾五人

となる。

『大工手間本途内譯』　本史料は、『大工手間本途二』『手間内訳二』『内訳附録三』『内訳附録四』『當時物五』の五冊からなる。いずれも法量は、縦一三・三センチ、横二〇・二センチを測る。前述の三点の史料と比較すると、項目が著しく増加し細分化されていること、大工手間の一層の格引下げ、項目によっては修復の手間についても触れていることを特徴とする。さらに、法量でみると、突出して小型である。

『大工手間本途二』は、四八紙からなり、一三七項目、細分箇所八一項目を含めたもので、前述した『工手間附』『大工積』『見合帳』をもとに、大工手間の大幅な見直し改正がおこなわれている。また、作事方・小普請方の二局が大工手間についてはじめて合意したことを示すために大工格の後には、作事方大棟梁の辻内豊後・平内大隅・甲良匠五郎の三名と、小普請方棟梁村松飛騨以下七名、さらに御作事奉行久松筑前守・一色周防守、小普請奉行駒井能登守・大井伊賀守等々が名を連ねている。この本途帳が定められたのは、宝暦元年（一七五一）十一月のことであるが本冊の最後には、

寶暦九卯年九月十七日

手間附朱書之通相減
伺済
本途工高貳百九拾四口之内朱書
之通減し伺済工数百六拾七人
引方ニ相成候当時本途工高
四千百六拾人三歩ニ定

天保八丁酉年八月小普請方ゟ
間合有之候ニ付取調右之通答

と記されている。このうち後の二箇所の筆跡は明らかに異なるもので、天保八年（一八三七）八月の取調日があり変更等がないことから、その時点までは続いていることになる。

振り返って冒頭の部分をみると、

大工手間附
大工壱人ニ付
銀壱匁五分
米壱升五合　宛

い

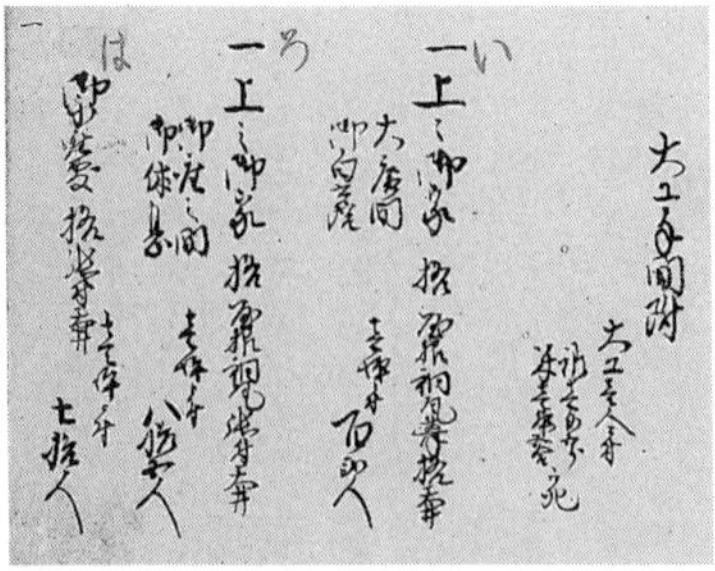

図48　『大工手間本途内譯』・冒頭部分（東京都立中央図書館東京誌料文庫所蔵）

一上之御家格屋根銅瓦葺格天井
　大広間　壱坪ニ付　百弐人
　御白書院
ろ
一上之御家格屋根銅瓦張付天井
　御座之間　壱坪ニ付　八拾五人
　御休息
は
御小座敷格張付天井　壱坪ニ付　七拾人
　　以下略

と記されている。各項目毎の改正された手間人数の後には、修復に関する記述もある。同様に冒頭の部分をみると、

　　　御修覆手間付
い
一上之御家
　　但シ御修覆手間付之儀者
　　此度新規御普請手間ニ付

相改リ坪当ヲ以作略致相極候

御白書院格　壱坪ニ付　~~二拾五人~~　三拾弐人

右仕様廻リ羽目胴縁張付縁敷居

板敷風窓寄敷居取放土台取替

柱根朽之分根継致取放御木道具

足木致如元取付板敷張置候積

右屋根　壱坪ニ付　~~八人~~　七人

右仕様軒廻リ化粧道具宜敷分

其儘差置様候所取替野垂木

野裏板共半分打替木瓦切継

熨斗板仕直木棟鬼板取替候積

以下略

と記されている。

大工手間附に記されている各項目の人数は、前述した三点のものと比較すると著しく減少し、『見合

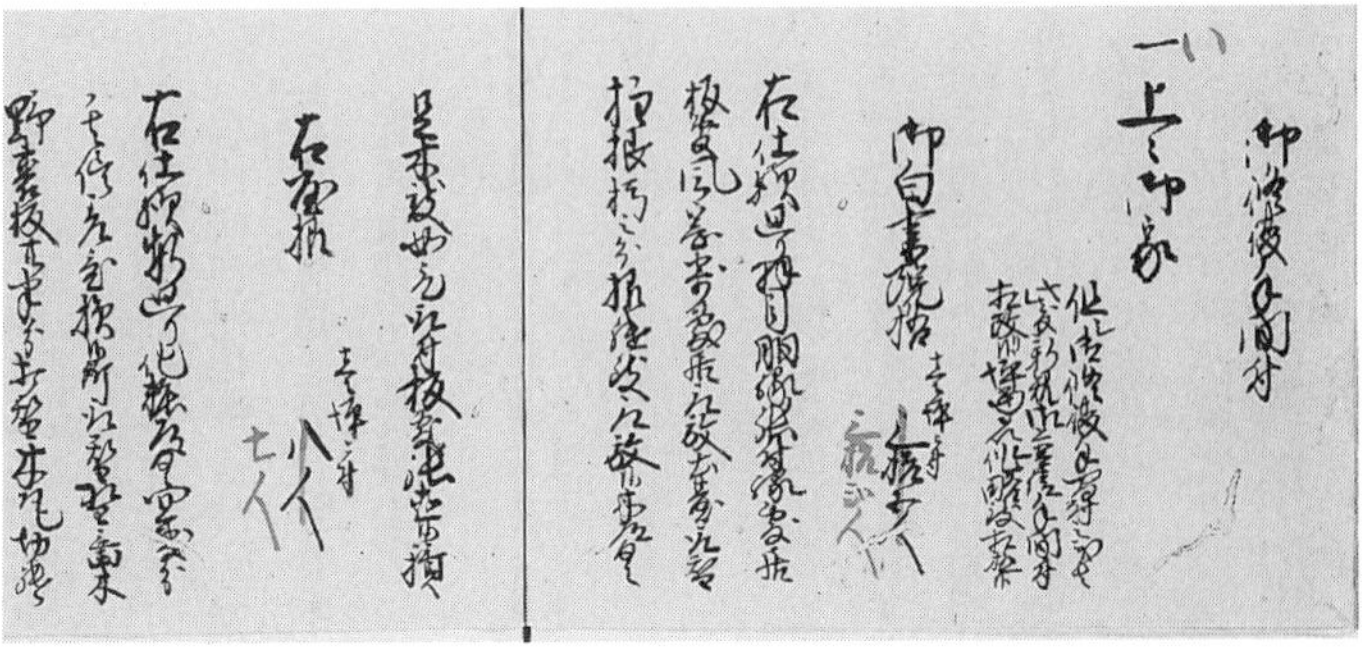

図49　「御修復手間付」『大工手間本途内譯』（東京都立中央図書館東京誌料文庫所蔵）

帳』よりも平均すると二〜三割の格引下げとなっている。ちなみに、（日雇）大工作料は、一人に付銀一匁五分、米一升五合となっており、『大工積』の大工六ケ条と比較すると、従前の別途細工料がなくなり、銀二匁が一匁五分と実質的に下がっていることがわかる。

また、御修復手間付をみると、各項目にわたって修復基準が明記されており、主要な箇所には仕様書も記されている。前述の大工手間附と比較すると、上之御家の白書院格では、一坪あたり、一〇二人が修復では三九人（屋根葺七人を含）とおよそ六割引の基準が示されている。古記録『櫓瓦』の解析のなかで大番所の規模の相違を指摘したが、本史料では、大工手間附には一坪ニ付二五人であるのに対して御修復手間付には、下之御家の項目のなかの一つとして、

をわ

所々大番所格平家土瓦葺
　　壱坪ニ付　七人
右仕様廻羽目胴縁敷居寄
敷居共取放土台取替柱
根張敷床カ半分足木致

張直取放候木道具如元取付候積
右屋根　壱坪ニ付三人半
右仕様軒廻化粧道具宜分
其儘差置損之分仕野垂木
野裏板共半分打替土居
葺直シ候積

と記されている。つまり、御修復手間の場合には屋根葺も含めて一坪ニ付一〇人半とやはり建て直しの四割の手間でできるのである。

大工手間に関する四点の史料の概要と特徴を述べたが、表22・23を用いて時間軸に沿った変遷と改正の動きについて考えることにする。表22・23は、七〇余りある項目のなかで表22は公儀の中枢で相対的に多勢の手間をかける項目、表23は、公儀でも身近な箇所で普請規模の小さな項目を抜粋したものである。両者ともわずかばかりの項目を除き、時間の経過とともにおしなべて大工手間数は減少している。なかでも『見合帳』が作成された寛保元年（一七四一）から『大工手間本途内譯』が作成された宝暦九年（一七五九）の格引下げが顕著である。普請箇所が広く緻密な細工を要する表22の上・中・下家では、二〜三割の減少となっている。その要因となったのは、宝暦元年（一七五一）十一月十五日から十七日にかけて幕府

表22　大工手間の時間的変遷(1)

項目	『工手間附』酉九月（一七一七?）	『大工積』享保十四巳酉年閏九月	『見合帳』酉九月（一七四一）	『大工手間本途内譯』寳暦九卯年九月十七日
御白書院格 上之御家 壱坪ニ	百六拾人	百六拾人	百六拾人	百弐人
御休息御座之間格張付天井銅瓦 上之御家 壱坪ニ	百拾七人	百五人	百拾人	八拾五人
桧間小十人番所大納戸所々下部屋格 猿頬天井二階作り土瓦葺 中之御家 壱坪ニ	七拾六人	六拾人	五拾五人	四拾五人（土瓦葺猿頬天井は五拾八人）
所々大番所格平家土瓦葺 下之御家 壱坪ニ	六拾九人半	三拾弐人	三拾四人	弐拾五人
大御門 七間ニ 四間	七拾人	七拾人	六拾五人（隣に七拾人の付箋）	四拾八人
木戸門 明キ九尺 壱ヶ所	四十弐人	三拾五人	三拾弐人	四拾一人
御定法 土瓦塀 腰板なし 高サ壱間 壱まニ	（九尺弐分）八人	八人	（九尺弐歩）七人	（拾弐人）
役屋敷向 柿屋根 上家 壱坪ニ	弐拾壱人	拾六人	拾六人	拾弐人
同 下家 壱坪ニ	拾壱人	七人	五人	五人（床無は三人）
土瓦葺腰板なし 二階造り表長屋 壱坪ニ	弐拾五人	拾四人	拾人	拾人
瓦葺 二階土蔵 壱坪ニ	弐拾八人	拾九人	拾五人	拾弐人

※・項目は、『大工横』による。
・『見合帳』の数字は朱書による。

表23　大工手間の時間的変遷(2)

項目	『工手間附』	『大工積』	『見合帳』	『大工手間本途内譯』
井筒枠　五尺四方	八人	八人	八人	八人
四方なが連 亀甲　五尺四方	七人	七人	七人	六人
片なが連 亀甲 敷居鴨居共　五尺四方	五人	五人	四人	五人
本格子窓　壱間ニ	六人半（五人）	（上八人 中六人	六人半	（上 六人 中 四人 下 弐人半
平窓　壱間ニ	三人半	四人	四人	三人
獅子口窓向　壱間	弐拾五人	弐拾五人	弐拾六人	（上 四拾六人 中 拾五人
鐺立　弐間	三人	三人	四人	三人
鉄砲台　五挺掛り	五人	五人	四人	三人半
弓建　五挺掛り	五人	五人	五人	三人半

の下命により大工頭・下奉行・被官・定仮役・小役ノ者・大棟梁・諸職ノ者等々で大工手間附の改正と本途帳による明確な工費標準の作成がある。背景には、享保三年に作事方と小普請方の二掌分担が決まり、建て替えや修復がおこなわれるなかで、両者の不均衡から格の算出が異なり、作事方に属する甲良・辻内・平内の三大棟梁の方がはるかに高いものであったことが最大の要因であった。それが時間の経過のなかで小普請方に属する棟梁達の仕事と力関係が増大したことから不満が募り、公正な基準の求めが高まったことによるものである。ちなみに、小規模な普請項目を記した表23でも格引下げがうかがえる。

　四点の史料のなかで最初に作成された『工手間附』の格は突出して高い。元禄大地震や享保二年の風水害、度重なる火災等々の復興や将軍が代わることによる御殿御休息の改築など様々な要因が重なり、大工の需要の高まりということもあるが、作事方の実質的な施工者である大棟梁に大工手間附の基準が求められたことは至極当然ともいえることである。これ以前の大工手間に関する基準書の存在の有無は知るよしがないが、少なくとも慣例的なものは伝えられていたであろう。先述したが、同史料には四名の棟梁による数字が記されている。普請箇所の項目にもよるが、冒頭の上之御家では、一坪当り五〇人の数の開きが生じている。一見すると、これら棟梁を交えた合議制ともとれるが、最終的な数字をみると必ずしもそうではない。やはり、大棟梁の権限は大きかったといえるのである。この史料からは、作事方大棟梁の甲良・辻内・平内の三家の関係は不明であるが、諸記録からこの時点では甲良家が筆頭格で、三家の合意ができていたものと考えられる。以後の大工手間を作成する上で基準となっている点では、史料的価値とともに存在する意義は高いものといえる。

『大工積』『見合帳』は、時間の経過とともに社会情勢、経済の動向に応じた格の見直しによる史料である。いずれも大工手間の格引下げとなるが、一二年を周期としていることは注目される。また、棟梁の算出した数字が示されていないことも軽視することができない。すでにその必要性はなく、一層権限が強化されているのである。大工手間の格引下げは世情によるものであるが、『大工手間本途内譯』と比較するとやはり高く、小普請方に属する大工棟梁の不満はわかるところである。

ここで取り上げた大工手間に関する四点の史料は、必ずしも自然災害の復興に直接的に繋がるものではない。しかし、作事方で作成されたとはいえ基準書としての存在意義は大きく、一般社会にも大きな影響を与えたものと考えられる。さらに、幕府の命下で作事方・小普請方の合意のもとで作成された『大工手間本途内譯』の標準となる本途帳は、庶民の生活のなかにも受入れられていくのである。

四　寛保二年の大水害

被害状況　江戸時代を通して最大規模の犠牲者をだした風水害として著名である。この風水害は、本所・深川一帯の所謂、東京低地を中心としながらも周辺地域との関連のなかで生じたもので、前後二回の大雨によってひきおこされている。

まずは、その前後の天候について記録からひろうことにする。

七月二八日　雨
　二九日　晴のち雨
八月一日　大風雨、午後より寅刻（朝方四時）頃まで東南烈風
　二日　雨のち晴
　三日～七日　晴
　八日　大風雨
　九日　雨

これをみる限り、八月一日から二日未明の大風雨は、台風の襲来であり、その影響は七月末の降雨に始まる。江戸はもとより、北武蔵での大雨によって利根川はたちまち増水し、三日から五日にかけて武蔵南

葛飾郡に位置する寺島村や小谷野村、同・足立郡千住三丁目あたりの堤防が相次いで決壊する。当然のようにそれらの下流域・低域にあたる本所・深川周辺では浸水していくのである。

本所・深川周辺では、折からの降雨量に加えて堤防の決壊によって三日晩から四日にかけて著しく水位が増していく。表24に『承寛襍録』に記された三日夜から四日にかけての浸水の様相をまとめた。この時点において一メートル以上の浸水域が拡がり、軒先はもとより、家がまるごと水没している地区もある。そこでは、水勢によって倒壊や流失している家屋もある。

五日からつぎの豪雨の前日、すなわち七日までの洪水による被害状況については『寛保江戸洪水記』に詳述されている。台風が通り過ぎた二日後の五日には、浅草御蔵前では水が大分引き水量が少なくなる一方で、北本所では軒上まで浸水するなど、同一地域内でも被害に大きな差が生じている。総じて本所内での浸水は甚大であり、そのため十一日までは市域の往来に船が不可欠となっているのである。町奉行の石河土佐守政朝の書付によると、四日夜の時点で浅草川の水位が二尺（六〇センチ）余増し、水勢強く、新大橋では大いに震れたと報告している。そして、五日の四時（午前一〇時）前の本所筋の状況として、軒先あたりまでの浸水地区として法恩寺前通代地町、御徒町、中割下水通り、出村町、吉岡町辺、長岡町辺、三笠町、松倉町、長倉町、小梅代地町、石原辺を報告している。また、表25を四日時点と比較すると、本所堅川通り一ツ目・二ツ目が四日には一尺四・五寸であったのが五日には三・四尺、本所旅所橋続亀戸通拾間川端では前日より二〜三尺上り六・七尺、亀戸辺百姓の家屋は水没している見分を記している。上流域で雨量と堤防の決壊が増水に繋っているのである。

表24　『承寛襍録』に記された出水の状況

日　付	地　　域	出水量（深）	
		尺・寸	cm
3日夜より4日	下谷竹下辺よりどぶ店・広徳寺前通、三絃堀辺	2尺～3尺4・5寸	60～105
	浅草三筋町より上鳥越・河川町辺	2尺4・5寸	75
	本所一ツ目辺	1尺4・5寸	45
	津軽出羽守屋敷、六軒堀辺	2尺4・5寸～3尺5・6寸	75～108
	菊川町より林町辺	4・5尺	120～150
	三ツ目・四ツ目・羅漢寺辺	7尺	210
	柳島村辺より亀戸村の間、下平井・上平井辺	1丈2・3尺	360～390
	亀井戸天神より旅所橋、法恩寺前、中之郷吉岡町辺	4尺～4尺4・5寸	120～135
	南割下水より石原迄	2尺4・5寸～3尺4・5寸	75～105
	北割下水より北、牛島・浮地辺	1丈4・5寸	420～450
3日夜	浅草川水位	平生の7尺増	+210
4日	寺島堤5尺押切葛西領へ	7日まで本所筋一円	3尺

豪雨と増水は、河川にかかる橋にも大きな被害をもたらしている。五日には、今戸橋や千住筋の多くの橋が流されているが、隅田川にかかる両国橋・新大橋・永代橋も例外ではなく被害が及ぶ。二日朝には隅田川の水位が平生の八・九尺増すことで両国橋の足代や古い行桁が流され、水位が二尺程増した三日には、両国橋と新大橋で主要な柱が流されることとなる。両国橋では各側柱三本立のうち七側・八側・十九側・十八側の全てにあたる十二本、新大橋では七側目の四本と東より十一側目の中柱一本の都合五本が流失する。四日以降は、水勢がゆるみ水位が低下することで、これ以上の流失はなくなる。永代橋の場合、後述する八日の大風雨で大きな被害がでている。一日から二日にかけての暴風雨のすさまじさを伝えるエピソードが『寛保江戸洪

表25　『寛保江戸洪水記』に記された出水状況・部分

日付	地域	水没		備考
		尺	cm	
5日	金龍山砂利場内外	軒下迄浸水		今戸橋落、千住筋も
	本所牛島通	床上浸水		
	北本所	軒の上まで浸水		本所内は船で往来
	浅草御蔵前	水少々		
	小揚町	腰辺位		
	下谷御徒町梅堀通り	5・6尺	150～180	
	両国より新大橋	陸へ4・5尺上		新大橋・永代橋防
6日				助船の乗参4千人余
7日	本所猿江西の郷酒井左衛門尉屋敷	7尺	210	
	今戸橋辺3・4丁	5尺余	150余	
	松平陸奥守御蔵屋敷仙台河岸			蔵浸水で米8万俵水入

水記』に記されている。そこには、

　両国橋辺へ鬼の如き怪敷物流れ来候故、人々不審いたし訴候へば、御差図も有レ之候由ニ而、船百艘計も漕き寄、右之物取巻候へ共、誰も見届可レ参と申者無レ之内、鳶之者体の者、我等見届参可レ申と申候て、其者細引の先をわなに致し、右之物のきわへ持寄り頭と覚しき所へ引かけ寄せ、大勢船こぎよせ見候えば、二王の流れ来り浮き沈みニて有し也。是ハ元河口善光寺惣門に□し二王の由也。（後略）

とある。前述した水量のため、家屋や橋脚をはじめとする多くの浮流物があるが、上流域の南足立郡の降水量もすさまじく、何と二王像が流れてきたというのである。

　本所筋の洪水は、七日になっても収まらず、今戸橋周辺の三四丁（約三〜四〇〇メートル四方）では依然として五尺余の水位があったという。

　この台風と洪水による犠牲者は、前述の『寛保江戸洪水記』によると、下谷・浅草・本所周辺で三日夜から七日迄で男性一三一四人、女性二〇〇〇人、子供六〇〇人の都合三九一四人にのぼったという。葛西の百姓だけでも御改の所、およそ二〇〇〇人余が不明となっている。ちなみに、この犠牲者の数字の大きさを計る数値として八月八日の豪雨の翌日、深川元町名主八郎右衛門と海辺町名主八左衛門が町奉行から命じられた見分書をみると、小名木川より北の出水した深川・本所・中ノ郷町・亀戸町の所謂、本所筋には町数が一一一町ある。一町あたり平均二七九人余としてここでの住人が三・一万人程という数字が示された。犠牲者の全てがこの数字に含まれるわけではないが、その数は甚大以外の何ものでもない。

さて、大風雨は再び襲来する。八日の大雨では、本所筋とともに小日向筋でも大きな被害が生じている。小日向筋では、上水の土手が相次いで決壊し、市中に水が押し寄せることとなる。それは、小石川の大洗関、目白坂駒井町、音羽町の少なくとも三箇所で生じている。これによって小日向一帯は床上浸水することとなり、水道町南側で一尺五寸（四五センチ）、東古川町で三尺五寸（一〇五センチ）、西古川町で四尺程（一二〇センチ）、松ヶ枝町で五尺程（一五〇）センチという記録がある。ちなみに、小石川があふれ水戸屋敷にも水が入っている。

一方、本所筋では、竪川通・一ツ目・両国橋辺、やや離れるが回向院などは微高地のため、前回の浸水はすっかり引き、今回も相対的に水のたまりは少ない。表26に深川元町名主八郎右衛門と海辺町名主八郎右衛門による九日・十日の両日の水かさ見分を示した。表24・25と比較すると大風雨の翌日にあたる九日には、低地では三尺余の水量が残るが、上流域の堤防が決壊していない分だけ市中に水が押し寄せることはない。翌十日には、かなり水が引いていることがわかる。表26には、両日の同一場所での比較のために

表26　深川元町・海辺町名主による浸水見分

日時	場所	出水量		日時	出水量	
		尺・寸	cm		尺・寸	cm
9日五ツ時（午前8時）	深川扇橋辺	所々水（－2尺）		10日五ツ時	全て引	
	深川西町、本所菊川町	2尺程	60		低い所に少々	
	竪川通（二ツ目・三ツ目）	全て引				
	四ツ目	2尺程（－5・6寸）	60			
	柳島町	3尺余（－7・8寸）	90			
	五ツ目渡場辺	3尺余	90		2尺程	60
	法恩寺前	3尺余	90		1尺5寸余	45

※（　）内は前日との水位差、いずれも水が引いている。

示してないが、十日には、旅所橋りでは橋の西側にあたる松代町では水は全て引き、東側では一尺余、最も低地に位置する亀戸天神前通りでは二～三尺との記述がある。

両名主による水かさ見分の報告は、十一日朝六ツ時（午前六時）まで続く。これには、三箇所での見分が記されている。深川扇橋辺では前日に水が引き平生の大潮時と同じ。本所大島町筋では土手通の水が全て引く。法恩寺橋通りでは道の上で一尺余、低所で二尺余。いずれもかなり水が引いていることがわかる。

ところで、両名主によると、後半の豪雨での当該地区の水死者はでていない。他方では、前半の大洪水にもかかわらず他の地よりの流死人を除くと当該地区では一七人の犠牲者ですんでいる。洪水慣れしているとはいえ、この数字には驚きの限りである。

八日の豪雨による洪水被害は、本所筋ではそれほどでもなかったが、大川筋の川上（上流域）では甚大であった。町奉行の石河土佐守政朝と島長門守正祥による八月十七日付の見分書付には、十五日に二人の役人が竪川通り天神堀から請地村、小村井村用水堀、四ツ木村、亀有村、糸屋村、綾瀬川、大川通のコースでまわり、見聞に

よる浸水の様子が詳細に報告されている。以下概要を記すと、

一、請地村辺では土手が七ケ所切れて未だ六尺程の水があること。

一、小村井村の土手も六ケ所切れる。亀有村浮洲宮の脇の土手も二〇間程切れ、西葛西領一円に浸水する。水量が多く修復はできない。

一、四ツ木村では土手でいまだ水が三尺余りあり、潰家一三ケ所、床上一尺程浸水している。

一、砂原村周辺では一円水に浸っている。

一、小菅辺では土手が一五間程切れ、床上一尺五寸程浸水している。

一、小屋野村では土手一ケ所が切れ、隅田川・大川に流れる。

一、千住三町目では土手が二ケ所切れたが今はさほど水がでていない。

一、須田村では、「さんさい」で土手が切れ水が西葛西領に入り、大川に流れる。

とある。大川筋の川上（上流域）では、八日の豪雨から一週間が経過しているにもかかわらず、いまだ腰から胸にかけて浸水している地域があるのである。

修理・救済　公的施設として橋脚の修理は急務となる。両国橋と新大橋の被害状況は前述したが、それらの下流域に架る永代橋も八日の豪雨で被害をうけることとなる。それは、水量と水勢などによって橋脚の杭が折れたり抜けたもの根切等を含めると一二本が破損する。そのため高札をもって橋止めとし、二銭の船渡賃を払っての通行が当分の間、続くこととなる。

両国橋・新大橋・永代橋のなかでは最も被害が小さかったのは新大橋である。新大橋の修復には三日時

表27　本所・深川での救助船の実情

救助日	救助船報告者		助船数	救助人	備考
8.4.	———		2	5	日根甚五郎身内、家来
8.4.	北新堀町月行事	元右衛門	8	65	都合、39艘で286人救助（八月五日、町奉行に報告）
	同大川端	久兵衛			
	箱崎町	平右衛門			
	霊厳島四日市町月行事	小左衛門	4	45	
	同　浜町月行事	太郎兵衛	1	9	
	同　川口町月行事	伊右衛門	3	28	
	小網町月行事	喜左衛門	※12	30	※3艘に乗船
	東湊町壱町目弐町目月行事	平左衛門	3	40	
		市郎兵衛			
	南新堀町壱町目弐町目月行事	清兵衛	4	29	
		清九郎			
	霊岸島町月行事	四郎右衛門	※4	40	※3艘に乗船
8.5.～8.11.	船持より報告		1093	1420	船賃合計　金126両2分3匁6分金（危険手当　1艘に付銀4匁増）※定段は銀8匁4分3里7毛　9月朔日付　町奉行書付

点の見積りとして、天候良好の場合で二〇間の日数と修復一五〇両余の費用が示されたが、まずは応急処置として不具合な箇所に材木を渡すことで取り繕うこととした。その結果、八月五日夕刻には道幅一間ではあるが通行が可能となった。

　前後二回にわたる大洪水によって橋を渡ることはもとより、軒先や屋根まで水が上る状況では歩行は無理であり、それら地域もかなりの拡がりに及んだ。そのため、救船《たすけぶね》（救助船）は不可欠であった。そこで、隅田川の水かさが増している危険な状況下ではあったが町奉行の島長門が四日には新大橋での見分の後、霊岸町、四日市町、東港町、川口町、北新堀町、箱崎町、大川端町、南新堀町の名主へ助船を出すように命じる。五日には船手方から救船がでるが、それを示したのが表27である。四日には隅田川の水勢が弱まったとはいえ、表24に示したように本所筋は大洪水であることに変りはなく、また上流域からの漂流物もあり、相当危険であったと思われる。そのため、平生は一人の船頭であるところを三人から六人が乗り組むことで救助にあたったという。四日の時点では、町奉行の依頼で三九艘が出船し、二八六名の人が救助されている。このほかに大坂御在番で本所三ツ目に居宅のある日根甚五郎の家族と家来の五人を救助するために二艘の助船がだされている。この五人は、浸水のため、屋根の上で救助を待ちわびていたという。

船手方より出される五日から十一日までの助船にも注目されることがある。合計で一〇九三艘で一四〇〇人程を救助しているが、そこで用した一艘あたりの船代は、通常は銀八匁四分三厘七毛のところをこの期間に限って銀四匁を加算しているのである。およそ五割増しということになる。前述のように助船には船頭が一人ではなく三〜六人乗り組むこともあったというから、さしずめ人件費と危険手当が加算されていることがわかる。

また、表27にはないが、商人はたくましく、八月三日朝には商船の證文を得、運行を開始する。『続むさしあぶみ』には、危険な状態の四日時点では一人あたりの舟賃が二四銭と伝えられている。永代橋が橋止めとなり、八月十九日からの舟渡賃が一人あたり二銭であるのと比較すると実に一〇倍以上の高値がついたことになる。

本所筋の民家の大半が床上浸水以上の被害であり、しかも数日間続くことから飢渇からの救済が不可欠となる。まずは、当座の食料支援である。救済にあたっては町奉行（公儀）から施行するものと町人や大

表28　本所・深川への焚出配送船の数と焚出分量

日　付	配送役船数（艘）			焚出・粥・握飯（人分）
	両国橋	新大橋	二橋の小計	
8.⑥.	40	20	60	6,000
⑦	60	60	120	朝6,000、夕8,000
8	60	60	120	朝9,000、夕10,000
9	60	60	120	20,000（朝・夕）
10	30	90	120	20,000（朝・夕）
11	60	60	120	20,000（朝・夕）
12	60	60	120	20,000（朝・夕）
13	60	－	60	10,000昼のみ
14	30	30	60	10,000昼のみ
15	30	30	60	10,000昼のみ
16	30	30	60	7,000
17	24	18	42	7,000
18	25	18	43	7,000
19	22	18	40	7,000
20	10	－	10	2,000
21	10	－	10	2,000
22	10	－	10	2,000
23	10	－	10	2,000
		計	1185艘	185,000人分

○印の日は粥。※8月8日には朝・夕各1万人分という記録もあり。

名に及ぶ所謂、民間の施しによるものとの二者に大別される。

　前者についてみることにする。公儀が本格的に食糧支援というかたちで救済にあたるのは、八月六日からであり、二十三日までの一八日間続くことになる。その間、浸水した水の引き具合に応じて三段階にわたり減じている。二度目の豪雨が起きた八日を含め十二日までは二万食前後と最大限の救済を、その後、十三日、十六日、二十日と支援の量を減らし、遂には二十四日にはなくなる（表28）。この食糧支援は米であり、初日・二日目は粥、以後は握り飯となる。一人あたりの米の量も決められていたとある。具体的にみると、一人あたりの量は、六〇〇〇食が用意された七日朝までは一合三勺三才（約〇・二四リットル）、同夕の八〇〇〇食は一合、八日目以降は二合となる。八日には二度の焚き出しが行われているが、当日は混乱のせいか午前の記録が九〇〇〇食と一万食という二者がある。仮に後者ならば一八日間で延べ一八・六万人分が用意されたことになり、そこで費やした白米は三六〇石にのぼる（焚き出しの給付状況をみると堺町、本所元町・尾上町が各四万人前以上と最も多く、次いで葺屋町、米澤町及び下柳原同朋町、坂本町が各三万人前程、反対に少ないのは浅草旅籠町で一五〇〇人前となっている。）。さらに、焚き出しにかりだされた人足は、延べ三一八三人を要している。ちなみに、新大橋には八日時点で飢人居所を兼ねた焚き出しを振舞うための二間×一五間の小屋が、一方、両国広小路にも二間×八間（三間分が飢人居所）の焚き出し置所が各々建てられることとなった。ふりかえって、配送役船が用意されたのは、焚き出しが日本橋堺町や葺屋町など別の場所で行われたことからそれを運搬する必要があったことと、浸水がひどく両橋にたどりつくことのできない屋上等で待ちわびている人々に配送することによるものである。

ところで、前半での被害範囲と対象者が本所筋の二人の名主の見分書で三・一万人と記したが、十二日になり再度検分した記録が町奉行による八月十七日付の書付にある。それによると、本所・深川での総人数は、従来は六・一万人としていたものを四万四三八〇人と変更している。大幅な変更が何を意味しているかはわかりかねるが、寛保二年八月の大洪水が要因の一つであることには間違いがない。

なお、公儀による焚き出しというかたちでの食糧支援は二十三日をもって終了するが、本所・深川地区で特に被害の大きい五九〇人（男二一七人、女三七三人、うち子供一八八）に限っては、二十四日以降も三〇日分の米を供出している。

つぎに、後者について主なものを少し紹介する。大名では、水戸藩が五日に船をだし堅川南松代町辺にて五〇〇人を救助し粥を施したこと、酒井修理大夫が六日から十二日にかけて一日二回、切飯を施したことなどがある。旗本も同じである。堀江荒四郎は、五日には船を出し四〇〇人余を救助するとともに、翌日には本所荒井町・新町辺で餅を施している。大塚彦六は、七・八日にわたり南割下水から北割下水辺で武士に餅を施したことが記されている。これ以外にも、大名や旗本が救済の手をさしのべているのである。一方、町人も物資や銭で支援している。一例をあげると、本格的な救済が開始された六日には、所々で有徳な町人から大人には二〇文、子供には一〇文の銭が与えられたという。このように、公儀・民間とも救済においては多くの人々が支援したのである。

これら以外に、水害に遭遇した武士に対しては、拝借金の制度も設けられている。

他方、幕府は、今回の大洪水を引き起した要因の一つである河川の整備にとりかかる。その対象は、江戸近郊の河川はもとより、利根川・渡良瀬川・鬼怒川等々の北関東の河川にまで及んでいる。まずは、八月二十三日勘定組頭の八木半三郎を中心として各河川の破損状況を見分し、報告させる。それをもとに十月六日には、表29に示した松平大炊頭継政をはじめとする一〇名（この他に毛利家臣の吉川左京経永が加わる）の大名に助役普請を命じる。このなかには、、松平大炊頭・松平大膳大夫・細川越中守・藤堂和泉守の一〇万石を越える所謂、国持大名が含まれており、当然のように負担の大きな場所が割りあてされる。その後、七日には御目付の佐々源衛門成応と中山五郎左衛門時庸を普請場見廻りとし、加藤左衛門泰都以下一二名を奉行に命じている。普請工事は十一月二十一日に着手され、翌年の四月中旬には竣工の報賞を受領している。すなわち、普請工事には、実質四～五ヵ月間の歳月を要したことがわかる。

表29　寛保2年10月、河川改修を命じられた助役大名と見廻り担当者一覧

<table>
<tr><th>大名名</th><th>普請河川</th><th>普請所見廻り</th></tr>
<tr><td>稲葉万治郎泰通</td><td>荒川</td><td rowspan="3">御使番 奥山甚兵衛・御小性組大岡土佐守組 久世三之丞</td></tr>
<tr><td>伊東熊大郎祐之</td><td>荒川</td></tr>
<tr><td>京極佐渡守高矩</td><td>荒川芝川共、星川、元荒川</td></tr>
<tr><td>間部若狭守詮方</td><td>新利根川</td><td rowspan="3">御使番 菅沼藤三郎・御書院番戸田備後守組 秋田平太夫</td></tr>
<tr><td>仙石越前守政辰</td><td>小貝川</td></tr>
<tr><td>阿部伊勢守正福</td><td>下利根川</td></tr>
<tr><td>藤堂和泉守高豊</td><td>栗橋関所前、中川・向河辺領、権現堂川、思川、赤堀川、鬼怒川</td><td>御使番 松前隼人・御小性組青山備前守組 花房兵右衛門</td></tr>
<tr><td>細川越中守宗孝</td><td>江戸川、庄川・吉川共、古利根川、中川、横川共、綾瀬川</td><td>御使番 島田庄五郎・西丸御書院番中根大隅守組 酒井與市郎</td></tr>
<tr><td>松平(毛利)大膳大夫宗廣
(※毛利家家臣)
吉川左京経永</td><td>上利根川南側、</td><td>御使番 戸川内蔵助・西丸御小姓組土屋豊前守組 筧新五左衛門</td></tr>
<tr><td>松平（池田）大炊頭継政</td><td>上利根川北側、鳥川、流川、渡良瀬川</td><td>御使番 加藤左衛門・御書院番高力摂津守組 多賀外記</td></tr>
</table>

第三章　噴火と江戸

一　富士山の噴火

(1)宝永四年の噴火

宝永四年（一七〇七）の噴火は、江戸にも降灰をもたらす大規模な噴火であった。この噴火は火山灰だけでなく、軽石噴火をも伴うものであり、専門家の研究によると約七億トンの降下火砕物が広範囲にわたって堆積したことが明らかになっている（図50）。

噴火の推移は下記のようになっている。

宝永地震　噴火が始まる四九日前の旧暦十月二十八日に、日本最大級の地震といわれる宝永地震（マグニチュード八・四）が発生している。これほどの地震となった原因に二つの説があげられている。一つは元東京大学地震研究所の宇佐美龍夫氏による東経一三五・九度、北緯三三・二度の東海地域を震源とする東海地震と紀伊半島沖を震源とする南海地震の連動説である。さらに中央防災会議による「東南海・南海地震に関する専門調査会」では東海・南海・東南海の三つの地震が連動して起こったと報告されている。被害は東海から四国まで及び、死者二万人以上・倒壊家屋六万戸・津波による流失家屋二万戸に達したと伝えられている。

宝永噴火　この地震発生後、須山村（現裾野市須山）では富士山中で毎日一〇〜二〇回程度の地震が確認されているが、この群発地震による被害は出なかったようである。しかし十二月十六日朝から続いた地震に鳴動・噴煙が加わり、高熱を持った降下火砕物が火災を発生させた。噴火の始まりである。夕方にはいったん停止したが、夜には再び始まったと記録されている。

当時江戸に居住していた新井白石は「よべ地震ひ、この日の午時雷の声す、家を出るに及びて、雪の下るごとくなるをよく見るに白灰の下れる也。西南の方を望むに、黒き雲起こりて、雷の光しきりにす」とその著書『折りたく柴の記』に残している。

庶民の様子はどうだったのだろうか、日本随筆大成編輯部編『翁草』では、

宝永四年十一月二十日頃から、江戸は曇り空が続きとても寒くどんよりしていた。同二十三日正午どこども定まらず地震があり、雷鳴が頻繁に聞こえ、西から南に墨を塗ったように黒い雲がたなびいてきた。その雲間から夕陽がもれてもの寂しい様子であったが、少したつと空一面に黒雲が広がり夜のように暗くなって、午後二時頃からねずみ色の灰が降ってきた。江戸の人々が何ごとかと慌てていたところ、老人が申すには『今から三十九年前にもこのようなことがあった。これはきっと信州浅間山が噴火した火山灰であろう』とのことであった。それを聞いて人々は少々落ち着いたのであった。だ

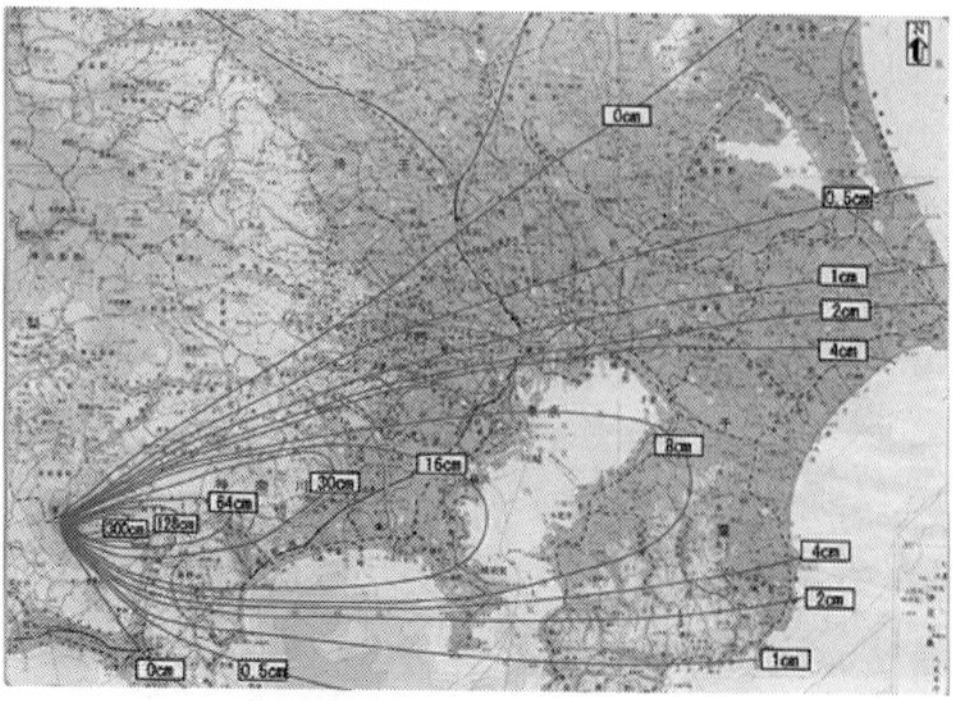

図50　宝永噴火の想定降灰分布（富士山ハザードマップ検討委員会　2002より）

んだん暗くなってき、夜になると灰はますます強く降りしきり、間もなく黒い夕立のようにどしゃぶりになった。そのため、一晩中振動が続き、戸障子はガタガタ鳴り響いて、それは例えようのない恐怖であった。午後二時過ぎから空が夜のように暗くなり、ものの区別もつかないほどであったので、どの家も灯を灯した。往来する人はいなかったが、たまたま外を歩いていてこの砂に触れてしまい目がくらみ怪我をした人もいたそうだ。人々はこの原因が分からず『これこそ世の破滅に違いない』と女子供が泣叫んでいたところ、翌日になって『富士山噴火』の注進があったので、富士山が砂を噴出してこのようになっているのだと人々は初めて安心したのであった。砂は約二十センチ、ところによっては三メートル以上降り積もったということである。（中略）土砂が噴出したところはその噴火口に大きな山ができ、世間の人々はこれを宝永山と呼んだ

東京大学本郷キャンパス内にある旧加賀藩邸の発掘調査時に、当時の降下火砕物が確認されている。地表から約一メートル掘り込んだところに〇・一センチ程の白い火山灰層とその上に一・五センチ程の黒い火山灰層が確認されている。前述の『翁草』で書かれている内容と合致している。

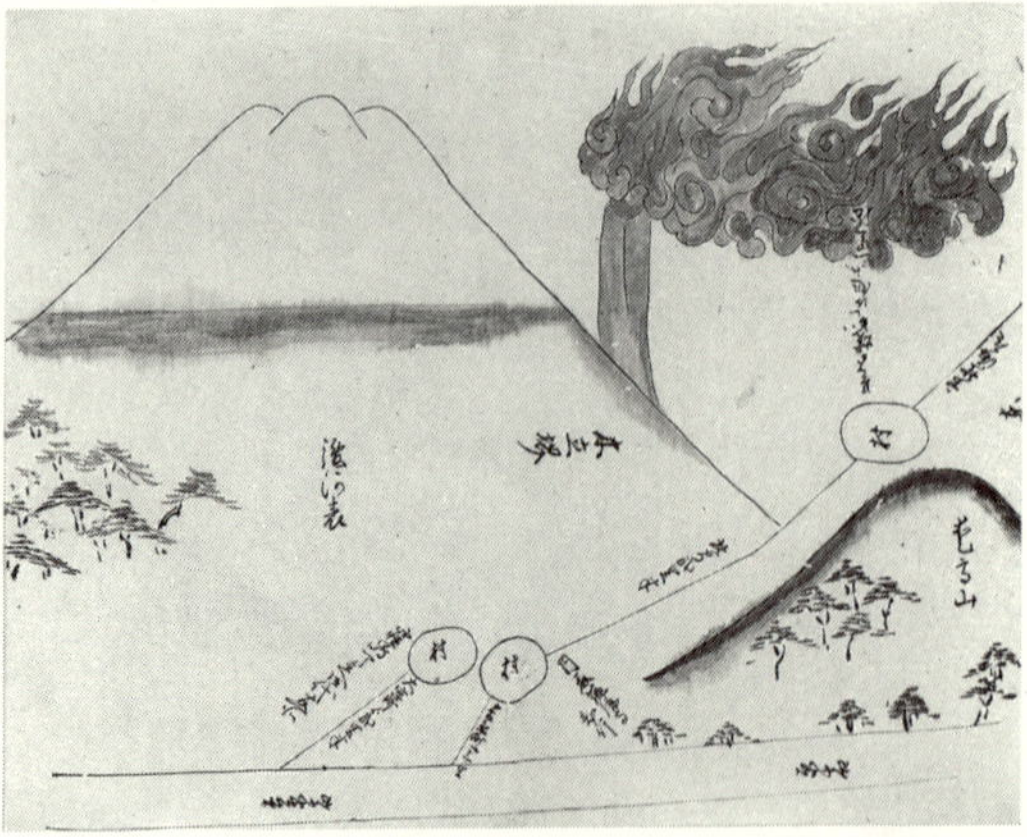

図51　噴火の絵図(崎南文庫戻戌抄書「伊東志摩守日記」宮崎県立図書館所蔵)

宝永噴火は最初の四日間、激しく噴火し、その後小康状態を挟みながら小噴火が続いていたが、一月一日を最後に噴火は終息している。

これまで確認されている富士山噴火の特徴は四つに分けられている

① 噴火のタイプは、火砕物噴火、溶岩流噴火、及びこれらの混合型噴火で、少数であるが火砕流の発生も確認されている。

② 山頂火口では繰り返し同一火口から噴火しているが、側火口では同一火口からの再度の噴火は知られていない。

③ 噴火の規模は、小規模なものが圧倒的に多く、約二二〇〇年前以降で最大の火砕物噴火は宝永噴火であり、最大の溶岩流噴火は貞観噴火である。貞観六―七年(八六四―八六五)におきた噴火で、青木ヶ原溶岩が流出して富士五湖のうちの三湖(本栖湖・精進湖・西湖)が形成された。

古文書等の歴史史料には、確かな噴火記録だけでも、七八一年以降下記のとおり一〇回の噴火が確認されている。

噴火　七八一年　続日本紀に「山麓に降灰し、木の葉枯る」とある。

噴火　八〇〇年　日本紀略に「山頂の大噴火が荒れ狂い川の水を紅色とした」とある。

噴火　八〇二年　山頂より火山弾・火山灰。東斜面の小富士誕生（?）。

噴火　八六四─八六五年　北斜面の長尾山からの熔岩により青木ヶ原樹海が形成される。

噴火　九三七年　北斜面より。鷹丸尾溶岩流・檜丸尾溶岩流は山中湖をせき止めた。

噴火　九九九年　山頂より本朝世紀に「不字御山、焚く」とある。

噴火　一〇三三年　南斜面より。日本紀略に「富士山噴火、峰より起り、山脚に至る」とある。大沢崩への溶岩流が発生。

噴火　一〇八三年　扶桑略記に「富士山焼燃」とある。

噴煙（噴火?）一五一一年　妙法寺旧記に「窯岩燃ゆ」とある。

噴火　一七〇七年　宝永噴火。

二〇〇二年富士山火山防災シンポジウム基調講演において、小山真人氏が宝永地震の四年前の元禄地震（マグニチュード八・二）直後にも、四日間にわたって富士山から山鳴りが聞こえたと報告されている。元禄地震では噴火せず、宝永地震では富士山の噴火が発生している。この両者の差を生んだ条件や原因は不明とされている。

八〇〇年以降巨大地震が繰り返し発生しているが、五〇日程度の短い期間で富士山が噴火した例は宝永噴火しか確認されておらず、地震と噴火の因果関係は解明できていない。

元禄地震から宝永噴火までを一連の地殻変動としてとらえている研究者もいるが、地震が一〇〇年から一五〇年間隔で発生しているのに対し、富士山噴火の間隔にはそのような規則性が認められていないことから、現段階で地震と噴火の因果関係は不明確であるといえる。

噴火による被害　前述したが、噴火当初は高温の降下火砕物が確認されている。宝永噴火の火口に一番近い須走村（現静岡県駿東郡小山町須走）では蹴鞠《けまり》ほどの焼け石（降下火砕物）が地に落ち、砕け散って燃え上がったと伝えられる。このため七五軒中三八軒が降下物の重みで倒壊。残り三七軒が焼失している。

小田原藩が被災地（現静岡県駿東郡・神奈川県足柄郡）の見分を行っており、一尺以上の降灰によりほとんどの村で麦作が全滅状態であることが報告されている。

図50にも示されているが、降下火砕物は風によって富士山の東側部に堆積している。このため富士山に近くなるほど堆積量・粒径も大きくなっている。須走村で見られた一次被害とは違う二次的被害がこのため発生している。

降下火砕物の被害として五点を指摘することができる。

① 高温の降下火砕物による家屋の焼失
② 厚い降下火砕物による家屋の倒壊
③ 田畑、草地への降灰による作物・飼料・燃料の不足と森林の荒廃
④ 降下火砕物及び土砂の二次移動による用排水路の埋没

⑤　河川への土砂流入と河床上昇による氾濫

降下火砕物による森林の荒廃は山地からの土砂流出を容易にし、深刻な④や⑤が酒匂川流域でも起っている。

江戸の狂歌に「これやこの行も帰るも風ひきて知るも知らぬもおほかたは咳」というものがある。当時の江戸庶民が、降灰が塵芥となり、風が吹くたびこれを吸い込むことで咳き込み、健康被害に苦しんでいたことをうかがわせる。実際の呼吸器疾患の患者数の把握はできないが、これも二次的被害にあたると思われる。

(2) 小田原藩内、酒匂川の氾濫と治水

宝永の噴火により、大量の降下火砕物（宝永スコリア）が発生し、酒匂川上中流域がこれに覆われることとなった。これにより田畑の荒廃だけでなく、河床上昇による河川の氾濫や用排水路の埋積による二次的被害も大きいことが近年の研究により明らかになっている。ここでは酒匂川流域でどのような被害があり、どのような対策がおこなわれたかを古記録からつづることにする。

噴火後の対策　宝永の富士山噴火により小田原藩領内では、愛柄上郡と駿東郡が大打撃を受けている。当時の藩主は大久保忠増であった。同氏は幕府老中職に任じられていたため江戸から離れることができず、さらに四年前の元禄大地震の復旧途上であることも重なり、この地に十分な災害復旧を行うことができなかった。そのため足柄上郡一〇四カ村と駿東郡五九カ村の住民は幕府直訴に及ぶ構えを見せる事態と

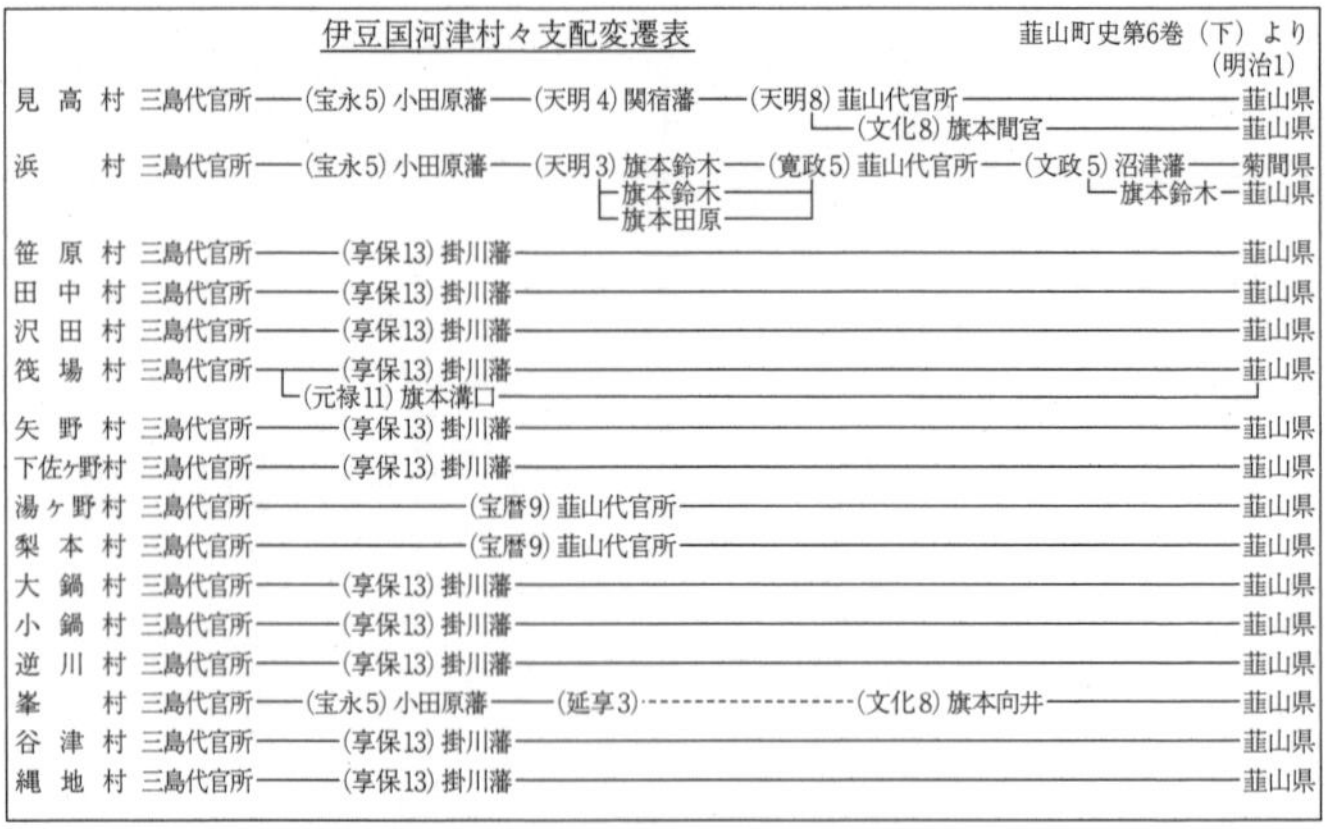

図52　海津村々の支配変遷表

なった。これにより忠増は小田原藩による災害復興を断念、幕府に救済を求めた。

宝永五年（一七〇八）一月三日、幕府は甚大な被害を受けた足柄地方と御厨地方（静岡県御殿場市）の六万石を天領（直轄地）とし、小田原藩には代わりに伊豆・美濃・播磨のうちから代替地が与えられた。同年一月七日には関東郡代伊那忠順を復興総奉行とし、その資金は全国より一〇〇石につき二両という高役金（臨時課税）を課して四八万両を捻出している。また、被災地の土地改良・河川改修に岡山藩など五つの諸大名を手伝普請させた。

足柄地方と御厨地方は、三五年後の延享四年（一七四七）に小田原藩へ還付されたが酒匂川の氾濫・洪水は繰り返し起こり、最終的に復興がなったのは噴火発生から七六年後の天明三年（一七八三）であった。

小田原藩の代替地となった伊豆国河津村々の支配変遷表を見てみると、一七村の内、見高村・浜村・峯村の三村が宝永五年に三島代官所から小田原藩に支配が移っている。

浜村はその後、天明三年（一七八三）に旗本三氏（鈴木・高木・田原）の相給となり、寛政五年（一七九三）に韮山代官所の支配となっており、天明八年（一七八八）に同じく韮山代官所の支配となっている。見高村は天明四年（一七八四）に関宿藩の所領となっている。峯村だけが、文化八年（一八一一）に旗本向井氏の所領となっており、明治維新まで支配が続いている。

以上のことから、天領でなくては幕府の資金が投入できなかったことが理解でき、復興がなったおりに天領に戻されていたことがわかる。

丹沢山地と酒匂川中流域の土砂災害　丹沢山地は急傾斜が多い地形である。この山地や酒匂川中流域では宝永スコリアが六〇センチから三〇センチ程堆積した。このため谷川がせき止められ、自然のダム湖がいたるところにできたといわれる。これらが台風などの大雨の時に決壊し、大量の土砂とともに下流域へ流入し、河道閉塞や河床上昇を招いたと考えられている。噴火より二年後の宝永七年（一七一〇）五月に提出された『宝永七年五月　奥山家往還道御普請人足見積り』には「出水や山より落ちてきた石砂により街道の通行が困難になった」と訴えられている。この見積りの修復工事区間の総延長は二万四七一九メートル・人足数三一〇五人と富士砂防工事事務所が算出している。このことから、長い年月にわたって土砂等が下流域に流れ込んでいたことが推察される。

足柄平野と酒匂川下流域の土砂災害と復旧　中世より足柄平野に住む人々は、網状に流れていた川を堤防によって固定し、用水堰を利用し耕作を行っていた。小田原藩は足柄平野の治水対策として、酒匂川の足柄平野への渓口部に春日森堤・岩流瀬（ガラセ）堤・大口堤を構築していた（図53）。これは狭窄部となっ

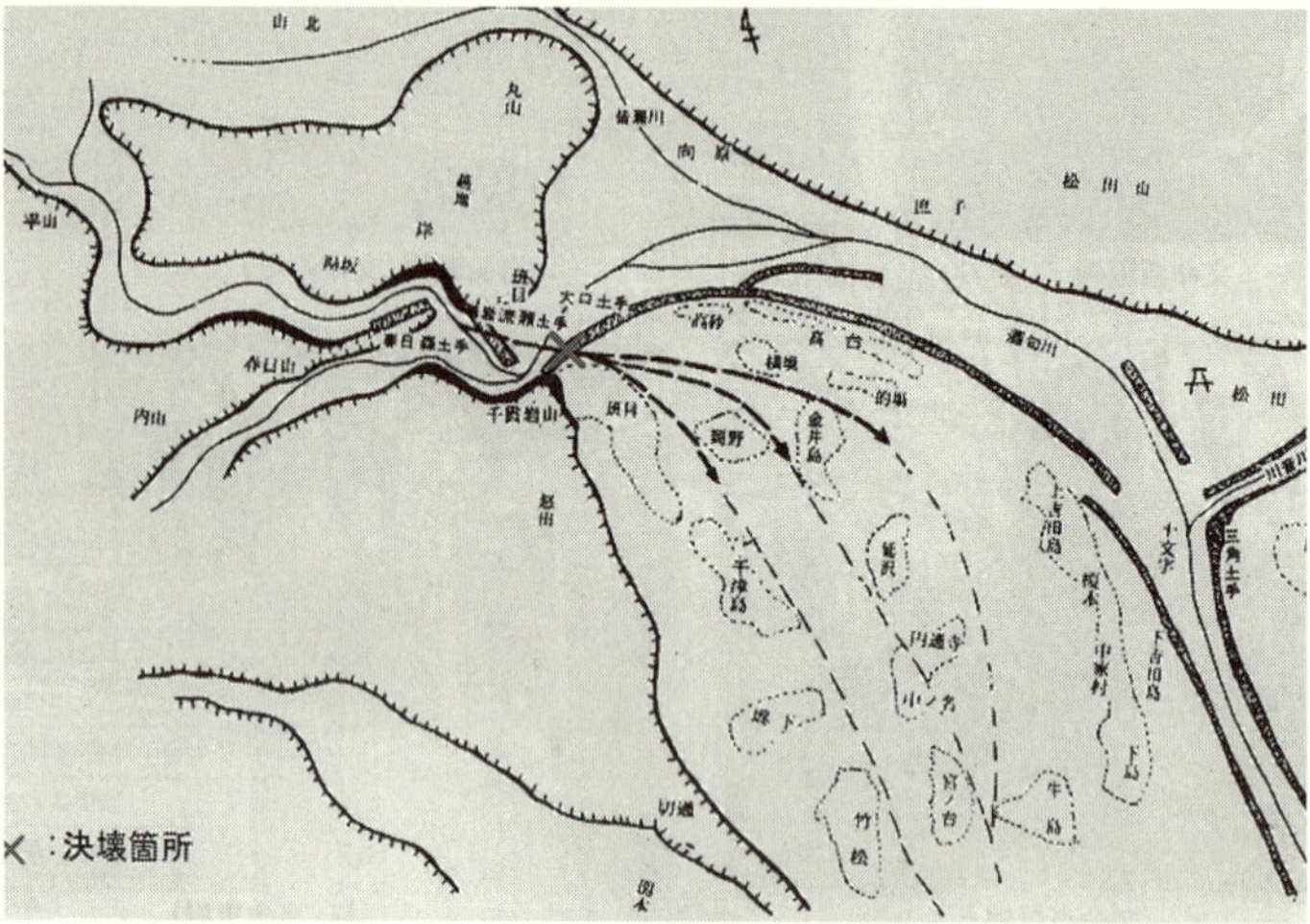

図53　大口付近の集落と大口堤決壊時の洪水流路（酒井、1975）

ている部分に岩流瀬堤を構築し、大水の時は大口堤の対岸に水流を導流させる目的があり、平野部を守る大口堤に直接水流があたらないように構築されている。しかし噴火以後大量の土砂が流入したことで、河床の上昇が起こり水流が堤に直接あたる事態となった。氾濫の多くは大口堤の決壊により、この地域に甚大な被害を及ぼすことになる。ここでは古記録から九回の土砂災害について略述することにする。

宝永五年の水害は大口・岩流瀬堤を決壊させ酒匂川右岸部に被害を与えている。正徳元年には岩流瀬堤が未修復だったため大口堤が決壊。ふたたび右岸部の村々に被害を与え、河川自体が平野の西側に寄ってしまう形となり、酒匂川右岸と左岸の村々に水利をめぐる対立が起こってしまった。その後大口・岩流瀬堤を堅固に構築したが、享保十六年には下流域で決壊し、今度は酒匂川左岸部に被害を受ける結果になった。享和二年からは岩流瀬堤こそ決壊したが大口堤周辺部では大きな決壊が起こらなくなった。そのため、下流域に水が流れ込み決壊を引き起こしている。

〔宝永五年六月二十二日（一七〇八）の災害〕

噴火の翌年、台風の時期に岩流瀬堤・大口堤が決壊した。洪水は酒匂川右岸部に流れ込み狩川と合流、勢いが強まりさらに下流域の土手を突破。上新田・中新田・下新田の三村を「亡所」として海まで流れ込んでいる。どれほどの戸数が流されたのか記録が確認されていない。被害を受けた人々は西側丘陵地の怒田台地に避難している。宝永六年に丹波屋（『富士山宝永噴火と土砂災害』に記載があるが人名はなし）により大口堤が復旧されたが、岩流瀬堤は享保十一年（一七二六）まで復旧されなかった。岡山藩など五つの諸大名に手伝普請を幕府は命じていたが、実際は町人が普請を行っていたことがうかがえる。安易な工法で修復された堤はたびたび決壊することとなる。

〔正徳元年七月二十七日（一七一一）の災害〕

宝永五年に決壊した岩流瀬堤が未修復のため、大口堤が決壊。酒匂川は平野西側を流れる形となり「新大川」と呼ばれた。被害の少なかった左岸部の村々は酒匂川が西部に寄ってしまったため、水路を拡幅して用水の確保を行った。やがて右岸部の避難していた人々が帰村し、田畑の復旧を行うと用水の不足が起こるようになり、右岸・左岸で水利をめぐる対立となった。「相州酒匂川本川通川除御普請御願絵図」を見ると河川の位置が大きく変化していることがわかり、早急な復旧を願う村々の思いが伝わってくる。この状況は大口堤が岩流瀬堤とともに修復される享保十一年まで続くことになる。

〔正徳四年三月十一日（一七一四）の災害〕
酒匂川右岸部が被害をうけている。曽比村では惣繁寺本堂が流失している。享保年間に復旧工事が進められ、享保十一年に田中丘隅によって大口堤が復旧した。また宝永五年に決壊した岩流瀬堤も復旧された。
〔享保十一年七月（一七二六）の災害〕
下流域が決壊。酒匂川東西の村々が被害を受ける。東側も金手村から西大井村までの一〇〇〇間の堤が決壊し村々が亡所となった。翌年より復旧工事が行われたが、酒匂川の流路の変更も行ったため、以後東岸部に水害が起こる原因とされている。
〔享保十六年五月十五日・六月晦日（一七三一）の災害〕
酒匂川左岸部の土手が決壊し、被害は十六村に及んだ。河川流域に位置する西大井・鬼柳・桑原・成田の四村は全ての家が流失した。
〔享保十七年六月五日（一七三二）の災害〕
前年の水害で被害を受けていた土手が復旧中のため、西大井・鬼柳・桑原・成田・西大友各村が被害を受けた。
〔享保十九年八月七日（一七三四）の災害〕
酒匂川の全域が氾濫。鬼柳村で死者一五名。班目・千津島村で死者二〇から三〇人を出した。岩流瀬堤が決壊し、大口堤は決壊流失している。班目・千津島村に檀家が多い臨済宗珠明寺の過去帳には八日に一六人・九日に三人の水死者の記録がある。他の寺院の被害者総数を合算すると相当の被害が出たことがうかがえる。ただし多くの寺が水害にあい記録等が残っていないのが現状である。享保二十年に岩流瀬堤が蓑笠之助により復旧されている。

〔寛政三年八月六日（一七九一）の災害〕

小田原藩領に戻っても水害は続き、岩流瀬堤が決壊。全域にわたる大水害であった。金手村は田畑全てが流失した。大口堤も半分ほど欠けたが決壊には至らなかった。岩流瀬堤は同年小田原藩が復旧している。

〔享和二年六月（一八〇二）〕

多くの場所で堤が決壊し、下流域の村々に洪水が押し寄せている。岩流瀬堤が決壊。大口堤も一部が欠けたが決壊には至らなかった。岩流瀬堤は同年小田原藩が復旧している。

幕府の災害対策　噴火直後、幕府は被災地に検分使を派遣し状況の把握に努めている。また整理すると次のような対策を行っている。

第一に、被害の大きかった小田原藩領の六万石あまりを幕領へ切り替え、代替地を与えている。その結果、酒匂川東側と西側で小田原藩への返還の時期が違っている。復興が早かった西側は延年四年（一七四七）で、東側は天明三年（一七八三）となっている。

第二に、関東郡代伊奈忠順を砂除川浚奉行に任命。関東郡代は関東地方の幕領の管理者であるので検地や治水・土木事業を専門とする担当を決めた。

監督・指導は幕府だが、当初町人普請のため修復された堤防は前述のとおりたびたび決壊した。八代将軍吉宗の時に田中丘隅を登用し、酒匂川本流の川底浚と堤防を強化し下流への流れを良くしている。これにより復興への足がかりができた。

第三に、全国に災害対策費として石高一〇〇石について金二両の高役金を徴収した。四八万両余りの全国から集められた高役金は実際には六万二〇〇〇両しか使われておらず、江戸城の普請費用・将軍家婚礼の準備金・使途不明金に流用されていた。当時の勘定奉行荻原重秀は将軍家宣のときにこのことを指摘され罷免となっている。

最後に、岡山藩など五藩に「御手伝普請」を命じた。実際、直接工事は行わせず、費用を諸藩に出させている。

宝永五年十一月の幕府の触書　実際に行っていたことは治水対策による租税収入の確保であり、根本的な災害復興対策は行われてはいなかった。このことは幕府が出した具体的には九条からなる触書にも現れている。

一、村中の百姓総出で村切りに、山・野・海へ最寄次第田畑以外の空地へ砂を捨てよ
二、女子供も総出で少しでも早く砂をはきとれ
三、砂を片付ける場所のない村は、田畑屋敷の内へ女が片付けるかまたは掘り埋めよ
四、田畑をつぶすことはならぬ
五、砂が多くて村の人数ではできなくとも、力のおよぶ限りは砂をとりのけよ、その内見分の者を派遣する

六、麦作が収穫できるよう努力せよ、麦作不能の所はその模様を書き出せ
七、麦作収穫まで食料は、昨年冬の蓄えで飢えないようにせよ、再度調査の上救米を出すであろう
八、独身者の百姓は助け合うようにせよ
九、砂除去については村々で口論せず、隣村へ砂を運ぶな

降下火砕物が少ない地域においては可能であろうが、多い地域においては既存の田畑をつぶさずにこれを行うことは不可能であった。

現在、斜面傾斜の急な丹沢山地を流れる河内川や酒匂川本川流域では降下火砕物がほとんど残っていないという報告もある。皮肉にも降下火砕物・上流域から流入した土砂の排除は、何回も発生した河川の氾濫によって行われていたといえよう。

未曾有の大災害であった富士山宝永噴火は、江戸での直接的被害はないものの、地方は大きな痛手を被ることになった。これまでの状況で以下のことが原因と考えられる。

① 酒匂川上流部で宝永噴火時に降下火砕物が大量に堆積。これによる山の荒廃で土砂の流入が河川におこった。
② 既存の堤防では河床が高くなったため大水の時に決壊が起こりやすくなった。
③ 降下火砕物の排除が十分でないため、河川への流入を止めることができず、さらなる被害を起こした。
④ 堤防の一部強化を行うと別な箇所の決壊を引き起こされた。流域全体の堤防強化が必要だった。

⑤　水路も埋まってしまい、復興しようにも田畑の境や村境が不明確であり、人的損害も発生していた。酒匂川流域で深刻な被害を引き起こしたのは、為政者の失策もそうだが荒廃した山間部への対策が不十分であったことに気づかされる。現代社会では急傾斜対策や治山事業により対応することになるが、一度失われた自然の早期回復がもっとも必要な対策に思われてならない。また被災した地域で、何度も洪水にみまわれながらも、村々の復興に尽力した先人達の努力も忘れることができない。

二　天明三年浅間山噴火の史料と遺跡

(1)江戸時代の火山災害と浅間山の噴火

火山噴火の記録は、日本各地に存在している。

江戸時代の火山災害による人的被害をみてみると、犠牲者をたくさん出した多い順から雲仙岳寛政四年（一七九二、死者一万五〇〇〇名）・浅間山天明三年（一七八三、一五〇〇名以上）・北海道渡島大島寛保元年（一七四一、死者一四七五名）・北海道駒ケ岳寛永十七年（一六四〇、死者七〇〇余名）などがある。

九州と北海道の三噴火による犠牲者の多くは、噴火に伴う津波による被害であるのに対して、浅間山の噴火による犠牲者は、浅間山麓にある鎌原村などの村を直接襲った火砕流・土石流による被害の他、二次的に発生した吾妻川・利根川の泥流流下に伴う下流域沿岸の広域的な被害が主なものである。

さらに、この浅間の噴火に伴う火山灰が成層圏まで達し、太陽の光を遮ることで天候不順を招き、農作物などの不作が「天明の大飢饉」の発端となったとも言われている。

天明三年（一七八三）の浅間山の噴火は、関東地域における代表的火山災害である。

浅間山は群馬県と長野県の県境に所在している。浅間山は西側の黒斑山、東側の仏岩火山、中央の前掛山の三山からなっており、一般的には浅間山をイメージするのは末広がりの前掛山である。

浅間山は現在も前掛山から噴煙を出し続けており、日本有数の活火山の一つである。

江戸時代の浅間山の噴火は、理科年表など（表30）でみてみると数十回以上の記録が認められる。明治以後では細かな観測データが一〇〇回位と数多く残り、最近では、平成二十一年（二〇〇九）二月に小噴火を起こしていることでも記憶に新しい。

今回は浅間山の噴火のなかで、一番被害の大きかった天明三年の噴火について取り上げてみたい。

(2) 天明三年、浅間山の噴火

浅間山の天明三年（一七八三）の噴火は、旧暦四月八日（新暦五月九日）に小噴火がはじまるが、その後約一カ月半の静寂期があった。

五月二十六日から鳴動・小噴火による降灰などがあり、また二十一日間の静寂期がある。六月十八日の噴火では、鳴動を伴いながらの噴火で北東方向に軽石を降らせる。軽井沢宿で軽石の降下を確認。八日間休んで六月二十六日からは、二十七・二十八・二十九日、七月一・二日と連続して鳴動・噴火・降灰を繰

表30　浅間山噴火一覧（江戸時代）

西暦	和　暦	噴火	備　考
1596	慶長元年	噴火	5月噴石で死者多数、8月噴火
1598	慶長三年	噴火	
1604	慶長九年	噴火	
1605	慶長十年	噴火	
1609	慶長十四年	噴火	
1644	正保元年	噴火	
1645	正保二年	噴火	
1647	正保四年	噴火	
1648	慶安元年	噴火	積雪を融解、追分駅を流出
1649	慶安二年	噴火	
1651	慶安四年	噴火	
1652	承応元年	噴火	噴火のため山麓焼ける
1655	明暦元年	噴火	
1656	明暦二年	噴火	
1657	明暦三年	噴火	
1658	万治元年	噴火	鳴動
1659	万治二年	噴火	鳴動、降砂
1660	万治三年	噴火	
1661	寛文元年	噴火	年間数回
1704	宝永元年	噴火	
1706	宝永三年	噴火	
1708	宝永五年	噴火	江戸に降砂
1709	宝永六年	噴火	広範囲に降灰
1710	宝永七年	噴火	
1711	正徳元年	噴火	降灰
1717	享保二年	噴火	
1718	享保三年	噴火	鳴動
1720	享保五年	噴火	
1721	享保六年	噴火	6月22日噴石のため15名死亡
1722	享保七年	噴火	
1723	享保八年	噴火	
1729	享保十三年	噴火	降灰
1731	享保十四年	噴火	
1732	享保十六年	噴火	
1733	享保十七年	噴火	
1754	宝暦四年	噴火	
1776	安永五年	噴火	
1777	安永六年	噴火	
1783	天明三年	噴火	5月9日～8月5日頃まで約90日間火山活動。死者1,551名
1803	享和三年	噴火	
1815	文化十二年	噴火	

り返し、火山活動が激しさを増しながら、七月五日には激しい大噴火がはじまる。

七月六・七日に火砕流が発生する。七日夜十時ころ大噴火があり、山頂火口から溶岩が流出した。「鬼押し出し溶岩」である。七月八日には大噴火が連続し、午前一〇時ころ「鎌原土石なだれ」が発生して鎌原村を直撃、数メートルの厚さの土石で埋めつくした。流れ下った土石なだれは、そのまま吾妻川に流れ込み川をせき止めた。自然の巨大な堰は、上流からの流れで水をたたえたが、耐えられなくなって一気に決壊し、土石流となって流れ下った。吾妻地区の記録では、土石流が一回ではなく、三回に渡って流れ下ったと記録されており、堰きを三回つくっては決壊したものと考える。

この土石流で吾妻川沿岸・利根川沿岸は大きな被害となり、天明三年の浅間山の噴火による死者は一五〇〇人以上とも言われ、多くの村の田畑を土石流で押し流し、渋川あたりでは厚さ四メートルの土石を堆積させている。

土石流は利根川を流れ下り、群馬県・埼玉県・茨城県・千葉県銚子の太平洋に達している。また、土石流は利根川から枝分する江戸川にも流れ込み、埼玉県・東京都と千葉県の県境を南下し、東京湾に達している。この時、東京（江戸）では川面が泥水となって、損壊された家屋建築材（梁・柱・障子・襖など）、家財道具・人・牛馬・根の付いた木などが一面に流れ付いた記録がある。

(3) 土石流に埋もれた遺跡と史料・絵図との検証

群馬県では、近世の遺跡として天明三年の吾妻川・利根川における天明泥流堆積層の直下に埋もれた江戸時代の遺跡の発掘調査が実施されている。

泥流に埋もれた遺跡の第一号は、群馬県吾妻郡嬬恋村にある「鎌原遺跡」が最初に発掘調査された。続いて「中村遺跡」が調査されている。その後、数多くの吾妻川沿岸、利根川沿岸の泥流に埋もれた発掘調査が行われ、現在では約一二〇以上の遺跡が確認されている。（図55）

図54　「浅間焼吾妻川利根川泥押絵図」（群馬県立歴史博物館提供）

史料と発掘調査の成果　ここで今回は、発掘調査の結果と記録・伝承の内容が一致したところと、相違があったところをみてみたい。

〔鎌原村観音堂石段と人骨の発見〕

　鎌原遺跡の発掘調査は、昭和五十四年～五十六年（一九七九～八一）、昭和六十年～平成三年（一九八五～九一）に実施された。発掘調査は観音堂埋没石段の確認、埋没家屋の確認、熱泥流層などの調査を主として行われた。

　鎌原堂の石段は伝承では一二〇段とも一五〇段とも言われていたが、現在は一五段の石段を残し、その下は土石に埋もれてしまっている。

　一五段の登り口には「天明の生死をわかつ十五段」という立札が立てられている。

　これは天明三年七月八日被災当日、鎌原堂に身を寄せた人たちが、石段を駆け上がろうとして目の前で登りきれなかった人が、土石に飲み込まれた状況を詠んだものと考えられる。

　この石段の最下部を発掘調査で確認する際、人骨が折り重なって二体発見された。（図56）まさしく「天

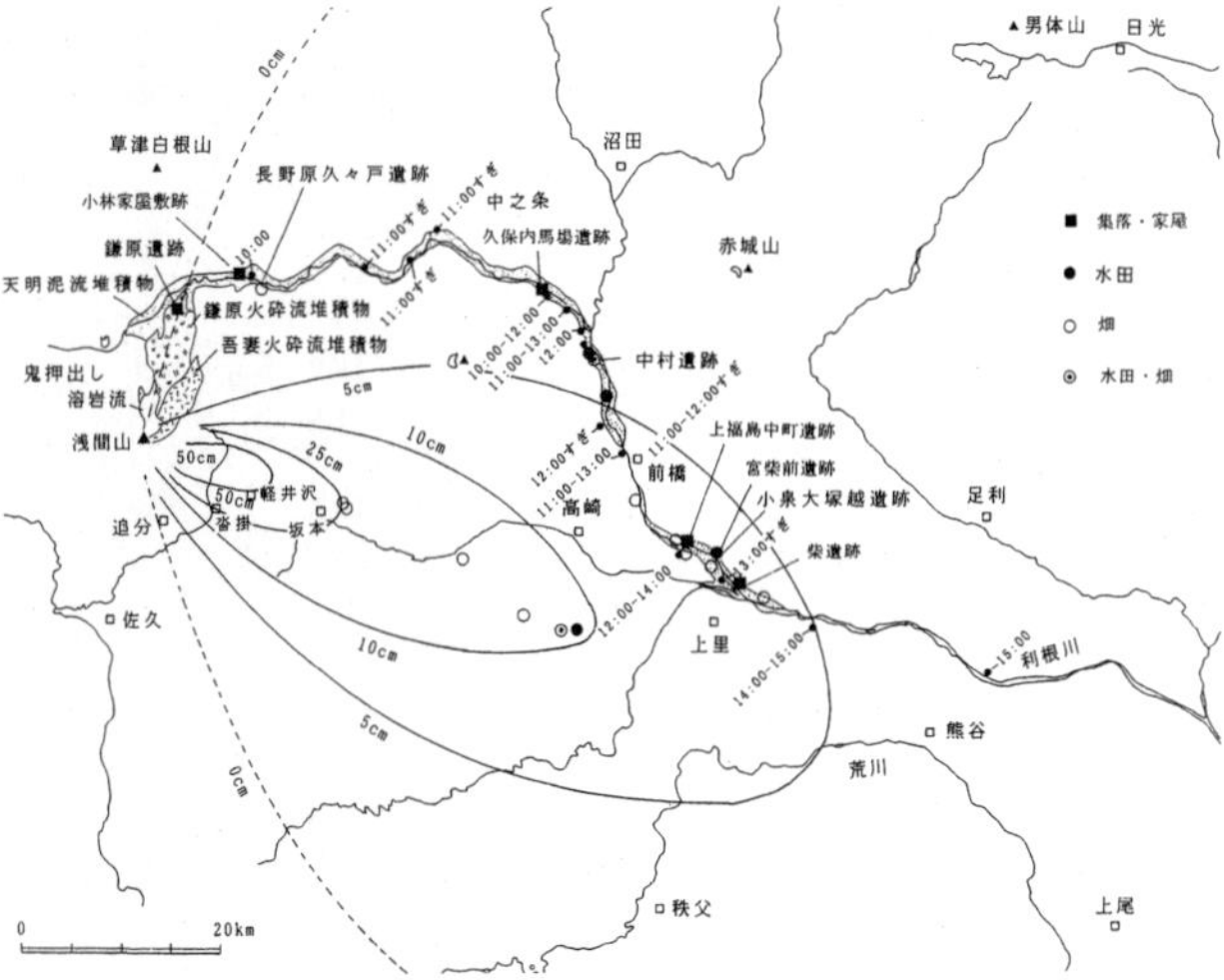

図55　浅間火山1783（天明３）年噴火の噴出物・火山泥流・代表的被災遺跡の分布（早田、1995年に加筆）　時刻：火山泥流（天明泥流）の到達時刻（８月５日）

命の生死を分けた十五段」であったわけである。この人骨は二人とも女性であり、出土状態からもう一人を背負った状態で被災している。背負った女性は身長一三四～一三九センチ、三〇～五〇歳、背負わされた女性は一四五～一四九センチ、五〇～六〇歳であることが判明している。この女性達の関係は嫁と姑、親と子などが推測される。

また、この人骨は、発掘調査により天明三年の土石流下から発見された最初の被災者である。

実際に発掘調査で確認された石段の段数は、途中が未調査であるが最下段が確認されたことで、石段の一段の蹴上げの高さ、踏面の長さから推測して五〇段であったことが判明した。

〔上野国延喜式内社の四ノ宮の発見〕

砂利採集工事前に甲波宿禰神社の所在地を「川島久保内・馬場遺跡」として渋川市教育委員会が発掘調査を実施している。

天明三年の泥流災害以前に甲波宿禰神社がこの場所にあったことを示す記念碑「甲波宿禰神社」が村人の手によって建立されている（図57）。ちなみに、甲波宿禰神社は「上野国四之宮」にあたる。

図56　鎌原堂石段最下段で発見された人骨（嬬恋村郷土資料館提供）

上野国の延喜式内社、上野国一二社は、一之宮（藤岡市）貫前神社、二之宮（前橋市）赤城神社、三之宮（渋川市）伊香保神社、四之宮（渋川市）甲波宿禰神社、五之宮（伊勢崎市）大国神社、六之宮（高崎市）榛名神社、七之宮（高崎市）小祝神社、八之宮（玉村町）火雷神社、九之宮（伊勢崎市）倭文神社、十之宮（桐生市）美和神社、十一之宮（桐生市）賀茂神社、十二之宮（富岡市）宇芸神社である。甲波宿弥神社の周辺で、当時の泥流災害を知る資料として、記念碑の北東一〇〇メートルに群馬県指定天然記念物「金島の浅間石」がある。このあたりの地表には、天然記念物として指定された浅間石の他にも大きな浅間石が多く分布している。金島の浅間石は二分しており、大きさは二つ合せて東西一五・八メートル×南北一〇メートル×高さ四・五メートル、周囲四十三・七メートルと非常に大きなものである。（図58）

この大きな浅間石を浅間山から吾妻川を経て、金島に運んできたメカニズムは、土石流の先端に浅間石を乗せてきたものである。甲波宿禰神社のある土地が吾妻川の湾蛇行曲が強いことから泥流がこの土地に

図57　甲波宿禰神社の記念碑

図58　金島の浅間石

乗り上げ、その時に泥流の勢いが衰え、厚さ二メートルの土砂とともに巨大な浅間石をこの地に残していったものと考えられてる。

『延喜式』にある上野国一二社の場所は認識されているものの、当初の社の場所や構造がどのような状況であったかは当甲波宿禰神社以外はすべて不明である。

ところで、上野国一二社の甲波宿禰神社は、社そのものは泥流により下流に流されている。発掘調査の結果、礎石などが残されており、礎石配置から具体的な神社構造を復元することができた。社殿は南面し、拝殿・幣殿・本殿で長辺一二・八メートルである。本殿には、覆屋が施されている。（図59）

なお、その後甲波宿禰神社の御神体は、五〇里下流の徳村（下総国、現千葉県）で押し上げられ神社に戻された記録がある。

余談であるが、川島村から流された姑嫁が十七・八里下流の下芝村に押し上げられ、幸にも生きて帰れた者もあったと良い記録もある。今回のように村人が甲波宿禰神社の石碑を建立した場所と発掘調査で見

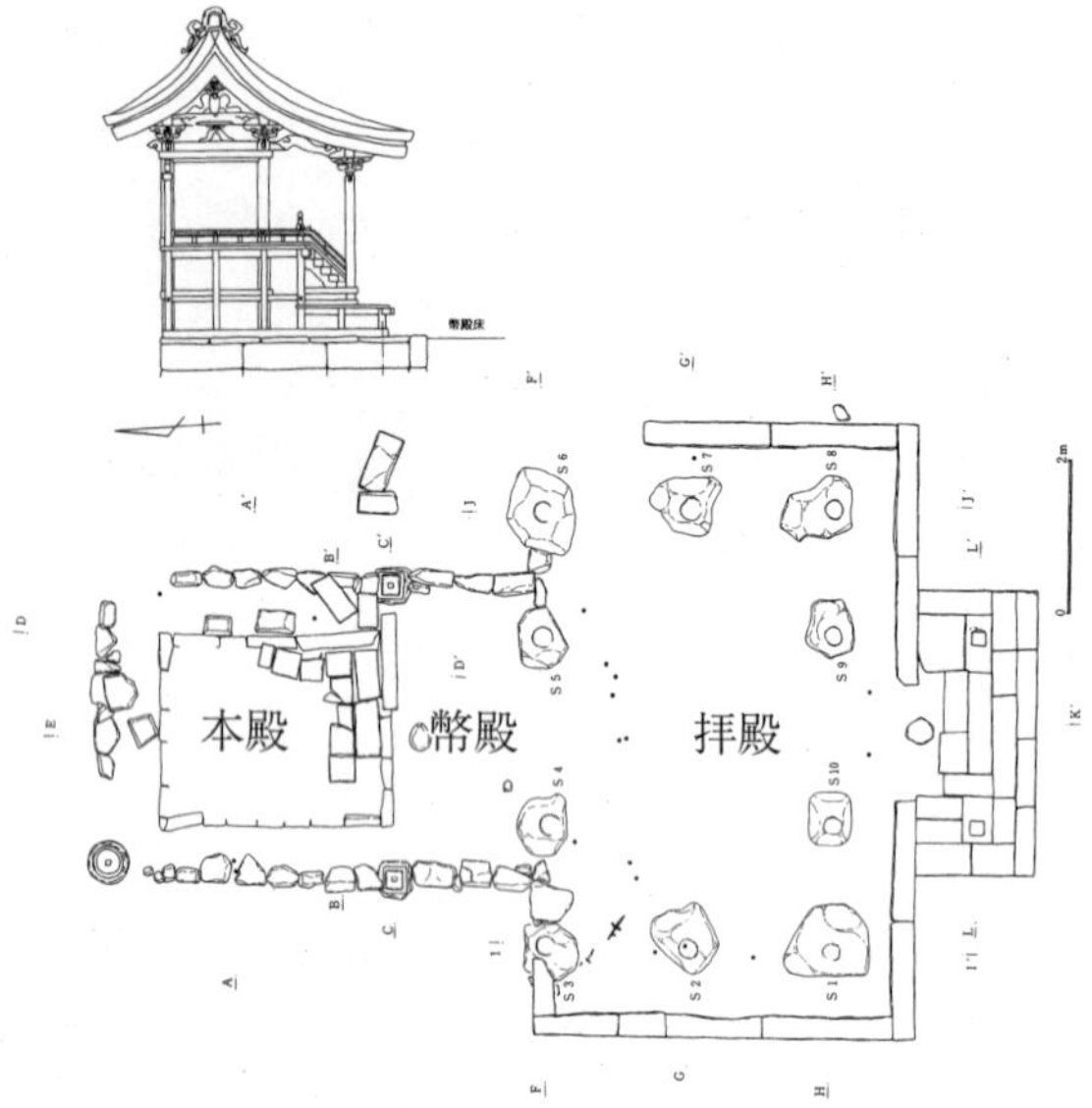

図59　甲波宿禰神社構造復元図（渋川市教育委員会提供）

つかった神社跡の箇所は、一〇メートル位の差こそあれほぼ同一箇所であったのである。

なお、現在の甲波宿禰神社は泥流で流失後、天明五年（一七八五）に南西七〇〇メートルほど離れた高台に再建されている。

村絵図・古文書と発掘成果の違い

〔中村の被せ絵と中村遺跡〕

渋川市には、中村所有の区有文書に大きな絵図がある。この絵図は、天明三年の泥流に被災する前の中村の絵図で詳細な個々の建物の配置図、道、川などが記載されている。その元図に泥流の被ったエリアを墨書で示した和紙を被せて被害状況を一目でわかるように表現している。

中村の被災状況を知る資料として、渋川市教育委員会が昭和五十七年（一九八二）に関越自動車道上越線の工事事前発掘調査において、渋川・伊香保インターチェンジを発掘調査した中村遺跡がある。そこからは天明泥流の直下、地表から三・五メートル～四メートルの下から江戸時代の畑・水田の跡が現れている。河岸段丘は僅か一メートルの段丘として残っている。この泥流が河岸段丘を乗り越えていたら被災状況は数倍に拡大していたことが予測される。

中村は四四九人中二四人が流死、家屋は一〇六戸のうち七四戸が流出、耕地は全体の約四分の三の二四二石が埋没している。

半田の絵図と若宮遺跡　上野国群馬郡半田村の絵図には土石流の災害は、土石流の覆った地域が薄墨によって塗られている。絵図には、午王川と茂沢川の合流した場所が良好に示され、そのあたり一帯は天明期にはすべて水田のような標記になっている。

若宮遺跡は、渋川市教育委員会が平成九年（一九九七）に公共施設建設前に発掘調査を実施したもので

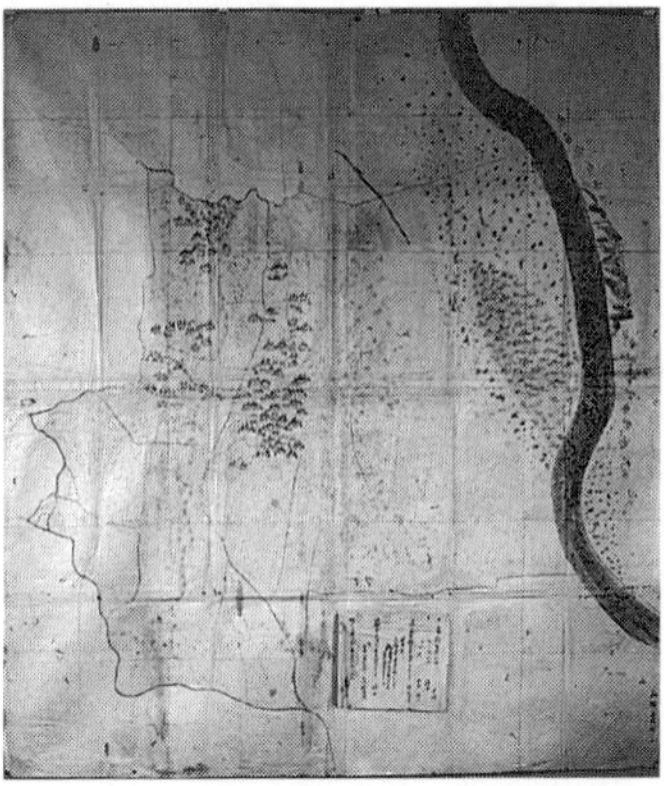

図60　中村区有文書　被災前絵図
（渋川市教育委員会提供）

図61　同　被災後被せ絵
（渋川市教育委員会提供）

ある。

発掘調査の結果、土石流堆積層が二・五メートル〜三メートルの厚さで堆積し、その下から午王川南側に東西方向の畝と畝間が連続しており、一部は畑であったことが判明した。この畑の位置は、午王川の自然堤防状の微高地に形成されていることがわかる。

畦畔は小畦と大畦の二種類あり、畦畔の走行は河岸段丘に沿っているものとそれに直交しているものとの二者が発掘されている。半田村の被害は、『浅間焼泥押流流失人馬家屋被害書上帳』によれば、家数一二〇軒の内一七軒流失、九人が流死したとある。

調査地南西部に河岸段丘が検出されている。この河岸段丘には上流から押し寄せてきた土石流中の石が折り重なるように突き刺さっている状況が認められた。この河岸段丘上には、この土石流は覆い被っていないのである。

半田早尾神社を含む地域まで泥流は被った絵図で認められるが、いわゆる田畑に入り込んだ土石流の堆積層を被害書上帳に過大報告していることが先の発掘調査の所見で指摘されている。

また、半田地区と南に接する漆原地区の史料「浅間記」では、泥流が「半田、漆原不残流、横はゞ凡壱里程ニて流ル。」と付近を四キロメートルほどに広がって流下したとされるが、実際には一〜一・五キロくらいの広がりだったと考えられ、被害エリアの表記は過大報告されていることがここでも確認できる。

発掘調査のデータと記録資料のデータが実際と異なっていることを確認できたのである。

(4) 復　興

鎌原村の家族再生　鎌原村は噴火により被災する前の人口は五九七人、家屋は九三軒、馬二〇〇頭、耕地面積九二町一反五畝三歩、荒廃地は村高三三二石四斗一升三合とある。被災後は、四六六人が死亡し生存者は九三人、家屋はすべて倒壊、馬一七〇頭死亡し荒廃地は三二四石、耕地面積八七町六反五畝三歩となる。鎌原村の家族再生に関する史料として復興のため現地に派遣された、幕府勘定吟味役根岸九郎左衛門鎮衛の随筆『耳袋』がある。

　近隣の豪農である黒岩長左衛門・干川小衛門・加部安左衛門によるもので、

　百姓は家筋素性をはなはだ吟味致し、たとえ当時は富貴にても、元重立ちの者にこれなく候ては座敷へも上げず、格式挨拶など格別にいたし候事なれど、かかる大変に逢いては生き残りし九十三人は、まことに皮肉の一族と思うべしとて、右小屋にて親族の約諾をなしける。追って御普請もでき上りてなお又三人の者より酒肴などおくり、九十三人のうち夫を失いし女へは、女房を流されし男をとり合せ、子を失いし老人へは親のなき子を養わせ、残らず一類にとり合せける。まことに変にあいての取り計らいはおもしろき事なり。

という記述がある。

生き残った人たちで夫婦・親子関係をつくり、村の再建に一役買った非常に珍しい復興の一例である。

災害エリアでの二つの田畑復興　浅間山噴火に伴う災害エリアにより二つの田畑復興の方法がある。一つは、浅間山の噴火に伴う降灰地域である。一つは、吾妻川・利根川の沿岸の泥流が流れ下った地域である。あくまでも降下・流下した火山降下物の質・量などに関連したものである。

〔浅間山の噴火に伴う降下火山灰〕

降灰は、白い軽石粒と灰である。噴火口から東方向に降灰範囲が広がっており、降灰の堆積は火口に近いほど厚く離れれば離れるほど薄くなる。さらに降灰の主軸方向の中央が厚く、両側に行くほど薄く堆積する。畑地において耕地を確保するために降灰による降り積もった軽石を寄せ集めた箇所が発見されている。この復旧のことを地元では「灰掻き山」「灰塚」「灰掻き溝」などと呼んでいる。そのほか、灰を耕作土といっしょに耕して鋤こんでいるところもある。

〔吾妻川流域泥流からの耕作地開発〕

幕府は耕作地の復興に際して、一畝（一アール）に一一九文ずつの開発金、御救普請金を下付することとした。これは、一畝を七人で掘り返し、一人に一七文ずつ支給するものであった。

具体的には泥・砂の上側だけを掘り返す「上ハ掘り斗」と呼ばれるものであり、天明三年十二月中には石出しを除いておおむね完了した。しかし、翌年の天明四年の収穫（大豆・粟・稗など）は少なかったという。泥流に埋もれた耕作地の開発について、東吾妻町原町の富沢家文書「天明三年発卯九月日　浅間山焼崩泥入畑開発帖　原町　富沢九兵衛」に天明三年九月六日より、泥流を除去し畑にする作業を行ったことが記されている。富沢久兵衛は二番開発として天明五年二月と九月から同年十一月にかけて「手前人足と頼み人足」で畑の石を川に捨てた。つまり幕府の御救普請金では、厚く堆積した土石のすべては取り除くことはできず、上層を薄く剥ぎ取り畑の石を川に捨てたのである。この開発では、五・六尺積もった荒れ土に穴を掘り、さらに荒れ土の下の本土（旧来の土壌）を四尺掘り上げ、その本土を穴の周囲の上に一尺ほど置いているが、そこに大豆を作ったところ格段にできがよかったという。天明六年八月には、周辺の村も九兵衛のやり方を真似て二番開発を始めている。

石は片付けたが、多くの費用をかけた割には作物は以前のようには得られなかった。そこで、久兵衛は畑の何カ所かに深い穴を掘り堆積した土石の下から旧地面の土を掘り出して泥砂の上に薄く撒き、そこに作物を栽培し収穫増産をはかった。

しかし、富沢九兵衛のような豊かな百姓は、二番開発の再開発は行えるが、それ以外の農民は不十分な上泥砂の上部を少し除去する程度であり、作物の収穫は少なく生活は苦しかったという。

利根川流域泥流からの耕作地開発　渋川市の中村遺跡では、「越し返し」の一例ではないかと思われる事例が発見されている。「六千平方メートルの泥流の上層を三十センチ剥ぎ取ると大小二十七本の溝・穴が発見され、幅一メートル、深さ一メートル、長さが確認されたもので十メートルを超えるものもあった。一つの溝の中でも幅や深さは、計ったものではなくかなり大まかな掘り方で、溝の中には浅間石や石が下側に大きいものが、上側に小さなものが詰め込まれていた。」これは、耕作に邪魔な石を集め、穴を掘って埋めることで耕作地を確保した仕事と考えられる。

中村の村高は三四〇石七斗一合六勺、その反別は七二町六反九畝四歩であった。その内、天明三年の土石流により村高二五五石四斗八合、反別五五町七反四畝一七歩が泥入りとなった。村の約四分の三が三メートル以上の土石に覆われたのである。

泥流堆積層の石を取り除き表土としている。先の原町エリアでは、石を川に捨てるという表記があったが、中村では礫を川に捨てに行くには石が大きく・量も多いことから川に捨てに行くよりも穴を掘って石を埋める方法を選択したようである。三カ年間に泥入地の越し返しを行い、収穫物を夫食の補充とする様触れ、なお又、越し返しのできない荒地は、三カ年経過した後に再び見分の上、差図をするものであった（「松平藩日記・川越」十月八日条）。

「泥入田畑開発等仕候得共、実乗り不申難義仕候」（中村区有文書）

越し返しをしても以前のような収穫を得られなかったことは、富沢久兵衛の内容と一致している。

中村地区には市指定天然記念物「中村の浅間石」がある。大きさが南北一一メートル、東西一〇メートル、高さ四・六メートルと巨大なものである。この地区では浅間石の大きな石はこの一点を残し、中村地区内のほかの石はほとんど処理されている。

中村遺跡でみつかった二七本の溝は、先の富沢久兵衛のように穴を掘り下層の旧地表を掘り上げる二番開発ではなく、あくまでも地表に露出した石を処分するのに必要な溝と考えられ、越し返しとは性格を異にしたものである。また、甲波宿禰神社の発見された金島地区などには、県指定天然記念物「金島の浅間石」に代表される巨大な浅間石、大きな浅間石が点在している。

当時の耕作地の普請事業では、巨石は現状が示すように残されたままであり、これは泥・砂の上側だけを掘り返す「上ハ掘り斗」と呼ばれる作業を行ったことを示唆している。すなわちその後は、あまり開発されなかった地域と考えることができる。地域により、泥流堆積エリアの開発状況が異なっているのである。

今回は、浅間山天明三年の噴火に伴う土石流に埋もれた遺跡により、確認された内容と今まで言われてきた伝承、文書記録などとを検証し、新たに確認できた内容を報告した。また、被災地の復興についても、遺跡の発掘調査で考古資料からも確認できた、いくつかの耕作地における開墾後の様相について具体的に論じた。このように天明三年の浅間山の噴火は、群馬県からはじまり、埼玉県・茨城県・千葉県・埼玉県・東京都と一都五県の土石流災害、降灰地域の長野県などを含めると一都六県にまたがる広域的な災害であり、歴史史上最大級の火山災害といえるのである。

これまで天明三年浅間山の噴火については、文献史学を中心とした研究が主流であったが、鎌原遺跡や中村遺跡など一二〇を超える天明三年の災害遺跡の発掘調査を交えることによりより具体的な被害の様相が明らかとなり、広範な視点に立つ新たな研究が必要とされているのである。

第四章　江戸の自然災害における地球科学的背景

一　江戸の地球科学的な立地条件

「自然災害」とは「自然現象」によって引き起こされた「災害」である。この本で取り上げられた自然現象は、地震、洪水、火山噴火の三者であるが、いずれも災害をもたらす自然現象としては代表的なものといえる。これらは、日本国内の多くの場所で発生し、今後も起こり得る現象である。ただし、三者全ての影響をうける場所となると格段にその数は減るのではないだろうか。地震も火山噴火も地下構造に関わる現象であり、洪水は、発生原因は気象現象ではあるが、結果として土砂災害をもたらし、地面を構成することにもなる。

本章では、江戸に災害をもたらした自然現象について、三者に共通する地球科学的な側面から解説し、社会・経済・軍事的に条件の良い場所とされる江戸が、実は地球科学的には非常に条件の悪い場所に位置していたということを述べてみたい。本章は「江戸の自然災害」というタイトルのこの本の巻末に置かれた解説記事として読んで頂ければ幸いである。

二　なぜ江戸の地震は大震災になるのか

(1) 地震の巣の上にある江戸

かつて地下の大ナマズが引き起こすと思われていた地震の発生原因も、地下の構造が明らかになるにつれて科学的な解明が進んでいる。地震の揺れは、地下の深いところで地盤を作っている岩石に破壊が生じたことによるものであるが、なぜ地下で破壊が起きるのか、それについて地球科学の分野では「プレートテクトニクス理論」を用いて地学的な諸現象も含めた系統的な説明がなされている。プレートとは、地球表面を覆う厚さ数百キロの硬い岩盤のことであり、全地球表層はおおむね十数枚のプレートによって構成されている。プレートとプレートの境界は、プレートが生産される場であったり、プレートが消滅する場であったりする。この生産と消滅があることにより、プレートは地球表面に沿って水平方向に移動することとなり、プレートの境界では、お互いに接するプレートどうしの運動によって、地震活動、火山活動、地殻変動（地盤の隆起や沈降）などが活発な変動帯を構成している。

日本付近のプレートの様子は、現在では図62のように考えられることが多い。北海道および東日本は北米大陸のある北米プレートの西の端にのっており、西日本はユーラシア大陸のあるユーラシアプレートの東端にあり、伊豆・小笠原諸島はフィリピン海の広がるフィリピン海プレートの北端部に並んでいる。そ

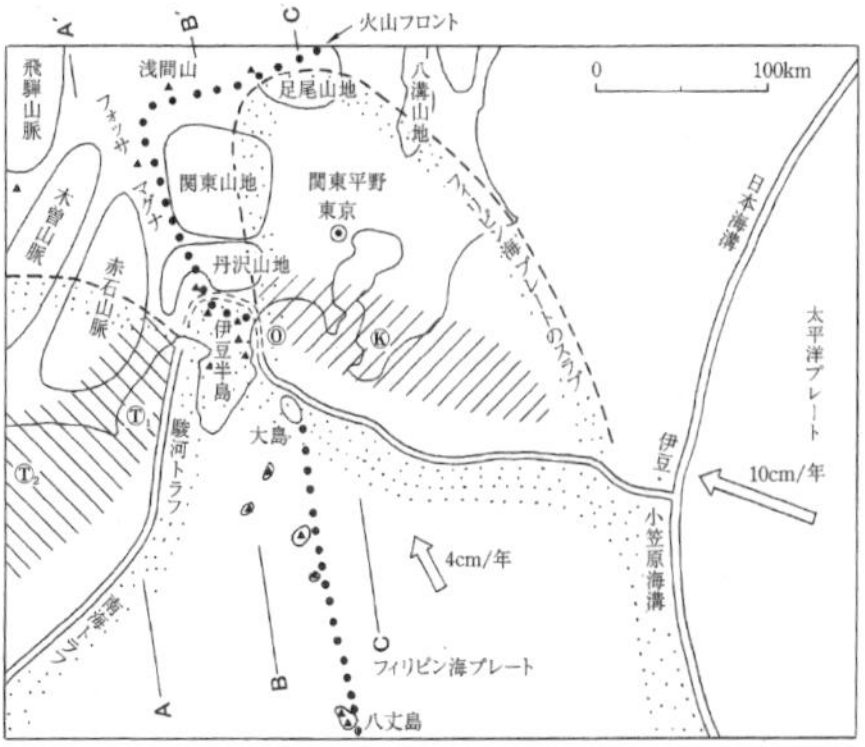

図63　関東の地形とプレートの運動（貝塚ほか編、2000）
関東平野の地下にはフィリピン海プレートのスラブ（地下に沈み込んだプレート）が存在する。トラフとは海溝より浅く（6000m 以浅）、底の幅広い、緩やかな斜面を持つ海底の窪み。斜線はプレート間の震源域で、Kは関東地震、Oは小田原地震、Tは東海地震

図62　日本付近のプレート境界（米倉ほか編、2000）

して、日本列島の東側に広がる太平洋は、太平洋プレートの北西部に相当する。先に全地球でもプレートの数は十数枚と述べたが、そのうちの四枚ものプレートが日本列島の地下で接している状況は、日本列島自体が非常に活発な変動帯にあることを示している。そしてそれら四枚のプレートが接している場所の真上に関東平野は位置している（図63）。四枚のプレートの境界は、いずれもプレートの消滅する場となっており、フィリピン海プレートは北米およびユーラシアプレートの下に沈み込み、太平洋プレートはフィリピン海プレートおよび北米プレートの下に沈み込んでいる（図64）。すなわち、関東平野の地下では、厚い岩盤の板が三段重ねとなり、それらが互いに押し合いへし合いしているのである。岩盤どうしが動くのであるから、その間の摩擦により互いに歪み変形することは容易に想像できる。また岩盤の内部には、その歪みによって亀裂も入るであろ

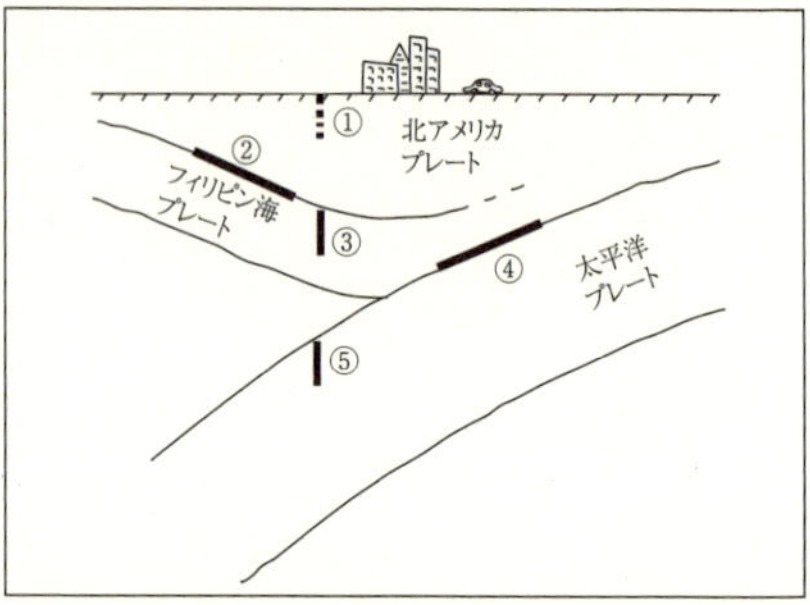

図64　南関東直下で発生する５つの型の地震の模式図（溝上、2001を一部改変）

①地表近くの活断層の運動による地震（安政地震）、②フィリピン海プレート上面に沿うプレート境界型地震（元禄地震・関東地震）、③フィリピン海プレート内の地震（小田原地震）、④太平洋プレート上面に沿うプレート境界型地震（茨城県南部地震）、⑤太平洋プレート内の地震

う。岩盤はある程度の歪みには耐えられるであろうが、ある限界を超えれば破壊が起きる。ちょうど、コンクリートの強度試験の映像などでみられる、試験器によって圧力をかけられたコンクリート塊に、はじめは亀裂が入り、ある点を超えると一気に割れてしまうというイメージに近い。この岩盤の破壊によって生じたエネルギーが岩盤を振動させて地震となるのである。

　岩盤の破壊は、プレートどうしが接する面で発生するものとプレートの内部で発生するものとがある。関東平野では、三枚のプレートが重なっているわけであるから、破壊の起こり得る場所は、それぞれのプレートの内部と互いのプレートの境界で合計5カ所ということになる。図64にはそのことを模式的に示してある。この図だけを見ても、関東平野はいかに地震の起こりやすい場所であるかがわかる。傾向としては、プレートの境界で発生する地震の方が、規模は大きく、頻度も少ない。東海地震や大正の関東地震などはこのタイプとされている。一方のプレート内部で発生する地震は、いわゆる直下型と呼ばれている地震である。現在では、その震源の場所と深さなどから、図64の①から⑤までのどのタイプによる地震かが判定されているが、過去の地震でもその記録から規模や震源を推定して、どのタイプであるかが推定されている。

図65は最近四〇〇年間に江戸で発生した大地震のタイプを推定したものである。第一章で取り上げられている江戸の地震のうち、元禄地震はプレート境界で発生した大規模な地震とされ、安政地震はプレート内部で発生した直下型地震とされている。また、図65には、プレート境界で発生する大地震は約二〇〇年周期であり、その一〇〇年くらい前からプレート内部で発生する直下型の大地震が数十年間隔で発生していることも示されている。すなわち元禄地震の後のプレート境界発生地震は大正の関東地震であり、関東地震に先立つプレート内部の地震の一つが安政地震であったと解釈されている。なお、図65にしたがうならば、関東地震タイプの地震はまだ一〇〇年ほど先になるが、安政地震タイプの地震は、そろそろ発生する頃といえるのだろうか。

(2) 震災被害を大きくする軟弱地盤

現在では地震が発生すると震度、震源そしてマグニチュードが発表される。震度は、文字通り地表における揺れの大きさの程度であり、震源は地震の原因となった岩盤の破壊が起こった場所、マグニチュードはその破壊がどの程度の規模であったかをエネルギーの量として示したものといってよい。図65には元禄地震や関東地震のマグニチュードは8前後、安政地震のマグニチュードは7とあり、岩盤の破壊の程度が安政地震の方が小規模であったことを示している。しかし、災害としての地震の評価は、震度の方が重要である。例えば、地震のもたらす直接の被害として建物の倒壊があるが、これは地面の揺れすなわち震度

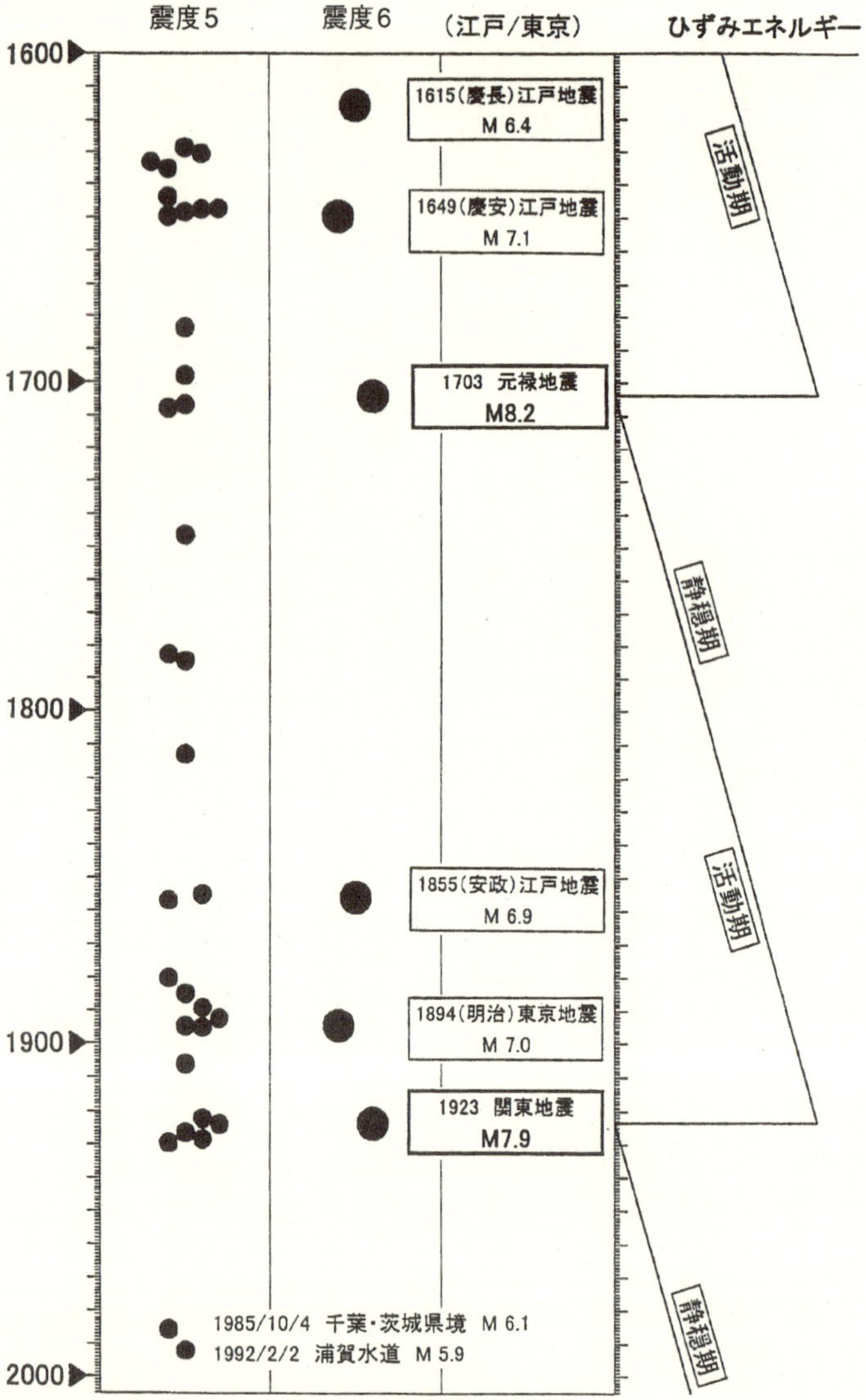

図65　最近400年間に東京（江戸）で震度５および６となった地震、および関東地方の地震活動期・静穏期の概念（岡田、2001）

が大きければそれだけ被害は大きくなる。震度の要因は、第一に震源からの距離であり、第二にその場所の表層地盤の物理的な性質といえる。後者は、同じ程度のエネルギーを受けた場合でも、硬い地盤ならば揺れにくく、軟らかい地盤ならば大きな揺れとなることを意味している。

大正の関東地震では、東京中心部における住家の全壊率が各所で調べられ、それが地形および地質の分布と相関のあることが指摘されている。台地上および埋没台地上では全壊率が低く、台地内の谷と埋没谷そして隅田川以東の低地で全壊率の高い傾向が明らかであった。全壊率の高い場所は、いわゆる沖積層が厚く堆積している場所に相当する。隅田川以東の沖積層については、次節の東京低地で詳しく述べたい。ここでは、江戸市街の中心であった日本橋付近の地盤について説明する。

話は約二万年前の氷河期までさかのぼる。この頃は、東京湾は存在せず、そこには深い渓谷が刻まれ、谷底を一本の大河が流れ、現在の浦賀付近で海に流れ込んでいた。日本橋付近では、上野や本郷の台地が渓谷に向かって伸びており、それらの台地間には渓谷の支谷が刻まれていた（図66の⑴）。その後氷河期から温暖期へと変化することにより、渓谷には海が侵入、台地際まで迫り、その波の作用によって台地の先端は削られていわゆる波食台が形成された。かつての台地間の支谷にも海水が侵入したが、その底には台地より供給された土砂が堆積し始めていた（図66の⑵）。その後数千年間継続して支谷には土砂が堆積し続けたことにより谷はすっかり埋没してしまったが、かつての谷があった場所には厚い軟弱な土砂からなる地盤が形成された（図66の⑶）。江戸市街の中心部にこのような軟弱地盤が分布していることも江戸の震災被害を大きくした原因の一つであるといえる。

三　江戸の水害の背景

(1) 隅田川の流れる低地の成り立ち

第二章の江戸の風水害の記録では、被害の大きい地域として本所や深川の地名がしばしば載っている。これらは隅田川下流左岸にある地名であり、この地域には標高（海面からの高さ）が低く、凹凸の少ない

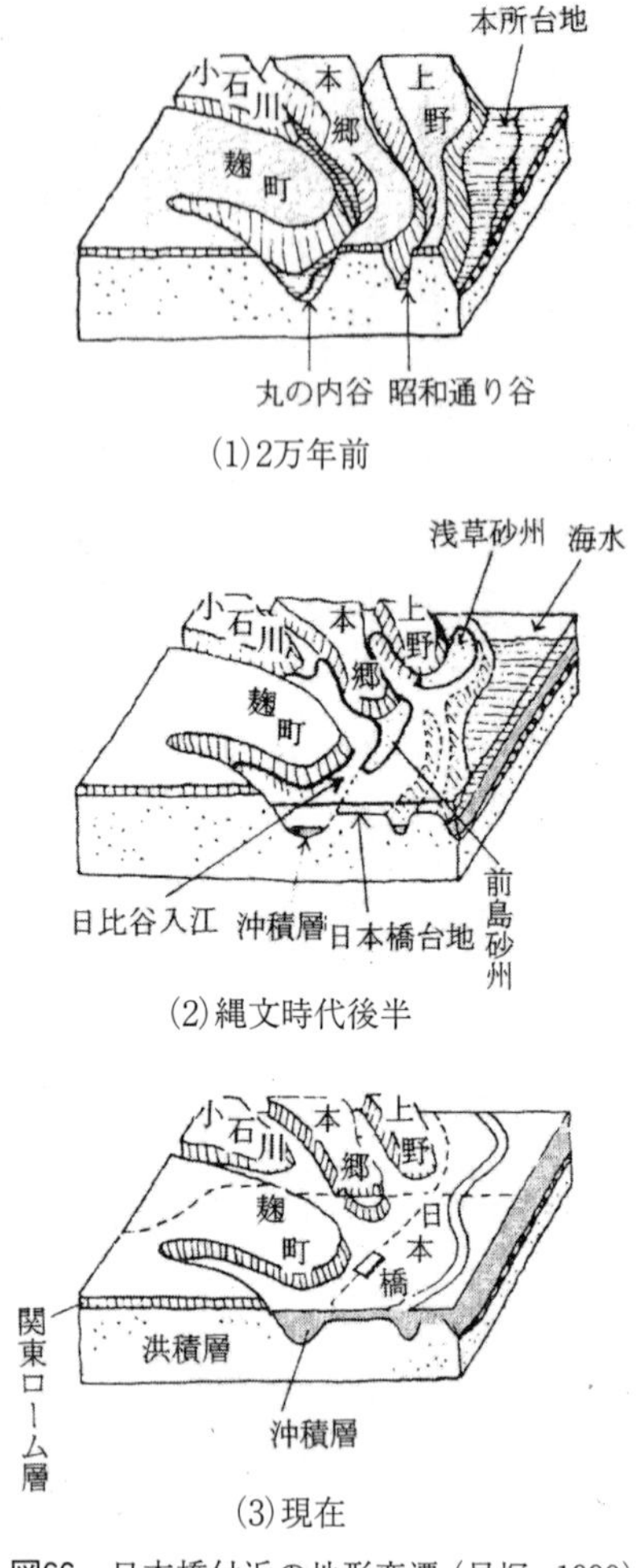

図66　日本橋付近の地形変遷（貝塚、1990）
氷河時代２万年前に形成された丸の内谷・昭和通り谷は縄文時代に海底となり、以後、谷を埋める軟弱な泥からなる沖積層が厚く堆積した。

地形が広がっている。この地形は、西は武蔵野台地、北は大宮台地、東は下総台地のそれぞれの台地の崖下まで広がっており、現在の地形区分では東京低地と呼ばれている。江戸の市街であった日本橋や神田周辺も東京低地の西南端部付近に入る。

現在の東京低地は日本でもとくに市街化の進んだ地域であり、その地形的な特徴は、非常に捉え難くなっているが、低くて凹凸の少ないという基本的な地形は元々あったものである。また、現在は隅田川、荒川放水路、中川、江戸川といった比較的流量の多い河川がいくつも東京低地を流下している。これら河川のなかには人工的に河道が作られたものもあるが、複数の大河川の流下という状況は自然に形成された地形である。これらの地形的条件により、東京低地は洪水の頻発する場所であることが理解できるし、実際に最近まで（一九四七年のカスリン台風の大洪水など）洪水の常襲地域であった。そして東京低地の成り立ちをみると、東京低地自体が洪水によって形成された地形であり、本来ならば現在でもその自然の営みは継続しているはずのものであったといえる。

東京低地形成の起点を地質学的に捉えるならば、「沖積層基底礫層」の堆積した最終氷期最盛期（約二万年前頃）であろう。この時期は、大陸に氷河が発達したために陸水が海に帰るまでの時間が長くなったことにより、結果として海面が現在よりもおよそ一三〇メートルも低かったと考えられている。したがって、当時の海岸線は現在の東京湾の出口付近まで後退しており、現在の東京湾には深い渓谷が刻まれ古東京川と呼ばれる大河が流れていた。この渓谷の上流は、現在の中川低地や荒川低地へと続いていることから、当時すでに利根川や荒川は下流部では古東京川となって東京低地に相当する地域を流れていたことに

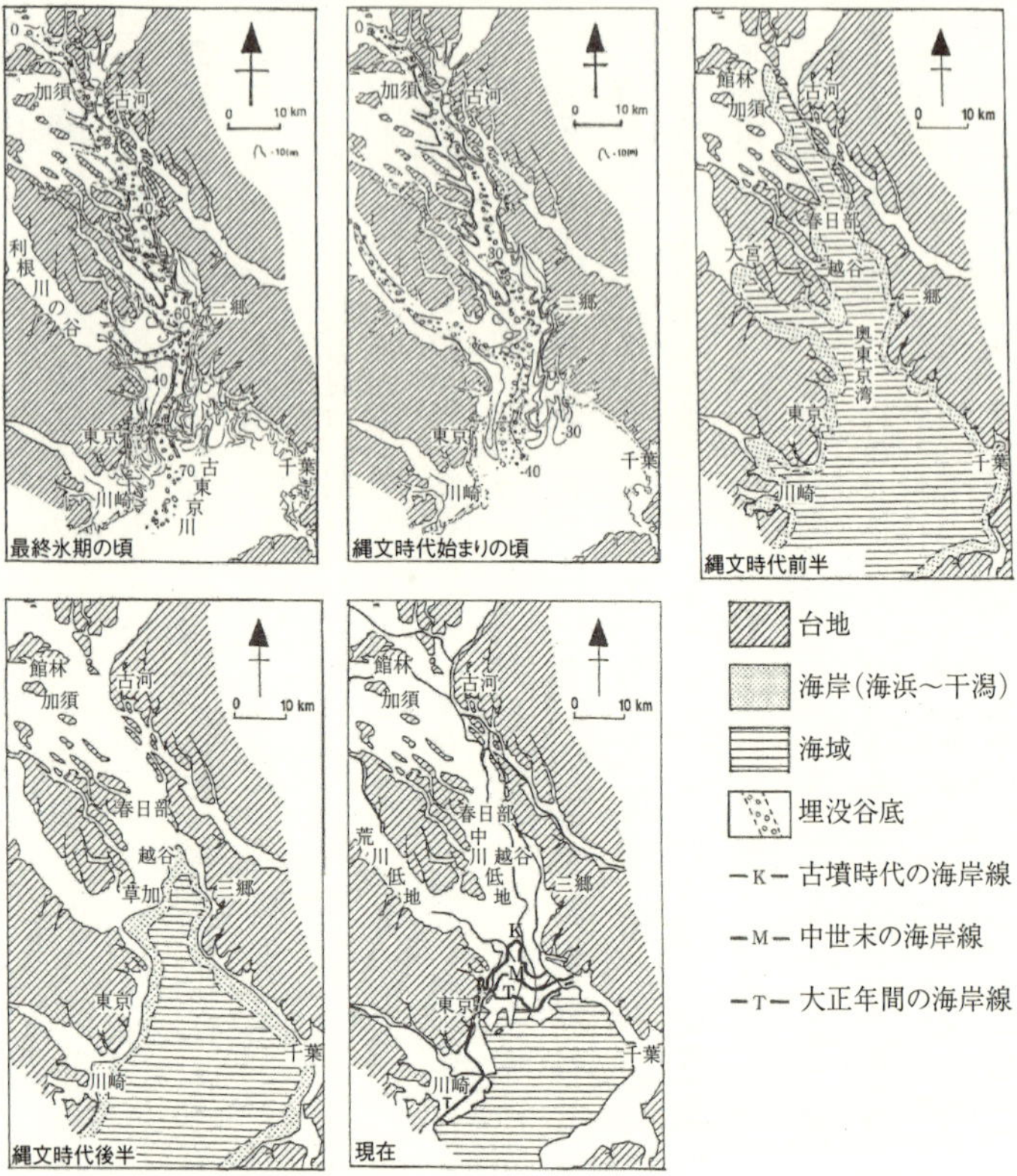

図67　東京湾の古地理変化（貝塚ほか編、2000を一部改変）

最終氷期には東京低地には深い谷が刻まれ、縄文時代の始まりの頃には谷の埋積が始まる。縄文時代前半は温暖化による海進により、東京低地は浅海底となり、砂泥が堆積、以後、温暖化の停止による海退と利根川・荒川による土砂の供給で東京低地が形成される。

なる。古東京川の河床に堆積した礫が、上述した沖積層基底礫層である。氷期はやがて温暖期へと移行する。それによる海面の上昇（七号地海進）により、上流から運ばれてきた土砂は古東京川の谷内に埋積し、縄文時代のさらなる海面上昇（有楽町海進）により谷が埋積した後も、浅海底となった東京低地に相当する範囲には土砂が堆積し続ける。縄文時代後半の海退と河川からの土砂の供給が続いたことにより、浅海底を埋めた低平な地形の陸地が出現し、東京低地となった。この過程を図67に示す。

また、実際に東京低地で行われたボーリング調査（地下深くにパイプを打ち込み、その場所の堆積物を採取すること）によって得られた現地表下約五〇メートルの試料から、花粉分析によって東京低地を構成する縄文時代の堆積物が確かめられた事例を図68に示す。この事例では、最上部に近世の堆積物もわずかに確認することができている。しかし、中世以降近世にかけては、有楽町層上部層とされる砂層が多いことから、洪水堆積物が顕著であり、常時表層で削剥と堆積が繰り返されていた可能性が高い。図68において中世や古墳時代、弥生時代などの層位が見出せなかったことはこのような状況をも示している。

なお、遺跡の分布や記録などから、古墳時代から現在に至るまでの東京低地の拡大の様子も捉えられている（図69）。上述したように各時代の堆積物は明瞭に捉えられないが、縄文時代以降も依然として東京低地の形成すなわち洪水による土砂の供給は継続していたことがわかる。江戸時代以降は人間の手による拡大も加わっているが、地形発達史的にみれば、先に述べた本所・深川辺の洪水は、縄文時代から延々と続く東京低地形成の営みの一現象であるにすぎない。

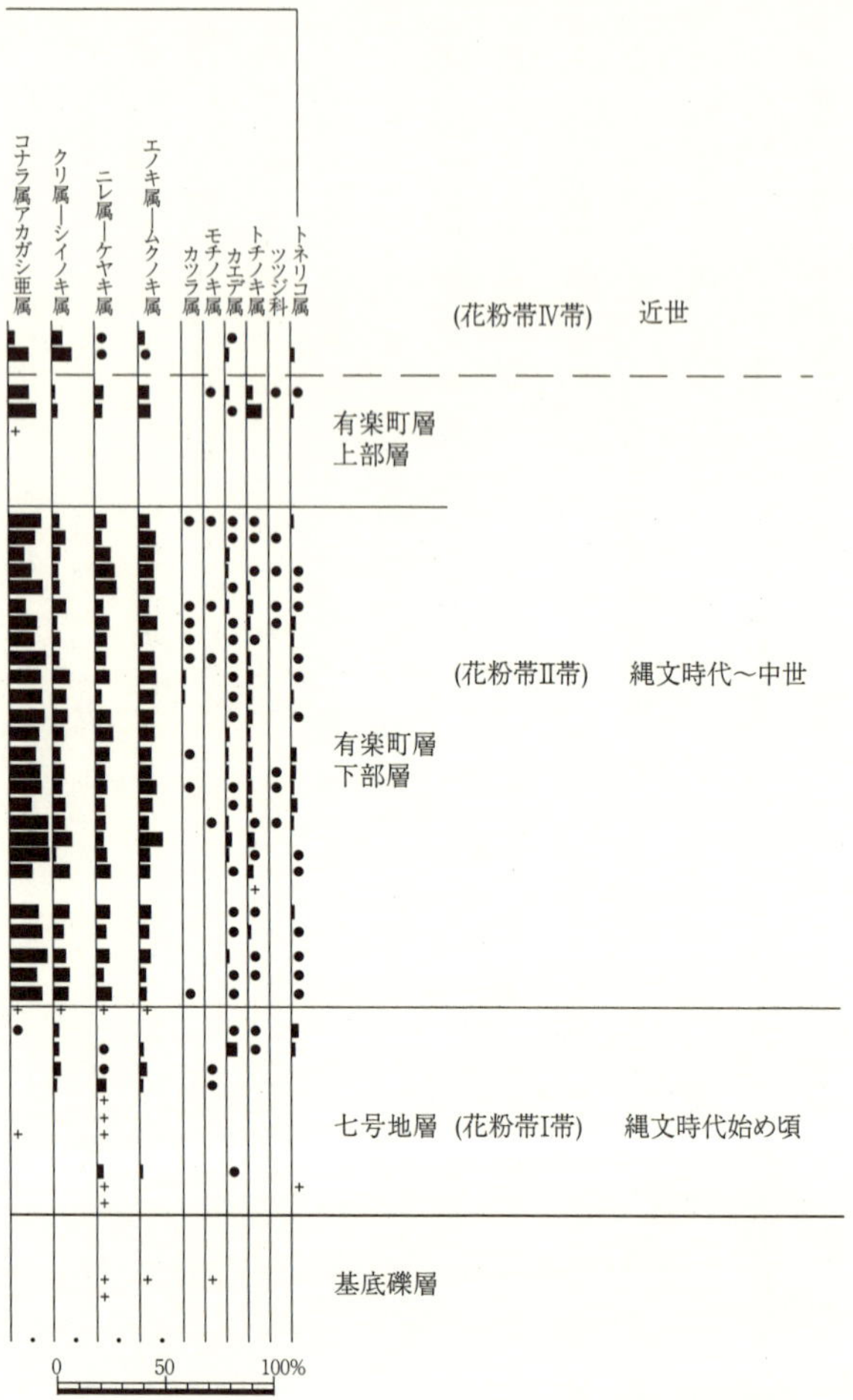

番地点第1号ボーリングコア、パリノ・サーヴェイ株式会社、1989に

たことを示すが、本格的な温暖化はⅡ帯のアカガシ亜属の多産によって示される。
代頃のⅢ帯は欠落しているが、マツ属が多産し、スギ属も多い最上部のⅣ帯は近世

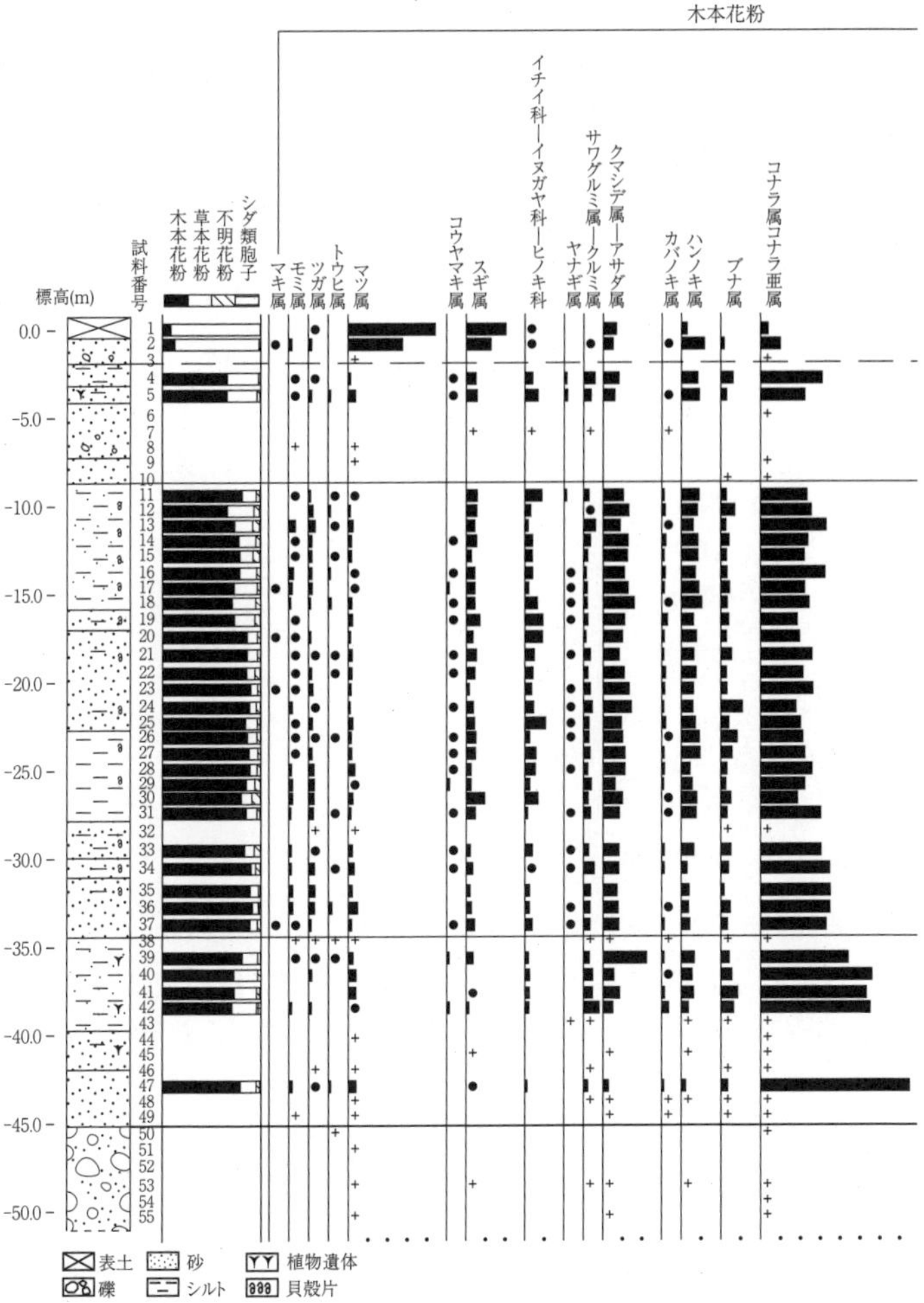

図68　花粉分析により確認された東京低地の層序（葛西城青戸7丁目36加筆）

モミ・ツガ等の針葉樹類が少なく、コナラ亜属の多産するⅠ帯は寒冷な氷期が終わっ
このことから、Ⅰ帯は七号地層に対比され、Ⅱ帯は有楽町層に対比される。弥生時
を示している。

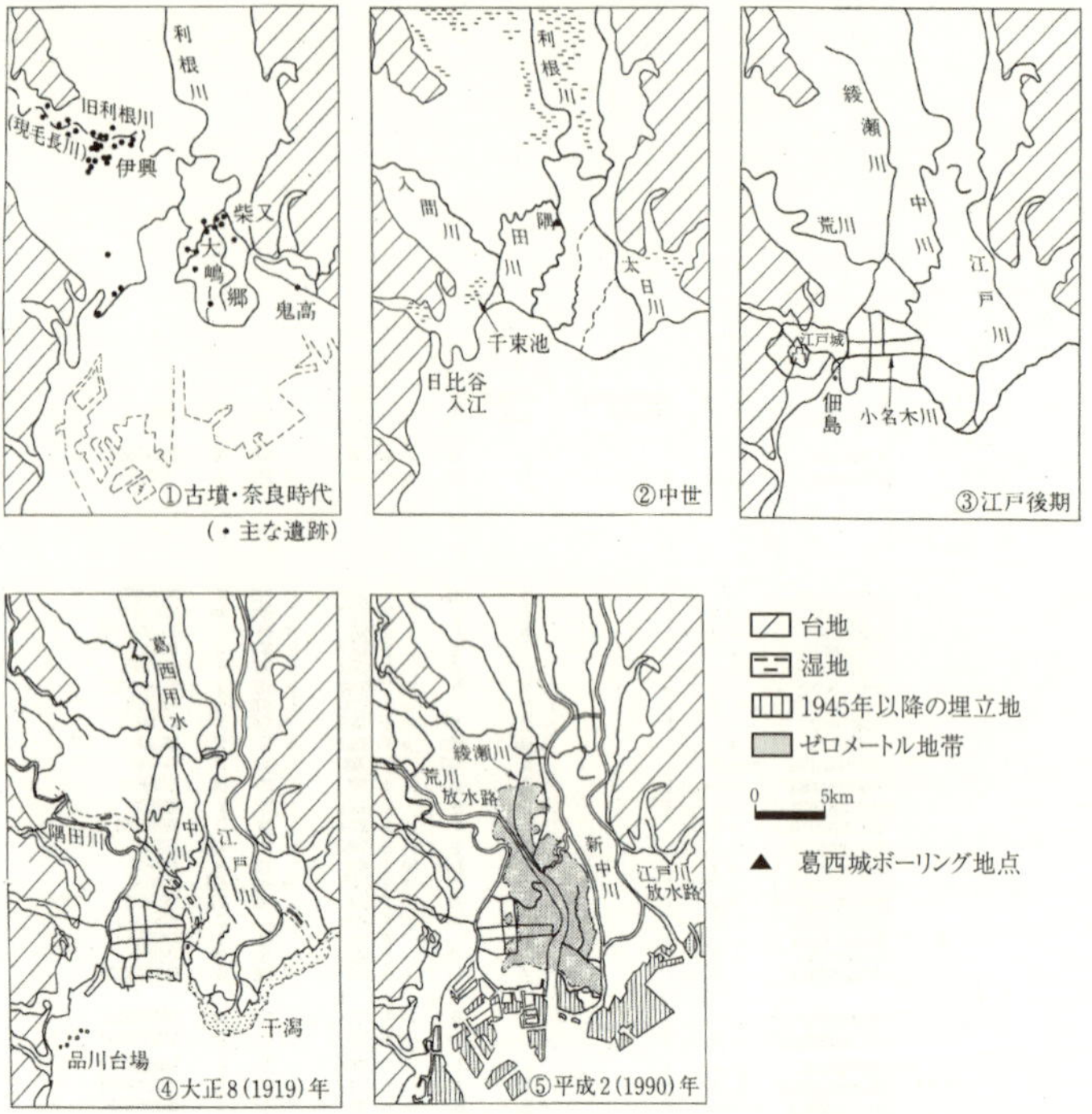

図69　古墳時代以降の東京低地の変遷（久保、1994に加筆）

古墳時代以降も東京低地は利根川・荒川・入間川の土砂供給すなわち洪水により拡大を続け、江戸時代以降は人為による拡大も加わった。

(2) 神田川の洪水はなぜ起きる

江戸の水害には、本所・深川辺の記載とともに江戸川（現在の神田川中流）や神田川（現在の神田川下流）沿川の被害も散見される。現在の神田川は、武蔵野台地東部に刻まれた蛇行した谷内を流れる河川であり、その水源は、武蔵野台地内の湧水池である井の頭池となっている（図70）。利根川や荒川とは、その規模も流域の地形も全く異なる河川であるから、その洪水についても先述した東京低地の形成とは別の現象と考えなければならない。

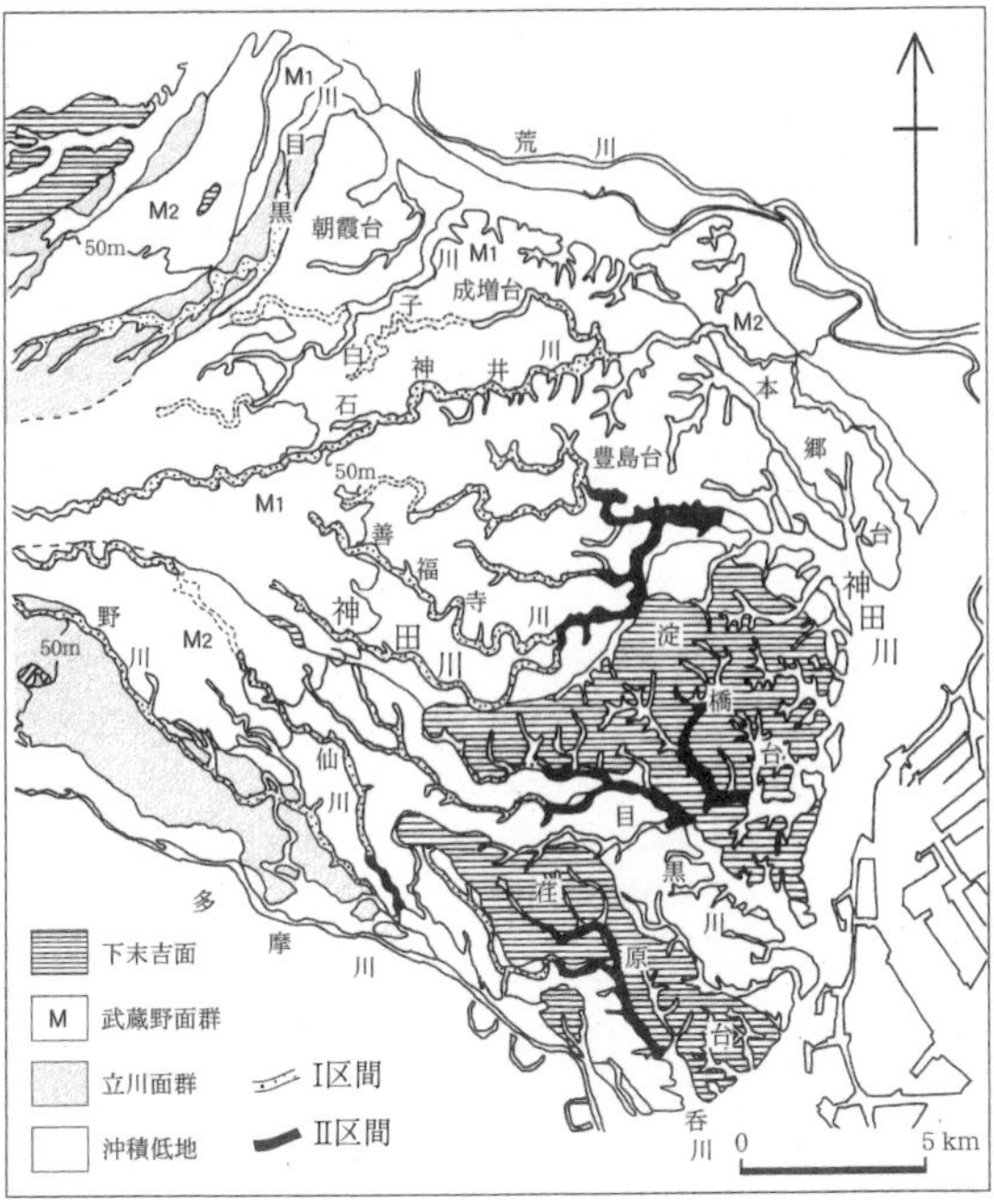

図70　武蔵野台地を流れる神田川（貝塚ほか編、2000を一部改変）

I区間は武蔵野礫層を河床とする区間、II区間は氷期に下刻が進んで東京礫層を河床とする急勾配の区間であり、その下流は沖積層が厚く堆積する緩勾配の区間。

図70に示されるように武蔵野台地には、神田川と同様に、台地内の湧水池を水源として蛇行した谷を流れ下る河川が複数存在する。石神井川や目黒川、仙川などが主要なものとしてあげられる。これらの河川は、武蔵野台地の基盤である扇状地を形成したかつての多摩川の名残川と考えられている。名残川とは、本流が移動した後も、その河道跡内に残った水流のことであり、湧水などによって涵養されていることが多い。また、蛇行した谷は、かつての多摩川が形成した河道の跡であり、扇状地形成後の関東ローム層の堆積によって谷壁が成長することにより、谷地形が強調されている。さらに、これらの河川は河床の地質と勾配により、三つの区間に分けられており（図70）、上流のI区間は武蔵野礫層を河床

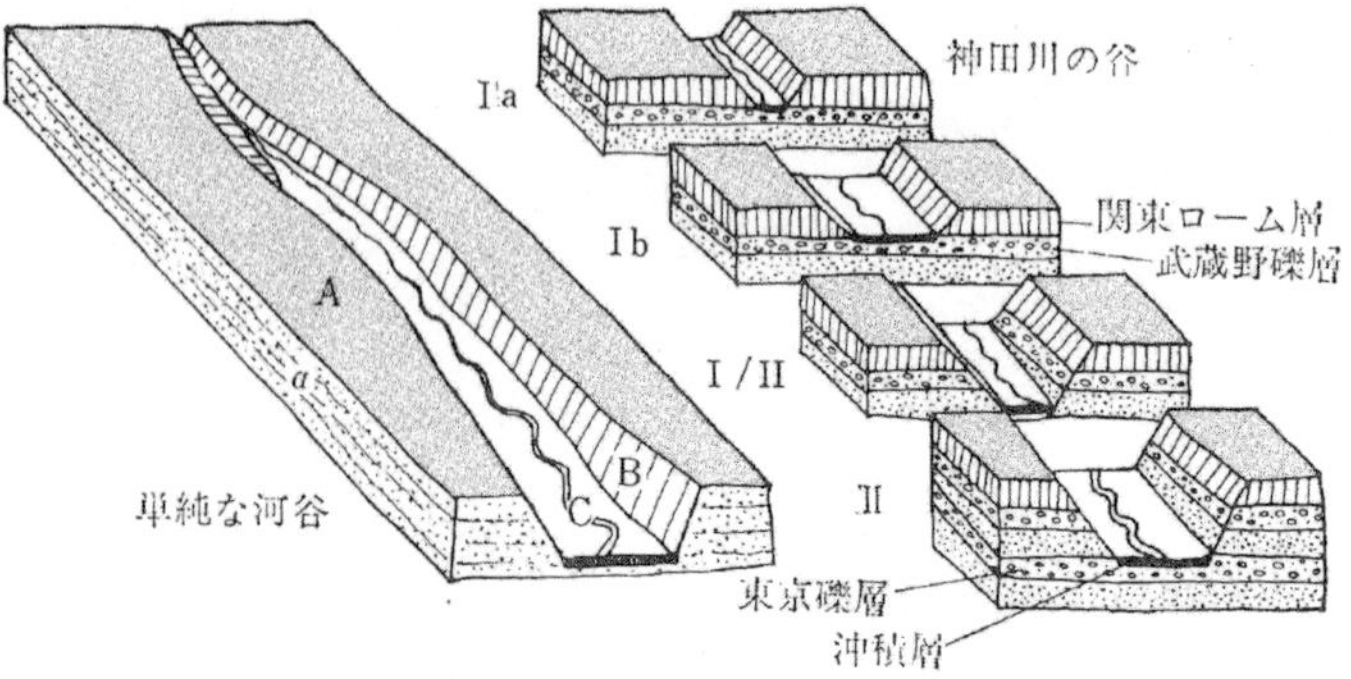

図71　単純な谷と神田川の谷の断面（貝塚、1990より引用）
神田川の谷壁を構成する地層は、Ⅰ区間では関東ローム層、Ⅱ区間以下では関東ローム層と武蔵野礫層および東京層上部である。関東ローム層も武蔵野礫層も帯水層であり、谷に地下水を供給する。

とする区間、中流のⅡ区間は氷期に下刻が進んで（先述した氷期における海面低下が原因である）、武蔵野礫層よりも下位の東京礫層を河床とする急勾配の区間。下流は縄文時代に厚い沖積層が堆積したことにより緩勾配となった区間である。

神田川沿いの江戸といった場合には、下流の緩勾配の区間に相当する地域であるから、ここも東京低地とは規模が異なるが、縄文時代から続く土砂の堆積域であり、基本的にはやはり洪水が頻繁に発生する地形的条件にあったことになる。さらに、神田川の洪水に関しては、その谷壁を構成する地層にも原因がある。図71には神田川の谷の断面が示されているが、Ⅰ区間では谷壁は関東ローム層、Ⅱ区間では谷壁は関東ローム層と武蔵野礫層および東京層（図では武蔵野礫層と東京礫層の間の地層）となっている。これらの地層のうち、関東ローム層と武蔵野礫層は、水をよく通す性質があり、東京層上部には粘土層など水を通しにくいいわゆる不透水層が堆積している。したがって、通常時でも神田川下流の谷壁には武蔵野礫層から湧き出た地下水による池が分布しており、現在でも新宿区下落合のおとめ山公園や文京区関口の新江戸川公園などに池が残っている。武蔵野台地に大量の降雨があった場合、もともと台地上の低所である神田川の谷には表層の水が集まるが、台地上の表層から地下に染み込んだ水も、谷の側壁から谷内に流れ込むことになる。神田川の谷は水のあふれ易い地形的および地質的条件にあるということができる。

四　富士山と浅間山

(1)火山に囲まれた江戸

江戸の自然災害のなかで最後に取り上げられた火山噴火は、日本列島全域でみると地震や洪水に比べて、その頻度や被害地域の分布においてやや限定的な性格を持つ災害である。その限定的であるはずの自然災害が、江戸という場所に、しかも江戸時代という地学的現象のスケールでは極めて短期間とも言える二六〇年余の時間の中で二回も起きたということは、やはり江戸という場所が地球科学的側面から見ると特殊な位置にあることを示唆している。

火山噴火が災害として及ぶ場所とは、基本的に火山が近くにある場所になるが、例えば江戸では、半径二〇〇キロの圏内に、伊豆大島三原山、箱根、富士、八ヶ岳、浅間、草津白根、榛名、赤城、男体、那須といった日本でも有数の火山が分布している（図72）。特に富士山からは一〇〇キロ足らず、浅間山から

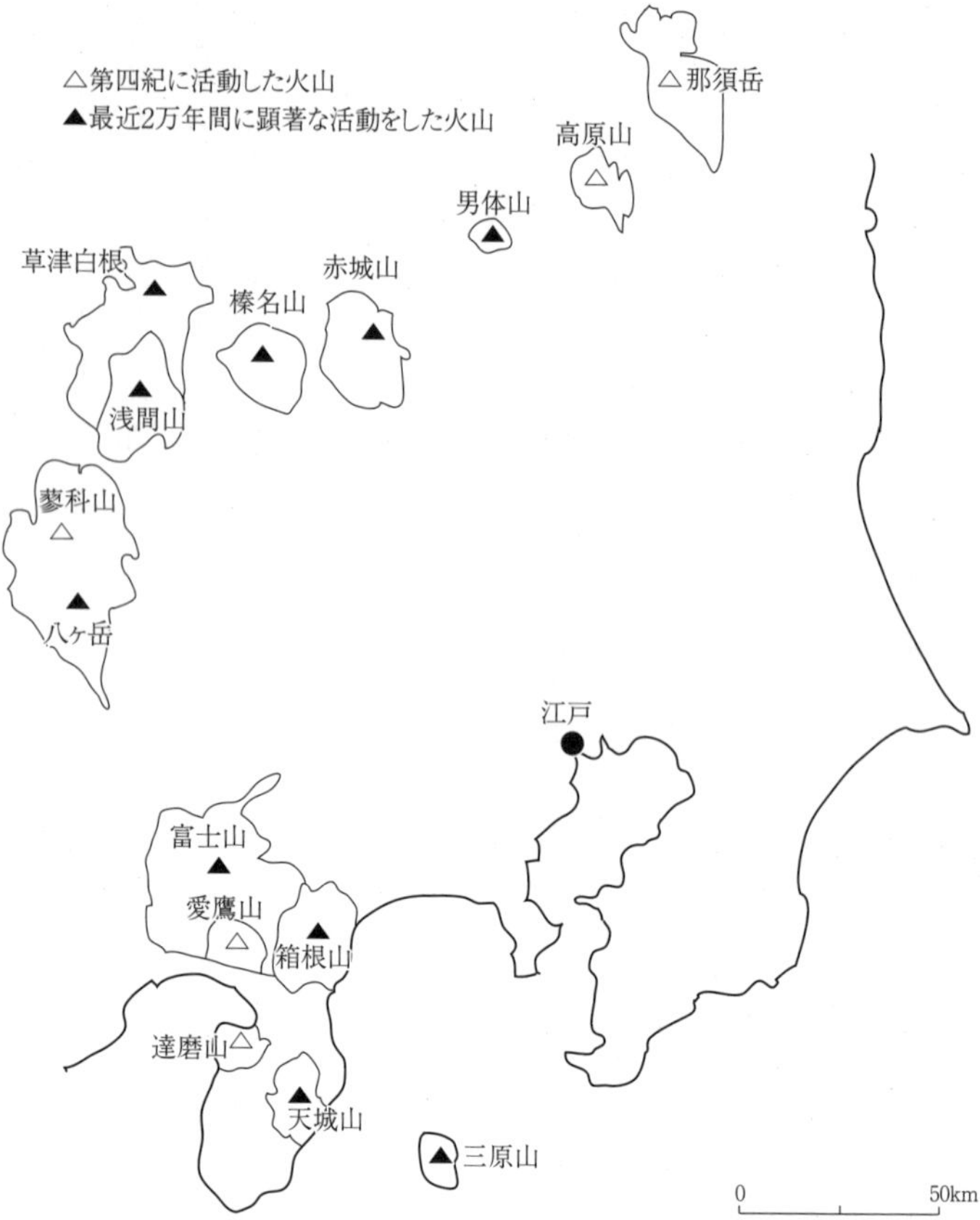

図72　火山に囲まれた江戸（上杉ほか、1983より抜粋）
火山フロントが関東平野を取り巻くように伸びている。

は一四〇キロ程度の距離である。同じ大都市で比較するならば、大坂から半径二〇〇キロの圏内には、鳥取県西部の大山火山が大坂から約一九〇キロのところに唯一あるのみであり、名古屋からは約一〇〇キロの位置に木曽御嶽山があるが、他には二〇〇キロ圏内ぎりぎりで箱根山や富士山、八ヶ岳、浅間山が入る程度である。なお、名古屋の場合、火山は全て東方に位置している。火山の噴出物のうち高空に達したものは風に乗って遠方まで運ばれるが、日本の場合、高空の風はいわゆる偏西風であり西から東へ向かって吹いている。したがって、火山より東側の地域は遠方でも多量に噴出物が降ることになり、逆に火山より西側では、溶岩流や火砕流など地表を流下するものは別にして、降下してくる噴出物は、距離が離れると極端に少なくなる。実際に、名古屋には箱根山や富士山、浅間山の噴出物が確認されたという報告はない。このように火山の分布との関係だけをみても、江戸は格段に多くの火山のしかも近くにかつ東側に位置していることがわかる。

なぜこのように江戸の周りには火山が多いのか、それは、先に述べた地震の原因とも密接に関係している。図72に示した火山の並びを一本の線で結ぶと、三原山から北北西に向かい、浅間山で北東に向きを変える「く」の字形のラインを見出すことができる。この「く」の字ラインより太平洋側には火山は一つも分布していない。一方で、図には示していないが、「く」の字ラインより陸側には新潟県の妙高山や焼山、尾瀬の燧《ひうち》ヶ岳など多数の火山が分布している。この「く」の字ラインは、太平洋に対する火山分布の最前線という意味で火山フロントと呼ばれている。ここで図63を再び見て頂きたい。関東地方における火山フロントである「く」の字ラインが示されている。「く」の字は、南へ伊豆諸島の火山さらには硫黄島など小笠原諸島の火山を結ぶラインとして伸び、北へは吾妻山から蔵王、岩手山など東北地方の諸火山を結ぶラインとして伸びている。そして、この延長された「く」の字ラインは、地震の項で述べた日本におけるプレートの境界線とほぼ平行であることはよく知られている。火山とは、地下深くで溶けた岩石（マグマ）が多量に生産され、それが岩盤の弱線を通じて上昇してきた場所であるから、いわば岩盤の弱線が火山フロントにあることを示している。火山フロントとプレートの境界が平行することは、マグマの生産や岩盤の弱線の形成などの現象が、地震と同様にプレート間の沈み込みや押し合いへし合いに起因することを示唆している。

結局、江戸の地球科学的立地条件は、地震だけではなく多数の火山を近くに伴うという現象ももたらし、江戸は火山災害からみても非常に不利な条件の下に位置しているのである。

(2) 宝永噴火と天明噴火

近世の江戸に火山災害を及ぼした富士山の宝永噴火と浅間山の天明噴火の被害状況などは第三章に述べられている。直接的な被害で言えば、宝永噴火では江戸に多量の降灰があったが、天明噴火ではおそらく江戸でも降灰はあったとされるものの被害といえるほどのことは起こらなかったのではないだろうか。実際に都内の近世遺跡の発掘調査では、厚さ数センチの黒い砂層や降灰後に掃き寄せられて厚さ約十センチにもなる砂層として宝永噴火の噴出物（スコリア：軽石状に発泡した黒いガラス質の岩石のこと）は確認されるが、天明噴火の軽石が堆積層や遺構の覆土などに認められたことはほとんどない。図73は、日本各

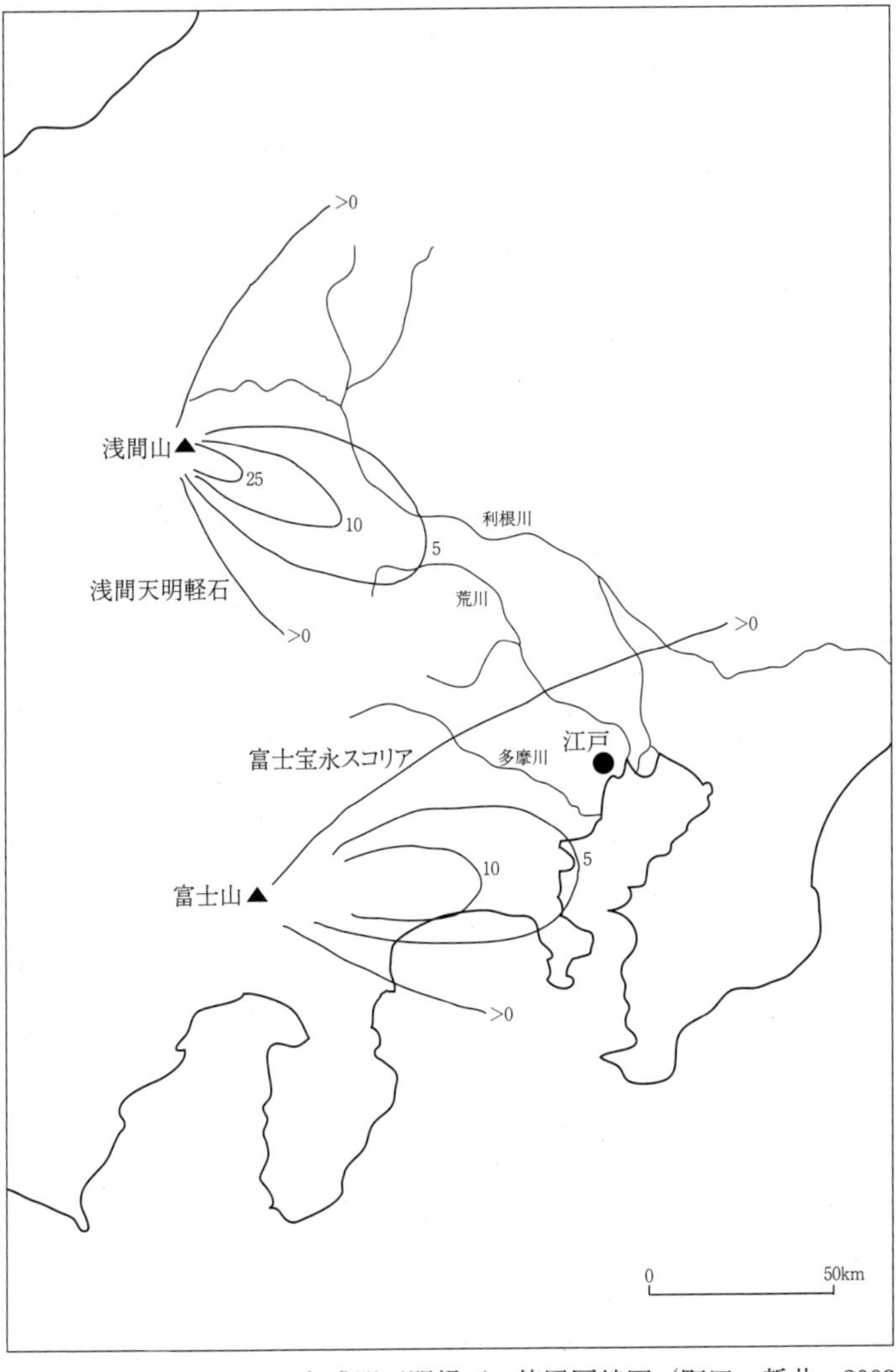

図73　富士宝永スコリアと浅間天明軽石の等層厚線図（町田・新井、2003より抜粋）

等層厚線の数字はcm。宝永スコリアは江戸に数cmの厚さで認められているが、天明軽石の堆積は明瞭ではない。

地の火山灰層をカタログ化した文献に掲載された宝永スコリアと天明軽石の分布図である。この分布図でも江戸は宝永スコリアの降灰域内にあるが、天明軽石の分布は明瞭に描かれていない。

天明噴火が江戸におよぼした被害の内容は、直接的な宝永噴火の被害に対して間接的な被害であったと言うことができる。それは、第三章でも述べられている泥流である。もちろん江戸の町が泥流で埋まった訳ではないが、泥流は利根川の河床をかさ上げし、結果として天明噴火以降、利根川流域では洪水被害が噴火以前よりも頻発するようになったことが、文献史料などからも明らかにされている。第二章では江戸の洪水被害について、特に天明噴火以前と以後を比較することはしていないが、利根川最下流域に相当する江戸にも当然影響はあったと考えられ、少なくとも江戸の洪水被害は、頻度あるいは規模の点で悪化したことが想像される。

さてその天明噴火による泥流であるが、泥流のもととなったのは鎌原岩屑なだれと呼ばれている。この岩屑なだれの発生原因については、火砕流が火山麓斜面を流れ下る間に変化した、あるいは溶岩流の先端で発生した水蒸気爆発により火山麓斜面表層の土砂が流れ出したなどの諸説がある。岩屑なだれが吾妻川に流れ込み、水と河道周辺の土砂も巻き込んで泥流となって吾妻川からさらに利根川に入り、流れ下ったのである。

ここで図74と図75を見て頂きたい。図74には富士山の歴史時代（主として九世紀以降）の噴火堆積物の分布が描かれ、図75には浅間山の平安時代の噴火堆積物と天明の噴火堆積物とが描かれている。両図より、富士山では歴史時代に火砕流噴火がなかったのに対して、浅間山では平安と天明の両噴火において火

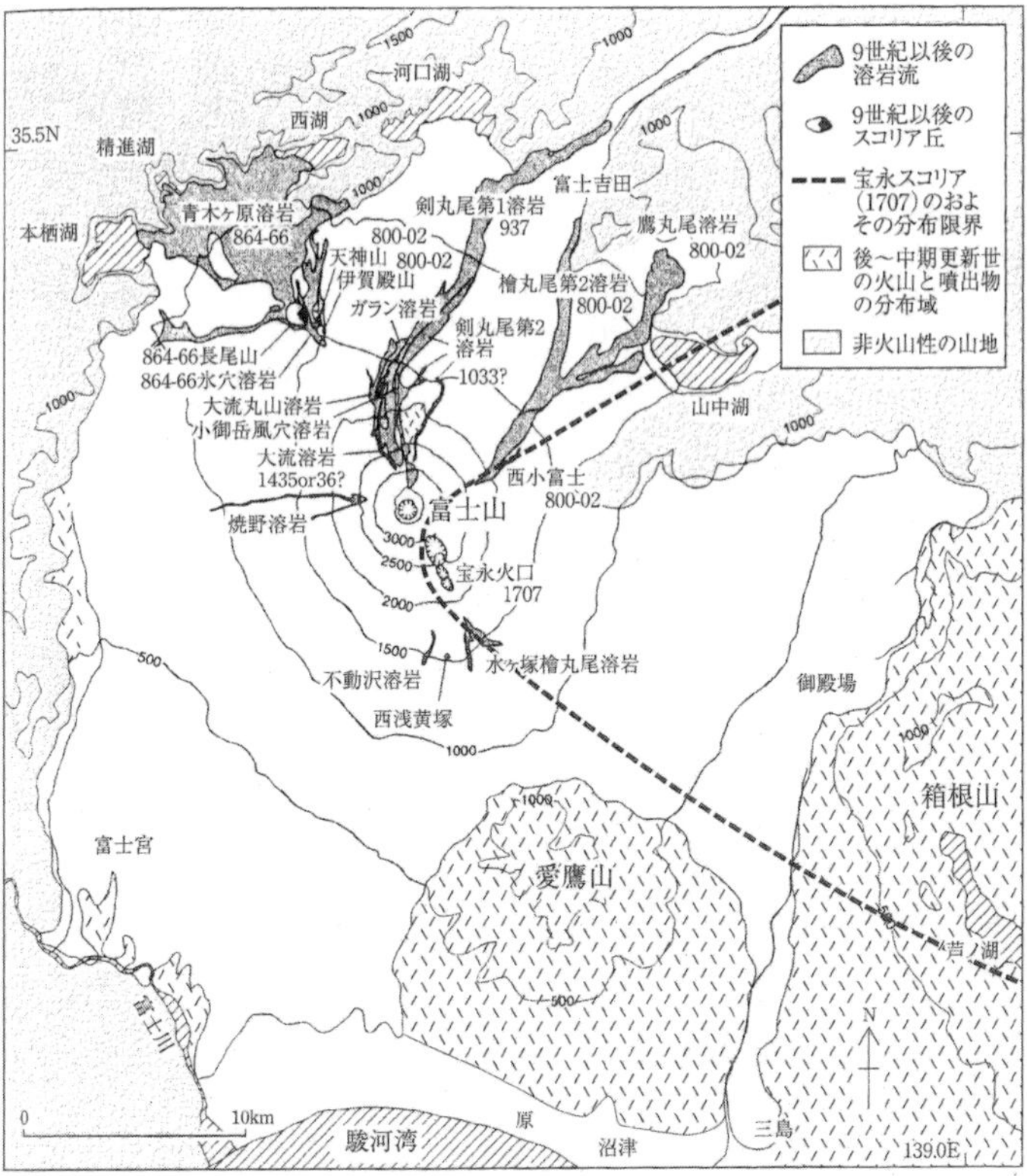

図74　富士山の歴史時代(主として9世紀以降)の噴火堆積物分布（町田ほか編、2006)

歴史時代の富士山の噴出物はほとんど溶岩と降下スコリアのみである。大規模な火砕流を繰り返し噴出している浅間火山と噴火のタイプが異なることがわかる。

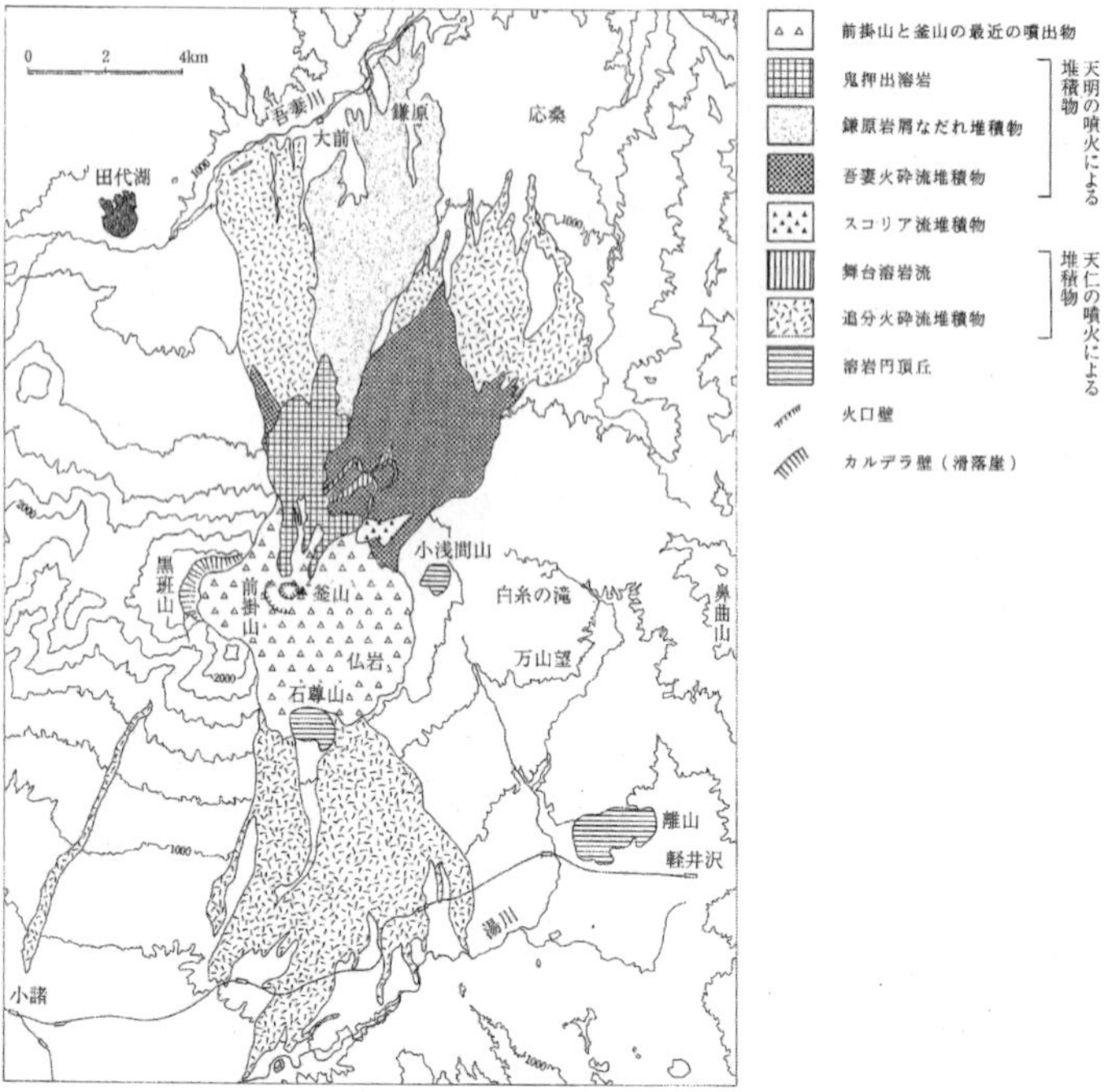

図75　浅間火山1108（天仁元）年と1783（天明３）年の噴出物の分布（貝塚ほか編、2000）

天明の噴火では、図に示されていない大量の降下軽石の噴出の後に火砕流、溶岩、岩屑なだれが噴出、発生している。

砕流の噴火があったことがわかる。このような噴出物の違いによっても、火山噴火による災害の状況は異なってくる。天明の噴火も、もし軽石の噴出と溶岩の噴出だけであったならば、泥流が発生したとしても、その元は降下軽石のみであるから土砂の量は圧倒的に少ないと考えられ、したがって被害の規模もはるかに小さかったのではないだろうか。

五　江戸の自然災害は東京の自然災害

江戸が東京となった現在でも、地球科学的な立地条件は全く変わっていない。地震、洪水、火山噴火のうち洪水に対しては江戸時代以来の継続的な人間の働きかけがその発生を抑える効果を奏してきているが、地震と火山噴火に対しては、その発生を抑えるということは遠い将来においても到底不可能である。したがって、東京も将来確実に大地震に見舞われ、富士山や浅間山の噴火の影響を被ることになる。ただし、それが大災害となるのか軽微な被害に終わるのかということについては、人知の及ぶ範囲において様々な対処ができる。江戸時代と変わらないもの（地球）を見て諦めるよりも、江戸時代から変わったこと（人間の技術など）をせめて最大限に生かすべきであろう。

主要参考文献

〈第一章〉
宇佐美龍夫　『最新版日本被害地震総覧』東京大学出版会　二〇〇三年
同　「元禄大地震の全体像」『房総災害史―元禄の大地震と津波を中心に―』千秋社　一九八四年
大熊喜邦　「耐震構造」『明治前日本建築技術史　改訂版』日本学士院日本科学史刊行会編　臨川書店　一九八一年
北原糸子　『安政大地震と民衆』三一書房　一九八三年
黒木　喬　『江戸の火事』江戸時代史叢書4　同成社　一九九九年
斎藤月岑編　『安政乙卯武江地動之記』（江戸叢書）名著刊行会　一九六四年
高橋康夫・他　『図集日本都市史』東京大学出版会　一九九三年
中村仲蔵　『手前味噌』青蛙房　一九六九年
野口武彦　『安政江戸地震』筑摩書房　二〇〇四年
野中和夫　「元禄大地震と江戸城―被害と復興の記録より―」『千葉経済大学学芸員課程紀要』第十三号　二〇〇八年
同　「江戸城、寛永・万治度本丸殿舎造営に関する一考察―絵図の検討を中心として―」『千葉経済大学学芸員課程紀要』第十四号　二〇〇九年
同　「江戸城『地震之間』に関する一考察―絵図の検討を中心として―」『想古』第二号　日本大学通信教育部学芸員コース　二〇〇九年
野中和夫編　『石垣が語る江戸城』ものが語る歴史12　同成社　二〇〇七年
藤岡屋由蔵　『藤岡屋日記』近世庶民生活史料第十五巻　三一書房　一九九五年

宮田　登監修　『鯰絵―震災と日本文化―』里文出版　一九九五年
山下和正　『地図で読む江戸時代』柏書房　一九九八年
伊東市教育委員会　『伊東の文化財』伊東市史叢書4　二〇〇三年
江戸遺跡研究会編　『災害と江戸時代』吉川弘文館　二〇〇九年
小田原市　『小田原市史』別編・城郭　一九九五年
千葉県総務部消防課　「元禄大地震―九十九里浜大津波の記録―」　一九七五年
千葉県立安房博物館　『平成十五年度企画展　地震と津波』　二〇〇三年
東京市役所　『東京市史稿』皇城篇第貳・変災篇第壱・救済篇第四・市街篇第十五　一九一二・一九一六・一九二二・一九三二年
東京大学地震研究所　『新収　日本地震史料第二巻別巻』　一九八二年
真鶴町　『真鶴町史』通史編・資料編　一九九三年・一九九五年
〈第二章〉
甲崎光彦・内野　正　他　『尾張藩上屋敷遺跡発掘調査報告書Ⅶ』東京都埋蔵文化センター第九七集
後藤宏樹・金子　智　他　『尾張藩麹町邸跡』新日本製鐵株式会社・紀尾井町六―一八遺跡調査会
小林　克　他　『今戸焼』東京都江戸東京博物館調査報告書第四集　館蔵資料報告―　江戸東京博物館　一九九七年
蜷川親正　『新訂　観古図説』城郭之部　中央公論美術出版　一九九〇年
野中和夫　「江戸城外郭諸門の屋根瓦に関する一考察―筋違橋門・浅草橋門を中心として―」『城郭史研究』第二八号　二〇〇九年
江戸東京博物館　『江戸城』展図録　二〇〇七年
財団法人日本城郭協会編　『江戸城三十六見附繪圖集成』新人物往来社　一九八五年

社団法人霞会館編　『鹿鳴館秘蔵写真帖―江戸城　寛永寺　増上寺　燈台　西国巡幸―』平凡社　一九九七年
新宿区歴史博物館　『徳川御三家　江戸屋敷発掘物語―尾張家への誘い―』展示図録　二〇〇六年
墨田区役所　『墨田区史』前史　一九七八年
東京市役所　『東京市史稿』変災篇第貳　一九一五年
日本経済新聞社　『北斉』展示図録　二〇〇七年
文化財保護委員会　『重要文化財　江戸城田安門、同清水門修理工事報告書』　一九六七年
〈第三章〉
大石慎三郎　『天明三年浅間山大噴火』角川書店　一九八六年
大塚昌彦　『若宮遺跡』渋川市教育委員会　一九九八年
同　「火山災害で埋没した中村遺跡―天明三年七月八日浅間山の噴火―」『災害と江戸時代』江戸遺跡研究会編
吉川弘文館　二〇〇九年
角田ひとみ　他　「富士山宝永噴火後の土砂災害」『歴史地震』第一八号　二〇〇二年
萩原　進　『浅間山風土記』　一九八〇年
宮地直道・小山真人　「富士火山一七〇七年噴火（宝永噴火）についての最近の研究成果」『富士火山』　二〇〇七年
渡辺尚志　『浅間山大噴火』吉川弘文館　二〇〇三年
河津町教育委員会　『歴史の郷　かわづ』　一九九九年
国土交通省中部地方整備局富士砂防事務所　『富士山宝永噴火と土砂災害』　二〇〇三年
御殿場市史編さん委員会　『御殿場市史』8通史編上　一九八一年
渋川市教育委員会　『中村遺跡』　一九八六年
消防防災博物館　「防災講演録（4）富士山宝永大爆発―災害と復興の社会史」　二〇〇二年

嬬恋村教育委員会　『鎌原村発掘調査概要―浅間山噴火による埋没村落の研究―』　一九八一年
同　『鎌原村発掘調査概要―よみがえる延命寺―』　一九九四年
韮山町史編纂委員会　『韮山町史』第六巻上・下　一九九四年
〈第四章〉
上杉　陽・米澤　宏・千葉達朗・宮地直道・森　慎一　「テフラからみた関東平野」『アーバンクボタ』二一　一九八三年
岡田義光　「南関東直下地震の切迫性」『月刊地球号外』No.34　二〇〇一年
大熊　孝　「近世初頭の河川改修と浅間山噴火の影響」『アーバンクボタ』一九　一九八一年
貝塚爽平　『東京の自然史―増補第二版―』紀伊國屋書店　一九七九年
同　『富士山はなぜそこにあるのか』丸善　一九九〇年
貝塚爽平・小池一之・遠藤邦彦・山崎晴雄・鈴木毅彦編　『日本の地形4　関東・伊豆小笠原』東京大学出版会　二〇〇〇年
久保純子　「相模野台地・武蔵野台地を刻む谷の地形―風成テフラを供給された名残川の谷地形―」『地理学評論』六一　一九八八年
同　「早稲田大学周辺の地形―武蔵野台地と神田川の非対称谷に関して―」『早稲田大学教育学部学術研究―地理学・歴史学・社会科学編―』三七　一九八八年
同　「東京低地の水域・地形の変遷と人間活動」大矢雅彦編『防災と環境保全のための応用地理学』古今書院　一九九四年
早川由紀夫　『浅間火山北麓の二万五〇〇〇分の一地質図』本の六四館　二〇〇七年
パリノ・サーヴェイ株式会社　『花粉化石からみた葛西城跡の古植生　『葛西城XIII』葛飾区遺跡調査会報告書第五集

一九八九年
町田　洋・新井房夫　『新編　火山灰アトラス』東京大学出版会　二〇〇三年
町田　洋・松田時彦・海津正倫・小泉武栄（編）　『日本の地形5　中部』東京大学出版会　二〇〇六年
溝上　恵「総論：南関東の直下地震─その切迫性と被害想定─」『月刊地球号外』No.34　二〇〇一年
米倉伸之・貝塚爽平・野上道男・鎮西清高　『日本の地形1　総説』東京大学出版会　二〇〇一年

あとがき

阪神淡路大震災から一五年。この間、マグニチュード六・八以上の大地震が鳥取県西部地震、十勝沖地震、新潟県中越地震、岩手・宮城内陸地震をはじめとして日本列島各地で発生し、強い揺れによって大きな被害がもたらされている。マグニチュード七・三の阪神淡路大震災では、地震直後から二次災害に繋がる火災が各所で発生し、最終的に六四〇〇人以上の犠牲者をだし、一〇万棟以上の建物が全壊した映像は記憶に新しい。

首都圏では、将来、東海、東南海巨大地震や、あるいは南海地震と連動して広範囲にわたる強震動が予想されるという。一方では、大正十二年(一九二三)に発生したマグニチュード七・九の関東大震災では、焼死者を含めると七一〇〇〇人以上の犠牲者がでている。それにもかかわらず九〇年余の歳月が経過している今日では、震災体験者も少なくなり、被害や防災意識が薄らいでいるのは仕方のないところであろうか。

本書を上梓する契機となったのは、三点ある。一は、前書『石垣が語る江戸城』の中で元禄大地震の復興を石垣に刻んだ金石文を実見し、史料でも被害の一端を垣間見たこと。一は、同書の刊行後、都立中央図書館が主催した企画展「江戸から学ぶ安全安心—地震と復興—」にあわせて「地震と江戸城—石垣は語る—」と題する講演の機会を得たこと。一は、筆者が非常勤講師として勤務している千葉経済大学の博物館学芸員課程の夏期調査実習で、ここ数年、元禄大地震を取上げ上総・安房地域の被害状況について、墓碑や供養塔などの金石文、位牌や過去帳、古文書などの文献史料、絵図を調査していることである。

中でも、都立中央図書館が所蔵する国指定重要文化財「江戸城造営関係資料（甲良家伝来）」は、作事方として江戸城造営関係に纏る絵図面や古記録にとどまらず、元禄大地震や風水害に関する資史料が存在することを知り、正に史実を発掘している思いであった。

また、現地に赴き、災害に関する資史料を実見していく中で、改めて、地理的、地形的認識と過去の学びの必要性を強く感じた。地震・風水害・噴火は、我々に限らず先人達にとっても個々の災害が予想をはるかに凌ぐ場合、社会が大混乱に陥り、結果として正確な被害状況が残されていないことも少なくない。その反面、災害を経験した幕府や藩の江戸屋敷では、体面や機密保持から意図的に記録として残していない事柄もある。そのために、依然として災害の実態が不明なことも多々あるのである。

本書は、六名の執筆でのぞんだ。取扱う災害は、数回にわたる協議で決め、内容としてそれら事象の正確な被害状況と復興の様相、あるいはその要因等々を明らかにするよう努めている。一方では、個別の事象のアプローチについては、各自の視点を尊重しているために、必ずしも統一されているわけではない。本書が、災害史を研究する上での一助となれば幸である。

本書を上梓するにあたり、日頃よりご指導・ご教示を賜っている齋藤忠先生、西ヶ谷恭弘先生、千葉経済大学の夏期調査実習や古記録・古文書の解読で大変、お世話になっている菅根幸裕先生、田邉悟先生、資料の掲載をご快諾いただいた諸氏や諸機関、多くの方々からご教示をいただいた。さらに、同成社社長山脇洋亮氏には大変お世話になり、編集では山田隆氏には親身なご協力をいただいた。心より深く御礼を申し上げたい。

二〇一〇年四月一〇日

野中和夫

執筆者紹介（50音順）

安藤眞弓（あんどう・まゆみ）

1956年、生まれ。

現在、日本大学通信教育部インストラクター。

〔主要論文〕

「貧民窟の様相」『史料が語る大正の東京百話』（つくばね舎、2002年）。『石垣が語る江戸城』（［共著］同成社、2007年）。

大塚昌彦（おおつか・まさひこ）

1955年、生まれ。

現在、渋川市教育委員会文化財保護課

〔主要論文〕

「土屋根をもつ竪穴住居」『先史日本の住居とその周辺』（同成社、1998年）。「火山灰下の家屋」『考古学による日本歴史 15家族と住まい』（雄山閣、1996年）。「火山災害で埋没した中村遺跡」『災害と江戸時代』（吉川弘文館、2009年）。

小野英樹（おの・ひでき）

1977年、生まれ。

現在、河津町役場。

〔主要論文〕

（『石垣が語る江戸城』（［共著］同成社、2007年）。「伊豆に見られる石丁場—東海岸部稲取地区を中心として—」（『怒濤の考古学』2005年）。

橋本真紀夫（はしもと・まきお）

1954年、生まれ。

現在、パリノ・サーヴェイ株式会社　調査研究部長。

〔主要論文〕

「伊是名貝塚の地理的位置」・「伊是名貝塚の古環境復元」（共著）『伊是名貝塚—沖縄県伊是名貝塚の調査と研究—』（伊是名貝塚学術調査

団、2001年)。「葛飾区内遺跡の自然科学分析成果から見た植物利用」(共著)『中近世史研究と考古学―葛西城発掘30周年記念論文集―』(岩田書院、2002年)。『人、黄泉の世界』([共編著] 橘文化財研究所、2002年)。『石垣が語る江戸城』([共著] 同成社、2007年)。

矢作健二(やはぎ・けんじ)

1961年、生まれ。

パリノ・サーヴェイ株式会社 調査研究部 分析センター 岩石鉱物グループリーダー。

〔主要論文〕

「江戸城の地理的環境と造成」『石垣が語る江戸城』([共著] 同成社、2007年)。「古代朝鮮半島産瓦の胎土分析」『徳永重元博士献呈論集』(パリノ・サーヴェイ株式会社、2007年)。

江戸《えど》の自然災害《しぜんさいがい》

編者略歴
野中　和夫（のなか・かずお）
1953年生。
1977年　日本大学文理学部史学科卒業。
1983年　日本大学大学院文学研究科日本史専攻博士後期課程満期退学。
現在　日本大学講師・拓殖大学講師・千葉経済大学講師。

主要著作論文
『石垣が語る江戸城』(〔編著〕同成社、2007年)。「江戸城外郭諸門の屋根瓦に関する一考察—筋違橋門・浅草橋門を中心として—」(『城郭史研究』第28号、2009年)。「江戸城、寛永・万治度本丸殿舎造営に関する一考察—絵図の検討を中心にして—」(『千葉経済大学学芸員課程紀要』第14号、2009年)。

2010年4月20日発行

編　者　野中和夫
発行者　山脇洋亮
印　刷　藤原印刷㈱
製　本　協栄製本㈱

発行所　東京都千代田区飯田橋4-4-8
（〒102-0072）東京中央ビル内　㈱同成社
TEL 03-3239-1467　振替 00140-0-20618

ISBN978-4-88621-518-5　C3321